U0165947

思想的 · 睿智的 · 獨見的

經典名著文庫

學術評議

丘為君　吳惠林　宋鎮照　林玉体　邱燮友
洪漢鼎　孫效智　秦夢群　高明士　高宣揚
張光宇　張炳陽　陳秀蓉　陳思賢　陳清秀
陳鼓應　曾永義　黃光國　黃光雄　黃昆輝
黃政傑　楊維哲　葉海煙　葉國良　廖達琪
劉滄龍　黎建球　盧美貴　薛化元　謝宗林
簡成熙　顏厥安（以姓氏筆畫排序）

策劃　楊榮川

五南圖書出版公司 印行

經典名著文庫

學術評議者簡介（依姓氏筆畫排序）

經典名著文庫181

自由社會的經濟學
Die Lehre von der Wirtschaft

威廉・洛卜克（Wilhelm Röpke）著

葉淑貞 編譯

吳惠林 導讀

經 典 永 恆・名 著 常 在

五十週年的獻禮・「經典名著文庫」出版緣起

總策劃 楊榮川

> 閱讀好書就像與過去幾世紀的諸多傑出人物交談一樣——笛卡兒

五南，五十年了。半個世紀，人生旅程的一大半，我們走過來了。不敢說有多大成就，至少沒有凋零。

五南忝爲學術出版的一員，在大專教材、學術專著、知識讀本已出版逾七千種之後，面對著當今圖書界媚俗的追逐、淺碟化的內容以及碎片化的資訊圖景當中，我們思索著：邁向百年的未來歷程裡，我們能爲知識界、文化學術界作些什麼？在速食文化的生態下，有什麼值得讓人雋永品味的？

歷代經典・當今名著，經過時間的洗禮，千錘百鍊，流傳至今，光芒耀人；不僅使我們能領悟前人的智慧，同時也增深我們思考的深度與視野。十九世紀唯意志論開創者叔本華，在其「論閱讀和書籍」文中指出：「對任何時代所謂的暢銷書要持謹愼的態度。」他覺得讀書應該精挑細選，把時間用來閱讀那些「古今中外的偉大人物的著作」，閱讀那些「站在人類之巔的著作及享受不朽聲譽的人們的作品」。閱讀就要「讀原著」，是他的體悟。他甚至認爲，閱讀經典原著，勝過於親炙教誨。他說：

「一個人的著作是這個人的思想菁華。所以，儘管一個人具有偉大的思想能力，但閱讀這個人的著作總會比與這個人的交往獲得更多的內容。就最重要的方面而言，閱讀這些著作的確可以取代，甚至遠遠超過與這個人的近身交往。」

為什麼？原因正在於這些著作正是他思想的完整呈現，是他所有的思考、研究和學習的結果；而與這個人的交往卻是片斷的、支離的、隨機的。何況，想與之交談，如今時空，只能徒呼負負，空留神往而已。

三十歲就當芝加哥大學校長、四十六歲榮任名譽校長的赫欽斯（Robert M. Hutchins, 1899-1977），是力倡人文教育的大師。「教育要教真理」，是其名言，強調「經典就是人文教育最佳的方式」。他認為：

「西方學術思想傳遞下來的永恆學識，即那些不因時代變遷而有所減損其價值的古代經典及現代名著，乃是真正的文化菁華所在。」

這些經典在一定程度上代表西方文明發展的軌跡，故而他為大學擬訂了從柏拉圖的「理想國」，以至愛因斯坦的「相對論」，構成著名的「大學百本經典名著課程」。成為大學通識教育課程的典範。

歷代經典‧當今名著，超越了時空，價值永恆。五南跟業

界一樣，過去已偶有引進，但都未系統化的完整鋪陳。我們決心投入巨資，有計劃的系統梳選，成立「經典名著文庫」，希望收入古今中外思想性的、充滿睿智與獨見的經典、名著，包括：

- 歷經千百年的時間洗禮，依然耀明的著作。遠溯二千三百年前，亞里斯多德的《尼克瑪克倫理學》、柏拉圖的《理想國》，還有奧古斯丁的《懺悔錄》。
- 聲震寰宇、澤流遐裔的著作。西方哲學不用說，東方哲學中，我國的孔孟、老莊哲學，古印度毗耶娑（Vyāsa）的《薄伽梵歌》、日本鈴木大拙的《禪與心理分析》，都不缺漏。
- 成就一家之言，獨領風騷之名著。諸如伽森狄（Pierre Gassendi）與笛卡兒論戰的《對笛卡兒『沉思』的詰難》、達爾文（Darwin）的《物種起源》、米塞斯（Mises）的《人的行為》，以至當今印度獲得諾貝爾經濟學獎阿馬蒂亞‧森（Amartya Sen）的《貧困與饑荒》，及法國當代的哲學家及漢學家朱利安（François Jullien）的《功效論》。

梳選的書目已超過七百種，初期計劃首為三百種。先從思想性的經典開始，漸次及於專業性的論著。「江山代有才人出，各領風騷數百年」，這是一項理想性的、永續性的巨大出版工程。不在意讀者的眾寡，只考慮它的學術價值，力求完整展現先哲思想的軌跡。雖然不符合商業經營模式的考量，但只要能為知識界開啓一片智慧之窗，營造一座百花綻放的世界文

明公園，任君遨遊、取菁吸蜜、嘉惠學子，於願足矣！

　　最後，要感謝學界的支持與熱心參與。擔任「學術評議」的專家，義務的提供建言；各書「導讀」的撰寫者，不計代價地導引讀者進入堂奧；而著譯者日以繼夜，伏案疾書，更是辛苦，感謝你們。也期待熱心文化傳承的智者參與耕耘，共同經營這座「世界文明公園」。如能得到廣大讀者的共鳴與滋潤，那麼經典永恆，名著常在。就不是夢想了！

二〇一七年八月一日　於

五南圖書出版公司

回歸市場經濟 ——
導讀洛卜克《自由社會的經濟學》

　　人間的「經濟學」，被公認是在 1776 年由亞當‧史密斯（Adam Smith, 1723～1790）開創，因為他在該年出版《原富》（*An Inquiry into the Nature and Causes of the Wealth of Nations*，簡稱 *The Wealth of Nations*，較為人知的中文譯名是「國富論」，這個譯名很容易被引向「經濟國家主義」，不符原書內涵），而史密斯也被尊為「經濟學始祖」。

古典→新古典→凱因斯經濟學

　　到 1890 年，經濟學作了一個大變革，因為阿弗瑞德‧馬夏爾（Afred Marshall, 1842～1924）在那一年出版了《經濟學原理》（*Principles of Economics*）這本巨著開啟了「現代經濟學」，於是馬夏爾被稱為「現代經濟學之父」。

　　在馬夏爾之前被稱為「古典經濟學（學派）」〔Classical Economics（School）〕，之後則稱作「新古典經濟學（學派）」〔Neoclassical Economics（School）〕。古典經濟學又有「政治經濟學」之稱，而新古典經濟學則捨去政治，只有純粹的經濟，或者說前者有著「社會哲學背景」的經濟學家，後者則是純粹的經濟學家或現代經濟學家。

　　我們也都知道，馬夏爾的經濟學所引用的分析方法和專門

術語，成為此後基本經濟學教科書通用的標竿，尤其導入數學和幾何圖形，致經濟學數理化愈來愈深化，迄二十一世紀的此刻，這個趨勢仍方興未艾，看不到盡頭。

　　早在 1949 年，奧國學派的米塞斯（Ludwig von Mises, 1881～1973）在其曠世巨著《人的行為：經濟學專論》（*Human Action: A Treatise on Economics*）第 235 頁就寫說：「當今大多數大學裡，以『經濟學』為名所傳授的東西，實際上是在否定經濟學」，而 1948 年之後大學課堂裡傳授的「經濟學」，幾乎都是薩繆爾遜（P. A. Samuelson, 1915～2009，1970 年諾貝爾經濟學獎得主）在 1948 年出版的《經濟學》（*Economics*）之模式，亦即以數學和圖形詮釋「凱因斯經濟學」，說的是政府可精心調控經濟，賦予政府以各種政策來調控，強調「政府可創造有效需求」，貶低儲蓄、強調消費，否定古典「賽伊法則」（Say's Law）── 供給創造需求 ── 轉向「需求創造供給」，骨子裡是道道地地的社會主義、干預主義，而當時美國總統羅斯福的「新政」正夯，整個美國都被社會主義淹沒。

自由主義轉向國家至上主義

　　當時的歐洲，人們從原先嚮往自由、人權和自決等個人主義價值，轉向崇拜國家至上主義和政府全能，從而致力於極權主義，致力於創造條件方便政府管理人間一切事務。前一股思潮的流行，導致獨裁政府瓦解、民主政治建立、資本主義演進、生產技術改善，以及史無前例的生活水準提升。後一股思

潮得勢後，使人們「渴望賦予政府──壟斷強制與脅迫的社會機構──一切權力……為邁向更多政府干預企業的每一步高聲歡呼，推崇這是在往更為完美的世界前進……，深信政府將使人間變為天堂。」而納粹主義和希特勒橫空出世，掀起侵略戰爭和第二次世界大戰。

在那個厄運期間，自由思想得以接傳下來而再顯光輝的，得力於少數幾個人孜孜地耕耘播種。這幾個人都是著名的經濟學家，都是有社會哲學作背景的經濟學家，最有名的就是奧地利的米塞斯、海耶克（F. A. Hayek, 1899～1992，1974 年諾貝爾經濟學獎得主）和德國的洛卜克（Wilhelm Röpke, 1899～1966）。他們是當時自由經濟思想的領導人物，各有自己的學生和追隨者。

當 1930 年代在德國迅速蔓延的國家社會主義（納粹主義）即將取得勝利時，米塞斯明白隨即會威脅奧地利，一旦納粹占領奧地利，蓋世太保（Gestapo，希特勒的祕密警察）一定會找他，於是在 1934 年就遷居瑞士日內瓦，寫出了《人的行為》巨著，1949 年改寫成英文出版。當 1940 年米塞斯夫婦搬遷到美國紐約後，眼見社會主義、國家至上主義和極權主義即將席捲全球，乃於 1944 年寫了《官僚制》（*Bureaucracy*）和《全能政府：極權國家與總體戰爭的興起》（*Omnipotent Government: The Rise of Total State and Total War*）兩本書示警，奈何曲高和寡，非但無法挽窒逆流，自己還備受冷落，終生無法在大學謀得正式教職。

早在 1931 年就離開維也納到英國倫敦經濟學院任教的海耶克，看到二戰後英國很有可能會實現全面國有化的社會主

義，他覺得將會是極端錯誤。海耶克明白指出，生產手段握在政府手中、把權力集中到國家手中，這種做法與納粹德國和蘇聯所作的類似。在 1930 年代之後，卻得到學院知識分子的普遍支持，他認爲有必要揭開迷思，否則後果嚴重，乃於 1944 年寫出了《到奴役之路》（*The Road to Serfdom*）這本驚天動地暢銷全球的書。海耶克在緒論中明確的說：「本書是個人親身經歷的結晶……。」該書是他所有著作中獨一無二的一本對當時公共輿論發揮影響的著作，像是站在曠野上大聲疾呼：正統社會主義如果實現了，僅會帶來政治、經濟和道德上的奴役制度。

孜孜耕耘播種自由思想的稀有人物

這本書的影響力雖然遠高於米塞斯的著作，但海耶克卻備受學界冷落。海耶克認爲「社會主義對當時的美國人是思想上一種新的感染，他們對於羅斯福的新政狂熱仍在高潮中，那時有兩群人，一群是普通公民，他們對這本書頗感興趣，但從未讀過它，他們只是有聽到這本書是支持資本主義的；另一群人則是學術界人士，他們正中了集體主義的毒，感到這本書是對最高理想的一種背叛，必須加以辯護。」因此，海耶克遭受到不可置信的辱罵，這是他在英國從未經驗過的，其嚴重程度甚至到了完全毀壞他在事業上信譽的地步。1949 年海耶克也移居美國芝加哥，並不是由芝加哥大學經濟學系聘任，而是「社會思想委員會」所聘。

洛卜克受到米塞斯著作的影響，認同自由經濟制度，不見

容於希特勒政權，不得不離開德國，1933 年逃亡到土耳其伊斯坦堡，1936 年寫出德文原版的《自由社會的經濟學》（*Die Lehre von der Wirtschaft*，經濟學教義），於 1937 年在維也納出版。該書屬於教科書類型，是反對極權主義、集體主義、崇尚自由經濟、市場經濟的，當然會引起極權主義者的特務們注意和猜忌。如洛卜克在英文版〈原著作者序〉所言，雖然本書暫時免於公然禁止發行，且在國社黨的黨徽飄揚的某些地區以內還可祕密銷售，但後來還是受到蓋世太保查扣沒收。幸運的是，瑞士的一家出版商接續印行，而法文譯本在 1940 年在巴黎出版，雖然法國當時向德軍投降，但有膽識的巴黎出版商女經理卻用掩飾手法讓該書銷售，讓德國的檢查人員把它看作是一本完全無害的經濟學教科書，而不注意到書中隱藏著的對極權政治的反抗精神。

米塞斯、海耶克和洛卜克都是西歐自由主義或古典自由思想接續、孜孜地耕耘播種的稀少人物，都在同時著書立說。不同的是，洛卜克用經濟學教科書的方式寫成這本通俗的《自由社會的經濟學》，而且他自己對二戰後德國從廢墟中重建有著卓越貢獻。他建議的做法都在這本書中，所以該書不是「黑板經濟學」，而是很實用，並且證明自由經濟的確是富國利民的體制。

說到洛卜克參與戰後德國經濟奇蹟的建造，他說：「復興德國，思想家及科學家的責任與政治家的同等重要。我還不願擺脫思想家的責任。」他在戰爭期中已預知德國會敗，於是寫出在戰爭結束年（1945）出版的《德國問題》（*Problem of Germany*）這本特地為英美人士寫的書。他在書中指出，這次

大戰的基本原因，在於各強國早已破壞了國際合作，組成集團經濟，乃至於在國內走上集體經濟之路，以致於國與國之間的衝突、鬥爭愈見激烈，終而爆發大戰。所以這次戰爭，各強國均應負責，德國有錯，是錯在希特勒的妄誕，不能將罪過籠統加在德國民族身上。英美人士每指德國民族為好戰的民族，這是非常錯誤的，其實德國已發展出高度文化與英美無異。好戰的，只是希特勒和納粹黨人。英美人士不應在戰勝後心存報復，懲罰德國民族，否則徒為共產主義鋪路，釀成世界大禍。

該書與凱因斯在第一次世界大戰後 1919 年寫的《和平的經濟後果》（*The Economic Consequences of the Peace*）這本名書同樣論調，凱因斯抗議 1919 年凡爾塞和約中有關的經濟條款，認為懲罰戰敗國逼其賠償，必會讓獨裁者出頭，終而釀成大禍。歷史昭然，德國納粹興起，希特勒掌權，二十年後的 1939 年爆發第二次世界大戰浩劫。或許有此前車之鑑，加上洛卜克當時的國際聲望，洛卜克的這本書對於戰勝國決定對德政策產生相當的影響力。

德國經濟復興的重要人物——洛卜克

洛卜克戰後返德，看到的像是大廢墟，全國城市 50% 以上毀了，萊因河的工業區夷為平地，到處擠滿難民，全靠聯軍統帥部繼續執行希特勒的配給制維生。聯軍打垮國社黨政權，卻不知國社黨統制經濟之危害，依舊保持。當時艾爾哈德（Ludwig Erhard）是聯軍總部的經濟顧問，某個星期天晚上，

他到全國性的廣播電臺宣布：「從明天早晨起，所有的工資、物價和其他管制統統取消！」這個舉措震驚了聯軍總部裡那些作經濟計畫者，他們找來艾爾哈德，告訴他「你變更了我們的管制。」且說，該越權行為的後果可能入獄。艾爾哈德回說：「我沒變更你們的管制，是廢除那些管制！」接著聯軍統帥克里將軍（General Clay）召見他，說：「Ludwig，我一點都不懂經濟學，但我喜歡你，我一定支持你。」就這樣戰後德國開始了經濟改革。

艾爾哈德是遵照洛卜克的建議對德國經濟病症下藥，而洛卜克是艾爾哈德的師傅兼顧問。當時德國的經濟病症是集體主義的種種壓制與壓制下的通貨膨脹之兩相結合。藥方是一方面消除通貨膨脹的壓力，一方面解除那一套壓制的裝備，亦即解除最高限的物價、配給制、對於自由價格的管制和其他干涉，終而回復到市場自由，也就是自由價格、競爭、對企業的激勵。簡單的說，「財貨方面的自由」和「貨幣方面的紀律」，是 1948 年開始的德國經濟復甦所依賴的兩大原則（見《自由社會的經濟學》第九章）。

這兩個原則的具體實施，使德國在短短幾年當中，從一個戰後的廢墟變成歐洲的主要債權國，並保有十足兌現的強勢貨幣，還可以用它的經濟力量來幫助自由世界的領導國——美國，協助其解除國際收支的困難。二戰時期和戰後，德國的國際貿易曾降至零，在短短十年中轉而升到全球貿易次席，僅次於美國。後來日本也採用此政策，同樣收到好效果。

反凱因斯政策的一本書

　　二次大戰後德國的經濟奇蹟，與二戰前納粹黨集體主義的經濟慘狀，呈現出強烈對比，洛卜克在本書第九章中寫道：德國這個最重要的工業國，先後做過兩次相反的試驗，證明了：(1) 集體主義不僅是政治的不自由，而且一定導致紛亂、浪費和低落的生活水準；(2) 相反的，市場經濟不僅是政治自由和心智自由的必要條件，而且也是經濟秩序和人民幸福所賴以達成的途徑。

　　德國二戰後的經濟奇蹟，可說是洛卜克策動的功勞，他在純正愛國心激發下，貢獻其純真的經濟知識，促成這個歷史性的輝煌成就。值得強調的是，謀國者僅憑狂熱的愛國心是不夠的，正確的觀念、知識更是重要的，無知的愛國行動，往往誤國、甚至禍國，而自由經濟學家的真知灼見，卻往往不受青睞，甚至於還受到汙衊，無怪乎馬夏爾會說：「一位真正的經濟學家，真正愛國的經濟學家，幾乎不可能同時享有真正愛國者的名譽。」洛卜克可說是個例外。

　　洛卜克這一本歷經浩劫的《自由社會的經濟學》，自1937 年在奧地利初版以來，有九次德文版，1940、1946、1949 和 1951 年，分別出現法文、瑞典文、義大利文和葡萄牙文譯本，1962 年又有英文譯本。其間都有修補，尤其美國版中增加了第八章第 3 節「凱因斯主義的影響」和第九章第 3 節「德國在非通貨膨脹市場經濟的試驗」兩節。就是因為增補的這兩節，才激發已故的自由經濟前輩夏道平先生（1907～1995），在 1979 年依照英譯本譯成中文，由臺銀經研室出版。

　　夏先生當時有感於臺灣的經濟學界和政府的財經官員還在迷戀於「藉通貨膨脹創造有效需求以促進經濟發展」那一套思想模式，爲著清醒他們的頭腦，並防堵他們誤導之擴大而翻譯。十二年之後的 1991 年，他察覺原譯本的修訂有雙重的必要，除了初譯時的理由外，當時臺灣的經濟學者和社會學者之間因專業上的隔閡而引發彼此相輕，他覺得會如此，是因爲雙方對於一句常識性的話，都沒有深深地全部了解，至少沒有時時刻刻緊記在心頭。這句話是「人生之享有幸福，經濟條件是必要，但非充分的。」他認爲經濟學者當中有很多人忘記這句話的後半，社會學者當中，很多人忽視它的前半。他希望這本書第九章第 4 節「第三條路」，也就是全書的結論，能夠在某些經濟學者和社會學者間產生溝通調和的作用。校訂版中譯本，在 1991 年由遠流出版公司列入「自由主義名著叢書」出版。

本書中文編譯本的必要性

　　如今三十多年已過，當年夏先生認爲本書中譯本出現的「雙重必要」不但未消失，反而更明顯，但遠流版已絕版，而五南圖書出版公司正逢五十週年，推出「經典名著文庫」作爲獻禮，本書被選列其中。不過，原譯者夏道平先生已過世，其繼承人不同意再出版，經商請教授經濟學原理數十年的臺大經濟系資深退休教授葉淑貞重新編譯，乃得以有此新編譯本面世，葉教授也在〈中文本編譯者序〉中做了說明。

　　再回到這本書，如作者洛卜克在〈原著作者序〉中所言，其出現有雙重必要性，其一，在「教學」方面，我們有需要一本對經濟程序作一貫性的全部陳述的書，其陳述必須是嚴謹而科學的，也要適合受過一般教育的人的理解力、興趣和經驗，它是基層水準的經濟學教科書，既要不膚淺，又要向讀者清晰地說明那些組成經濟學完整體系的一切複雜關係，同時還要給讀者鼓勵，教他繼續研究的方法。其二，多年來，西方的經濟和社會結構已陷於嚴重的危機，傳統的經濟教義已從根本動搖，非難的異議愈來愈多。經濟學所剩下的是什麼？這門科學對我們有什麼用處？很有必要向外行的讀者提供一種經濟學的說明書，把那份流傳下來的心智上的遺產，小心謹慎地加以檢討、估量，使它對準現時的一些緊急問題以求解決。

　　所以，這本書是洛卜克特為外行的知識分子而寫的經濟學導論，也可以作為大專學校經濟學課程的主要課本或補充教材。全書共有九章，第一章談一些主要的基本「問題」、第二章說明「經濟學的基礎」、第三章解析「分工的結構」、第四章介紹「貨幣與信用」、第五章剖析「財貨的世界和生產的流量」、第六章陳述「市場與價格」、第七章談「富與窮」、第八章解讀「經濟均衡的擾亂」、第九章則檢討「經濟結構以及經濟學與世界危機」。

　　如夏道平先生所言，洛卜克這本書，隱隱然接納了奧國學派的傳統，所以在第一章就講到邊際效用、選擇和限制，而這些概念正是奧國學派經濟學的中心。很特別的是，第二章竟把道德基礎作為經濟學內容，有返還亞當‧史密斯世界的味道，更是當今主流凱因斯學派經濟學所不觸及的方面。本書中沒有

數字、代數式、幾何圖形，但觸及了人之所以為人的心靈活動。

　　這本書的前七章都是一般經濟學教科書所要講的一些問題，只是本書所講的有些本質上的不同。而第八和第九章在一般的教科書是看不到的，已超越教科書的層面。洛卜克對凱因斯的批評是著眼於深長遠大的影響方面，特別需要仔細閱讀。洛卜克認為凱因斯的貢獻是不可忽視的，但正因他會有那麼深切的影響，我們不得不問：他的那些理論和建議（其目的要改良既存的經濟制度）的一些實際後果，是不是終於動搖它的基礎，因而凱因斯應列入自由民主秩序的掘墓人之一？這與他的意願恰好相反，而凱因斯的確是個虔誠地忠於自由民主的人物呢！

精讀並廣傳這本書

　　洛卜克在書中特就增加貨幣供給量、增加公債和敵視儲蓄這三件事寫說：「你也許認為，有時大大增加貨幣供給量就會防止經濟災難；但是，像凱因斯這樣的學界領袖人物，總不能說把他的權威用來掩護所有的政府長期通貨膨脹的傾向而無罪咎吧！你也許認為在某些情況下，政府公債的增加是較小的壞事；但是，把這樣的一個暫時的權宜辦法變成一個常規，總不能說沒有罪咎吧！……以前的人總相信儲蓄是對的，為他們自己和家庭而儲蓄，從不打算到窮困時靠政府幫助。你總不能說消滅了人民的這個想法而無罪咎啊！」洛卜克寫道：「……分析到最後，凱因斯的經濟政策綱領在於說：安心做你以前認為

犯罪的事情！」

　　對於「經濟學」，從亞當・史密斯到凱因斯，洛卜克覺得在較低層面上，無疑地有些地方是進步的；但從全部知識和精神的發展這個較高層面來看，這條路無疑地是反動的、退步的。

　　洛卜克認為，我們有一個辦法可用來判斷我們這個社會好轉的進度，此即，看有多少人能擺脫凱因斯學說的迷惑，而不只認清它在經濟方面的弱點，也認清它的社會哲學的謬誤。這樣的人愈多，這個社會的好轉也愈快，到那時，大家就可冷靜而客觀地評鑑凱因斯的那些真正貢獻，既有堂皇的成分，也有悲劇成分。

　　在揭穿凱因斯學說的危險之後，洛卜克最後在書中提出「第三條路」，這既不是一般人所想的統制經濟與市場經濟之間的路線，也不是一般經濟學教科書所說的「混合經濟」。在這裡，有必要特別提醒的是，米塞斯在《人的行為》第二十七章中剖析「混合經濟」這個概念的謬誤，此詞不可濫用。而「第三條路」是洛卜克深思熟慮的結晶，不可等閒視之。

　　說到底，洛卜克這本《自由社會的經濟學》是「類經濟學教科書」，基本觀念是傾向奧國學派，主張一種全面的自由市場，也就是無須國家干預的經濟狀態。但因政客最熱愛的活動就是給社會制定一堆規定和法律條文，對於國家和政治面來說，他們一定得為所有經濟與社會問題找到可以怪罪的對象，米塞斯對此早已了然於心，他在《官僚制》書中就這樣寫著：「經由國家介入而造就的所謂『進步』政治，其支持者最愛用的政令宣傳伎倆，就是把當今世況所有不盡如人意的地方，都

歸罪於資本主義，但一切好的、善的，都歸功於社會主義。他們從來不花功夫去為其令人迷惑的原理提出實證，也向來不為其國家經濟原理的爭議辯駁。他們全心投注的焦點只在於侮辱對手，以及懷疑對方的動機。但很不幸地，一般人民並無法識破這其中的詭計。」

為了讓一般民眾不識破這其中的詭計，就得極力將好的學說和更好的理念隱藏起來，而不良學說與不良思維成為主流，一代接一代學習流傳。俗話說：「人者心之器」，亦即人的行為由心所器使，而心者「觀念」是也。凱因斯也在《一般理論》的結語中說：「……經濟學家和政治學家的觀念，無論是對的還是錯的，都比普通人所想像的有力得多。……有些實行家自以為不受學術思想的影響，其實往往是一些已故的經濟學家的奴隸。那些掌權憑空臆度的狂人，也不過是從多年前一些不太知名的著作家那裡導出他們的妄想。」

如今凱因斯干預理論、社會主義、共產主義、集體主義、干預主義盛行，主導政府政策，而「錯誤的政策比貪汙更可怕」，為了截窒世下流，讓奧國學派理論重現人間是一項重要工作，正如米塞斯在《官僚制》中說的：「讓我們的經濟學研究在民間廣為流傳，其目的，並非想把每個人都變成經濟學家，而是希望每個人都能在一個共同的社會中，發揮其身為國民的功能。資本主義與極權主義之間的矛盾衝突，事關文明發展的未來出路，而這無法由內戰或革命來決定。這是一場理念之戰，而民意將決定這場戰爭的勝與負。」

讓廣大地球人理解「消費者至上」的資本主義、市場經濟最能福國利民，而「國家至上」、政府管制、干預主義的「全

能政府」則會引領世人邁入「奴役之路」，正是當今全球最急迫的事務，而將洛卜克這本書讀進去並推銷出去，是一條終南捷徑呢！

吳惠林

中華經濟研究院特約研究員

2024 年 6 月 4 日

中文本編譯者序

記得在 2021 年四、五月時，當我完成馬夏爾（Aflred Marshall）《經濟學原理》①（*The Principles of Economics*）一書的翻譯工作後，吳惠林教授隨即邀我編譯這本《自由社會的經濟學》。他當時說了一句話，大意是再編譯完這一本書就完整了。那時我不知道他這話的真正意涵，但編譯完本書之後，我大概了解吳教授這句話的意涵了。

本書原著初稿在 1936 年由德文寫成，作者是德國經濟學家威廉・洛卜克（Wilhelm Röpke），書名為 *Die Lehre von der Wirtschaft*。這本書在 1962 年曾由帕萃克・鮑曼（Patrick M. Boarman）翻成英文，1979 年夏道平教授首次根據鮑曼的英文版翻成中文，由臺灣銀行出版，接著又於 1991 年再次重翻，由遠流出版公司出版，兩本書譯名皆為《自由社會的經濟學》。

雖然，夏道平先生的書不是由德文原書直接翻成的，而是譯自英文譯本，不過從以下幾個理由，可以得知其參考價值，與譯自德文原書的著作應該具有同等的價值。第一、英譯者上過洛卜克教授的課，對於洛卜克的思想有相當的理解；第二、在洛卜克的〈原著作者序〉中，提到了：「儘管英語不是我的

---

① 阿弗瑞德・馬夏爾（Alfred Marshall）著，葉淑貞譯（2021），《經濟學原理》，臺北：五南圖書出版公司。

母語，但我深深地領略到他（編譯者註：指鮑曼）完成了一件令人讚嘆的工作。」所以英譯本應該精準地掌握了原書的精神。

特別是英譯本還把多年以來，洛卜克不斷的修改和更新的部分都納入書中，同時還增加了兩個章節，分別是第八章第3節〈凱因斯主義的影響〉（The Impact of Keynesianism），以及第九章第4節[2]〈德國在非通貨膨脹市場經濟的試驗〉（The German Experiment in Noninflationary Market Economy）。前者是由洛卜克的 Keynes und unsere Zeit（1946）和 Was Lehrt Keynes?（1952）這兩篇獨立的論文編寫而成的；後者則是洛卜克新寫的。這真是有畫龍點睛的效果，更進一步地揭示了本書的精神。

1. 筆利於劍

一開始閱讀原著者洛卜克的序，讀到這本書在德國及其他國家所歷經的驚險時，不太了解為何國社黨會如此畏懼這本書，也不太懂為何這本書的書名會取做《自由社會的經濟學》。編譯完這本書後，我真正領略到，文字的力量確實要大過刀劍的力量，更懂了洛卜克所謂的「自由社會的經濟學」與我們一般所認識的「經濟學」有何不同。

本書初稿是 1936 年洛卜克流亡於土耳其期間撰寫的，並在奧地利國社黨人接管奧地利之前不久，在維也納出版。雖然

---

[2] 原書是第九章第3節。

　　該書最初躲過了蓋世太保的偵查，得以在國社黨統治的某些地區祕密的流通；不過，蓋世太保偵查違禁品的嚴密技術，最後還是沒收了維也納出版商所發行的剩餘書本。

　　接著，這本書被一家瑞士公司接受並印行；捷克文和匈牙利文的譯文原本已準備出版，但在出版之前，由於納粹的入侵，本書的反極權主義的聲音被壓下來了。法文譯本則幸運地於 1940 年在巴黎出版，分銷工作在 1940 年 5 月就已安排好了，雖然在此不久之後，巴黎向德軍投降，所幸這本書在德國入侵之前，就得到法國當局的出版許可。憑著這一紙保障，巴黎出版社那位負責該書出版工作的女經理，居然能夠在蓋世太保嚴密的偵測之下，隱藏了本書這種反極權政治的精神，而把本書銷售出去，而且，儘管本書無法以廣告或任何其他方式來促銷，但出版商所印的第一版卻很快就銷售一空了。

　　洛卜克從許多德國人在往後數年，他們在巴黎逗留期間的追述中，說有幸能讀到這本書時，心情是如何的欣喜若狂這一點，解釋了這個奇蹟。他認為這是因為德國審查員未受過足夠的教育，以致於無法理解該書的意涵；而那些懂得該書意涵的德國人，卻已文明到樂見本書，而未告發它。

　　從以上這本書所歷經的浩劫，我們可以知道國社黨人是如何地畏懼本書。那麼為何會如此畏懼呢？必定是本書對於國社黨所實施之集體主義制度的批評戳到其痛處。以下接著扼要介紹市場經濟制度及集權主義經濟制度，從中說明洛卜克對集體主義的批評。

2. 經濟制度的分類

　　若根據財產權以及經濟決策權的歸屬，經濟制度可大別爲市場經濟及計畫經濟。財產權的歸屬有集體所有與私人所有。市場經濟是尊重私有財產權的；而在計畫經濟之下，一切財產，包括生產要素，都歸集體（或國家）所有，所以計畫經濟又稱爲集體主義經濟。

　　經濟決策權的歸屬，可以分成中央集權與市場分權。所謂市場分權，包含兩方面的意義，亦即經濟決策由個人自由決定，而資源配置由市場價格決定；前者稱爲經濟自由，而後者稱爲市場機能或價格機能。對照市場分權，中央集權制的經濟決策與資源配置都由一人或少數人規劃，因此又稱爲計畫經濟。

2.1 市場經濟制度

　　在市場經濟制度之下，因爲財產屬於私人所有，個人在經濟上才享有就業自由、企業自由及消費自由等這些自由選擇權。每個人的勞動力既然都屬於個人所有，因此每個人才可選擇是否要工作、要到哪裡去工作、要做什麼工作。每個人既然都有私有財產，那麼他才有能力且有動機決定是否要創辦企業、要創辦何種企業、是否要結束所經營的企業等這些企業的自由選擇權。同時，因爲財產是私有的，自然也就可決定是否要購買，以及要買多少的某物，這可稱爲消費的自由選擇權。

　　既然每個人都可以根據自己的意願，自由做經濟的決策，

那麼誰來告訴勞工去哪裡工作？該選擇什麼工作？誰來宣布須製造多少轎車？須建築多少房屋？誰來決定個人要買什麼東西？要買多少東西？在市場經濟制度中，所有這一切都由價格來解決。

也就是說，在市場經濟制度之下，每個人的經濟活動，都在市場中，受價格所指揮。價格所發揮的功能，稱之爲價格機能。價格指揮著我們的經濟活動，它好像是一隻手，不過這一隻手卻是無形的，因此亞當・史密斯（Adam Smith）稱價格爲「一隻看不見的手」（an invisible hand）。洛卜克在第七章第3節說：「這個方法不是由任何人精心設計出來的，而是數千年以來完全自然形成的。在這個漫長的試行期間之內，它已經證明了其可行性。」

價格可以把消費者的需要傳遞給生產者，生產者究竟生產什麼的問題，就得到解決。生產者賺的錢歸自己所有，才會有追求最大利潤的動機，且有企業自由，所以就會遵照價格之提示，創辦可以獲利最多的企業，這樣生產什麼的問題就能解決。生產者一旦決定要生產什麼之後，就要去僱用生產要素。既然生產要素是私人所有，有就業的自由，且所賺的所得歸自己所有，因此其所有者才能且才會把所擁有的生產要素，提供至生產者所欲生產之物品上，因爲該物之價格較高，則其生產要素所能得到的報酬自亦較高。這樣，生產者之需要就藉由價格之高低，傳遞給生產要素的所有者。

透過以上所簡述的價格機能的運作，生產什麼及如何生產的問題就得以解決。不過，儘管價格機能可把消費者的需要反映給企業家，而企業家又可將之傳遞給生產要素的供給者，但

是其間仍須有競爭的存在，才能迫使企業家與生產要素的供給者不得不據而採取適當的措施，以求配合應對。

從以上的討論中，我們得知市場經濟制度包含私有財產制、經濟自由及價格機能的發揮。而價格機能要能發揮必須要存在有競爭的力量。

2.2 集體主義

在集體主義之下，包括生產要素的一切資源都歸集體所有。在這種情況之下，個人的身體雖然屬於個人所有，但是其勞動力卻屬於國家所有；同時，土地及資本當然也都歸國家所有。誠如洛卜克在第五章第 4 節最後一段所說的：「社會主義經濟之所以不同於資本主義經濟……在於在社會主義國家，資本是屬於國家所有這一方面。」

一切財產都歸國家所有，因此所有的企業當然都是國家所獨占（即國營），這些財產所獲致的利潤或所得，當然也都歸國家所有。洛卜克在第六章第 4 節提到，這種經濟秩序（編譯者註：指集體主義）把生產和分配極度集中在政府手中，建立了一種完全的、包羅萬象的獨占。這樣的獨占是依賴政府強制的力量所建構起來的。他也說，當生產按照集體主義的計畫，集中在政府手中時，生產者的這種專斷的力量就達到了最大的程度，那時政府就成為所有獨占者中最危險和最強大的。

此外，每個人的勞動力都是國家所有，當然也就無選擇是否要工作、要到哪裡去工作的自由。洛卜克在第九章第 1 節提到，工人再也不能夠在不同雇主之間進行選擇，所以其依賴

性實際上會更大。同時，因為個人無私有財產權，也無企業自由，私人也就無資金、無權，也無動機去創辦企業。

　　且由於無私有財產權，每個人也就都無法按自己所需，決定要買什麼東西來消費。在集體主義下，每個人所消費的物品種類及數量都由國家配給。記得我在美國匹茲堡大學（University of Pittsburgh）讀博士學位時，一個中國大陸的留學生曾說過一個故事：「中國在計畫經濟時期，幾乎所有的人所攝取的鈣都不足，理由是因為當時的計畫局把每個人所需要的鈣計算錯了。」這個故事清楚地說明了，計畫經濟體制中，每個人所需要物品都是由計畫中心所計算並配給的。

　　這樣，社會主義計畫經濟制度要配給多少生產要素，給不同的物品及多少物資給每個人，都是靠計算，並非靠市場機能的運作。在第七章第 3 節洛卜克提到：「一般採用的方法是，由政府相當武斷地自行決定，把資金用在哪裡才是最有效的……（在這種情況下，他們會越過消費者這個唯一真正稱職的法官，而決定留聲機行業的資本不符合需要）。」同時，在該章的社會主義與民主註解中，他更進一步地說：「在社會主義國家絕不可能進行持續的全民投票，由此可以得出以下的結論，亦即社會主義與真正的民主和個人自由是不相容的，因此必然以極權主義國家為前提。」

　　這就是為何洛卜克書中會強調正確的計算，對集體主義社會是多麼重要的理由。在第七章同一節中，他說：「事實上，這樣的一個國家（編譯者註：指社會主義的國家），如果想要有一個理性的經濟，即使這只是為了給自己提供計算工具，來指導其使用這些稀少的生產要素，也必須要編造出地租和利

息。否則，該經濟制度會冒著讓這些要素只是出現在其帳簿上的自由財，從而敞開了浪費大門的危險。如果社會主義國家的經濟計算，沒有透過某種指標來考慮土地和資本的稀少性，那麼這些計算就會大錯特錯。但令人擔憂的是，在破壞了自由市場經濟之後，這樣的國家將失去唯一可解決計算此類指標相關數學問題的機制。」

在第九章第3節③，他又說：「在一個未受扭曲的競爭制度中，生產計畫是由那些我們無法質疑其資格的人（亦即消費者）來決定的。」而集體主義對於人民要消費什麼、要選擇何種工作，以及要生產什麼或不生產什麼這些問題，完全根據國家計畫局來決定，且必須認同這些領導認為好的用途。洛卜克在該節又說，若無政治專政這個必要的強制手段，就無法達成經濟上的專政，因此集體主義就是極權主義。集體主義計畫經濟是用政府的命令，取代市場自發的反應機制，因此他認為，把其稱為官僚經濟或統制經濟可能更恰當。既然，集體主義的決策是由一些事不關己者所掌管，結果就造就了低劣的經濟表現。

對於這些低劣的表現，這樣的政權將極力掩蓋之，因此洛卜克認為其所發的每一條訊息都是不可信的。他在第九章第3節④說：「在掩蓋事實的過程當中，它可以做得甚至超過許多自由世界的統計學家所能想像的還要多很多，……。來自共產主

---

③ 原書是第九章第2節。

④ 原書是第九章第2節。

義世界的每一條信息，即使不被視爲是明明白白的騙局，也都必須被視爲帶有宣傳色彩的東西。在解釋這些數據時，需要專家的偵測技術，即使那樣，也不能保證能夠從這些靠不住的證據中取得眞相。」

德國在戰前，政治上就是實施這種集體主義，而在經濟上則採行抑制性通貨膨脹的種種管制措施。誠如上面所說的集體主義有其嚴重的缺失，而抑制性通貨膨脹會產生何種後果呢？德國最後又是如何擺脫這個困境，而回歸到市場經濟的呢？

3. 抑制性通貨膨脹

在第一次世界大戰與第二次世界大戰期間及其後，德國都經歷過嚴重的通貨膨脹，其所以會發生，都是來自於政府以印行貨幣來融通赤字造成的。在第一次大戰期間及其後，德國政府就透過不負責任的濫印鈔票，來彌補預算赤字，因而引發了惡性通貨膨脹。從 1913 年到 1918 年，德國貨幣發行量增加了 8.5 倍，從 1921 年開始更爲恐怖，1921 年比 1918 年增加 5 倍，1922 年比 1921 年增加 10 倍，1923 年更比 1922 年增加了無數萬倍，到了完全無法控制的地步。膨脹性的貨幣發行，使物價節節上升，1921 年 11 月的物價已經是戰前的 40 多倍。從 1922 年 7 月到 1923 年 11 月之間，德國馬克對美元貶值了 99.99%。而二次大戰期間，在 1939 年德國流通的貨幣總量爲 120 億馬克，到戰爭結束時已增加到了 560 億，膨脹了大概 4 倍，這次的濫印鈔票再度引發了嚴重的通貨膨脹。

洛卜克在第四章第 4 節說，德國這種始於「赤字融通」，

而終於一系列價格上漲的災難性事情，導致了某些人的致富，而其他人則變得絕望、貧困，並嚴重地破壞了整個經濟和社會的結構。但是，他說，由政府預算赤字所引起的膨脹性貨幣的創造，未必會造成第一次世界大戰後，這種惡性通貨膨脹所造成的經濟和社會的混亂。他說：「從 1933 年開始，國家社會主義的德國利用統制經濟，採行配給制，嚴格地控制工資、消費、資本投資、利率，以及目的在限制自由使用不斷增加之購買力的一些措施，在一段時期之內，就成功地遏制了物價、工資、匯率、股票價格等這些通貨膨脹的壓力。」

不過，他接著又說：「通貨膨脹的壓力愈大，需要管制經濟來抑制它的對抗壓力就愈大。出於同樣的原因，如果要有效地抑制通貨膨脹持續上升的壓力，管制經濟就必須訴諸於更加全面和殘酷的控制。這在邏輯上就導致了若沒有極權主義的奴隸制，這樣的統制經濟是否可能實現這樣一個問題。」從此，我們可以得知，統制制度是集體經濟體制必然的特徵，以及為何在社會主義控制的地方都實施統制制度。

然而，整個世界卻都曾經熱烈地效仿國社黨統治的集體主義經濟這個先例，洛卜克在第九章第4節⑤說：「的確，直到最近，幾乎普遍遇到的經濟政策，本質上都還是國家社會主義的變種；且在不少國家——所謂的不發達的國家——這還是一項非常盛行的政策。」

---

⑤ 原書是第九章第3節。

4. 德國戰後的經濟改革

洛卜克戰後返回當時飽受戰爭蹂躪、到處都充斥著難民、城市被摧毀超過 50% 的德國，加入經濟的重建。當時聯軍總部的經濟顧問艾爾哈德（Ludwig Erhard）遵照洛卜克的建議，對德國經濟病症下藥，藥單就是我們前面所說的解除集體主義與抑制性通貨膨脹的措施。

因此，解方之一就在於實行貨幣方面的紀律，以消除通貨膨脹的壓力；其二，在於解除最高限價、配給、對自由價格的管制和其他的干預等這些抑制性通貨膨脹的措施，以恢復自由價格、競爭和對企業的激勵等這些財貨方面的自由。儘管後來在干預主義和福利國家政策方面有些讓步，但這兩個原則依然是戰後德國繁榮的基礎。

洛卜克在第九章第 4 節[⑥] 提到這種改革所獲致的成效時說，這兩者（指自由價格的推動力和貨幣價值的穩定性）都讓德國「在幾年之內，就發展出一套『強勢的』（hard）、可十足兌換的貨幣，成為歐洲的主要債權國，最後，甚至以其提供的信用，幫助美國這個自由世界的主要大國擺脫其國際收支的赤字。也讓其在十年之內，從對外貿易降至零的慘狀，增長到世界貿易第二位（僅次於美國）。」

---

⑥ 原書是第九章第3節。

5. 臺灣戰後的經濟奇蹟

臺灣在 1960 年代，也採用了相同的辦法，因而得以在往後的年代裡獲致類似的成效。

臺灣在戰後初期也發生過惡性通貨膨脹，也同樣是因為政府當時採行以發行貨幣融通赤字的政策所致。所幸韓戰爆發，美方派來第七艦隊協防臺灣，並撥來美援；以及政府所採行的一些貨幣方面的措施，最後才得以遏制住飛漲的物價。

不過，儘管解除了惡性通貨膨脹，臺灣當時是一個管制經濟，若無後來一序列解除管制的措施，僅憑這個管制經濟，還是難以創造出後來的經濟奇蹟。在這一點上，臺灣戰後的經濟奇蹟與戰後德國的情況很相似。關於這一點，將在書中第九章第 5 節詳加討論。

6. 市場機能無法發揮

以上所介紹的德國及臺灣的例子，都說明了管制政策難以促成經濟的高度持續成長，經濟要能高度成長，就必須要解除管制，尊重市場機能的運作。但是市場機能在某些情況下無法發揮，這時就需要政府出面來解決這些缺失，以健全市場的機能。因此若從經濟學的角度來看，政府的功能在於輔助市場的機能，而不在於破壞市場機能的運作。

市場機能要能發揮，除了要限制公營企業，強化競爭之外，還要有健全的私有財產權制度及降低交易成本的基礎設施。例如：臺灣在清治時代雖然實施私有財產權，但這個權利

卻沒有得到政府的保護，因此是不健全的。那時人民為了保護私有財產權，自動自發形成了一些制度來保護財產權，[7] 但是卻仍然時常為了爭奪財產，而發生械鬥。此外，當時沒有便利的南北交通網絡[8]，運費高昂；沒有統一的貨幣制度及度量衡制度。[9] 在這種情況下，交易成本過高，專業化的程度不可能很高，經濟難以發展起來。

市場最大的好處就是它能有效率地配置資源，但是一個經濟社會除了追求效率，還有其他的目標。其中，避免所得分配的過度不平均及維持經濟的穩定都是重要的。但是，市場機能不但無法解決這些問題，同時也可能會促成這些問題的出現。

市場制度尊重私有財產權，容易造成所得分配的不平均。你有錢，可能不是因為你的努力或才能勝過別人，而是因為你有一個有錢的父親。同時，市場經濟每個人的需要都是透過金錢來表達，因此窮人的需要就無法在市場上完全表現出來。洛卜克在第七章第 2 節說，市場經濟的「經濟決策是分散在無數的家庭當中，這些家庭的決策又受到至高無上的市場力量所支配，市場經濟歸根究柢是由消費者的金錢投票所支配。」所得愈低的人其票數愈少，也就愈無法表達出其需要，但這不表示他們沒有這些需要。

不過，所得分配不平均的問題不只是市場經濟有，社會主義國家也同樣存在這個問題。在同一章節中，洛卜克又提到：

---

⑦ 關於這一點，請見第九章第2節的說明。
⑧ 關於這一點，請見第九章第2節的說明。
⑨ 關於這些方面，請見第九章第2節的說明。

「就我們目前知道的所有事情來看，可以確定的是，在共產主義的蘇聯，經濟上的受惠者和工人之間所得的差距，比資本主義國家要大很多，所以從一個五年計畫到另一個五年計畫，人們所得到的安慰只是最後生活狀況終會顯著的改善這個承諾而已。」也就是說，兩種制度都有所得分配不平均的問題，只是市場經濟是發生在一般人之間，而共產主義是發生在特權階級與一般人之間。這一點在當今的中國社會中，又再次被證實了。

此外，市場經濟容易促成經濟的擾亂，因為它是以分工為基礎的。分工的程度愈大，經濟就愈容易受到均衡擾亂所影響。不過，洛卜克在第八章也提到，社會主義國家也同樣不得不考慮分工、生產技術的進步以及外在世界的不穩定等這些擾亂的來源，因此而認為社會主義國家就可以避免均衡擾亂這個問題，這是錯誤的。

接著他又說：「只要存在以下這些事情，亦即有分工和高度發展的技術，人、自然和社會沒有變為死板的機器，有新發明、收穫的波動、消費習慣的改變、遷徙、生與死的波動、戰爭與革命、樂觀與悲觀、信任與不信任，則每個社會的秩序都會面臨經濟均衡擾亂的這個問題。無論這些擾亂發生在哪裡，每個人都必須要調整自己，以克服這些擾亂。」在這方面，市場經濟與集體主義經濟之間的區別主要在於，市場經濟的調整過程是自發的；而集體主義經濟的調整過程是命令控制式的。

7. 第三條路

　　若要使市場經濟機能的運作，能創造出較好的結果，至少需要建立促成競爭力量不被削弱的機制，並解決所得分配不平均及消除經濟擾亂等這些問題。為此，洛卜克提出了一個稱為第三條路的妙方；而要走上這第三條路，必須從解決秩序問題、社會問題、權力分配的政治問題以及道德至上的問題等這四個方面著手。

　　他在書中最後一章最後一節提到，在這個新的制度中，必須包括解決秩序問題所必須要先處理的兩個重要的基礎。第一、要有一個對有序的良好市場經濟必不可少之穩定架構。因此政府要建立穩健的貨幣制度和審慎的信用政策，以消除經濟擾動的來源。第二、還要有精心建構的法律制度，以便盡可能地防止濫用市場自由。這個架構應該設計成把市場經濟的諸多不完善減少到最低限度。

　　這個新的制度還要能解決社會問題、政治問題及道德至上等這些問題。其中的社會問題包括對市場經濟所出現之所得分配的不平均進行一定的修正，以為弱者提供安全和保護。他在第七章就提出解決該問題的一些建議。首先他認為反獨占政策是一種好的所得政策，同時這種政策還可以壓制從抗競爭所產生的一些濫用。他還提到，住房建築計畫、鼓勵自耕農、緩解從一個社會階層向另一個社會階層發展所遇到的困難、照顧小工業的信用需要等這些有助於減少財富過度集中的措施。他最後又提了一個方法，那就是政府等待市場過程中形成的所得分配有了結果之後，然後再透過對富人徵稅，並把這些稅用於窮

人身上，來糾正所得分配不均的問題。

此外，這個新的制度還要能解決政治上的權力分配問題，也要能關注以下與道德有關之重要的問題，亦即這樣一個制度對構成一個人存在的真正意義，以及構成他幸福基礎的無形資產有什麼樣的影響等這些問題。

可見，洛卜克所提的解方已超出經濟學的範疇了，特別是道德至上這個問題，他不斷強調道德誠信這些東西。第二章第1節的標題就是〈從商之道：以道德為基礎〉，在往後其他的章節中，至少有 55 次提到道德這個詞。在一個高度專業化的市場中，道德誠信是很重要的，雖然在此一經濟體系當中，交易的任何一方違反誠信原則，必須受到法律的懲罰，可是靠法律解決問題既耗時又耗錢，交易成本太高，所以專業化程度愈高的社會，對道德誠信的要求愈高。

8. 對凱因斯深刻的批判

在第八章第 3 節洛卜克提到，凱因斯運用其權威，讓政府利用包括貨幣擴張及增加債務等這些膨脹性政策，來刺激有效需求，以解決失業的問題。他這種促進充分就業、消除失業、忽略通貨膨脹的主張，成為國家社會主義時期德國經濟政策的依據。凱因斯的這一主張也讓新一代人習慣於那種只圍繞在如何才能最牢固地把「有效需要」維持在最高的水準這一問題上的經濟邏輯，而戰後真正的問題是如何才能及時把膨脹性的繁榮剎住，並不是有效需要不足的問題。

洛卜克認為，在像 1931～1932 年大蕭條這樣的時期，當

所有想要迅速結束失業的努力都失敗時，因而必須增加貨幣供給來促進有效需要，這是可以的。但是，這種政策會造成持續的通貨膨脹，因此從長遠的角度來看，若想要經濟生活不受這種通貨膨脹的影響，則不能以輕蔑的態度來對待生活上所要依據的那些規則與制度。他也指出，凱因斯的這種為了刺激有效需要，而鼓勵消費，使人們相信不儲蓄是正確的，因而不為自己和家人預留一筆錢，而把所有的錢都花掉，然後在有需要之際，再求助於政府的主張，是要受到譴責的。

此外，洛卜克還提到凱因斯重視數學的結果，使他忘記了人的靈魂和人在社會當中那些神祕的力量，是無法用數學方程式來表達的，也不能被限制在統計數據或經濟計畫的規程當中。凱因斯學說的該特點，使這些教義在那些偏愛社會計畫和極度懷疑個人自由的國家和政黨中特別受歡迎。

從最後的結果來看，凱因斯所做的事情還有更嚴重的。洛卜克說：「他不僅摧毀了腐朽的東西，而且經由對經濟實用主義的宣揚和對道德－政治領域那些根深柢固的原則的攻擊，使他成為道德標準、行為規範和處世原則等這些東西敗壞的主要推動者之一，我們這個時代社會危機的真正核心就在於此。」基於以上所提的這些理由，洛卜克甚至說：「這個社會轉好的進度，……，部分是要看有多少人能夠成功地擺脫凱因斯學說的魔咒，以及不僅認出凱因斯學說在經濟上的弱點，同時也認出其社會哲學的錯誤。」

9. 本書與馬夏爾書關注重點不同

　　最後回到第一個問題，即吳教授所說的編譯完洛卜克這本書就完整的意義。個人揣測吳教授之所以說此話，是因為馬夏爾的《經濟學原理》所講述的是市場運作如何達成經濟的均衡，而本書主旨在於評論集體主義的缺失和市場經濟的不足，從而提出一條新的路線。

　　在馬夏爾所處的時代，政府對市場運作的干預甚少，雖然馬夏爾的書中也提到《濟貧法》及《工廠法》，但是大體上在當時英國的經濟中，政府的干預不多，也無實施集體主義這樣的制度。最早提出政府應該干預經濟的想法是德國歷史學派學者李斯特（Friedrich List, 1789～1846），之後由於第一次大戰德國戰敗，政府對經濟的控制衰微，歷史學派乃逐漸走向沒落。直到國社黨上臺後，才實施集體主義的經濟制度。

　　在洛卜克撰寫這本書的時間，正是德國國社黨執政，實施集體主義、社會主義或共產主義的時代。因為所處時代的關係，洛卜克這本書的主旨，就在於論述集體主義經濟制度的缺失。經濟思想是時代的產物，既然本時代的經濟問題與之前的時代不同，本書所關注的內容自然就與馬夏爾《經濟學原理》所闡述的重點不同。

10. 本編譯本的架構

　　本書共有九章。第一章標題為問題，內容含括有秩序的無政府狀態、其他經濟學之謎、邊際效用以及選擇及限制：經濟

學的本質。第二章介紹經濟學的基礎概念，內容有從商之道：以道德為基礎、成本是什麼、經濟的均衡：一些可能的制度。最後一節提出幾種配置資源的制度，包括排隊制、配給制、混合制（價格制度與排隊制度或配給制度的混合）、價格制以及集體經濟制度。在本章的最後之處，洛卜克提到，我們這個時代有愈來愈多的經濟程序，正在按照與支配市場經濟的法則截然不同的法則在進行著。

　　第三章的主旨在於論述分工的結構，內容有分工的意義、社會分工及貨幣的角色、細緻分工的必要條件、分工與人口數（人口問題）以及分工的危險與極限。本章主旨之一在於分析分工所會產生的問題，其中的一個問題就是第八章將提到的造成經濟的擾亂。

　　第四章分析貨幣與信用，前三節依次是貨幣為何物、從牲畜到銀行券、貨幣及銀行體系等這些與貨幣有關的基本知識，後兩節則以前三節的討論為基礎，進一步介紹通貨膨脹及通貨緊縮、貨幣的購買力及其衡量方法。可見，本書主張貨幣的購買力會變動，這一假設與馬夏爾的書不同，馬夏爾自始至終都假定貨幣的購買力是固定的。這是因為在洛卜克所處的時代，德國發生過惡性通貨膨脹的事情。為了要解釋通貨膨脹，就必須放棄貨幣購買力是固定這一假設。洛卜克在第四章講述貨幣與信用，主旨就在於貨幣的創造與通貨膨脹之間的關係這個問題。同時，本章所介紹的概念，也是第九章第4節[10]〈德國在非

---

[10] 原書是第九章第3節。

通貨膨脹市場經濟的試驗〉的基礎。

第五章介紹財貨的世界及生產的流量，主旨在於討論財貨如何供給和分配，內容有社會的產出及國民所得、生產的本質、整體的經濟過程、生產要素及生產要素的結合。第六章探討市場及價格，內容有自由價格使市場供需相等、供需彈性、價格及成本、獨占、價格的相互關係以及對外貿易與國際價格的形成。本章的主旨之一在於討論競爭及獨占如何影響價格，而這個課題與我們前面第 2 節所講的，市場機能要能運作良好，要有競爭力量的這個論述有關。

接著，第七章討論富與窮的問題，主旨在探討所得分配相關的問題，內容有所得分配、所得分配作為價格形成的一個問題、是否應該廢除利息和地租、改變所得分配。所得分配是市場經濟無法解決的問題，第九章最後一節再回到這個問題，提出解方。

第八章探討經濟均衡的擾亂，內容有擾亂的來源、穩定政策、凱因斯學說的衝擊；第九章再就這個問題，提出解方。第九章分析經濟的結構；經濟學與世界危機，內容有我們這個經濟制度的結構和機制、臺灣清治時代與日治時代政府治臺態度之不同、集體主義的特點、德國在非通貨膨脹市場經濟的試驗、臺灣的經驗以及第三條路。正如上面第 7 節所提的，這第三條路在經濟層面上，要立基於穩健的貨幣制度及審慎的信用政策，以消除經濟擾亂的問題，並要解決所得分配不均的問題。

透過以上章節的討論，本書透徹地分析了集體主義的缺失與市場經濟的不足，而為了糾正這些缺失或補足這些不足，洛

卜克提出一個叫第三條路的解方。

11. 本編譯本的特色

本編譯本除了以上所描述的內容之外，還附了一個由吳惠林教授所編的威廉·洛卜克年表，此外，為了方便讀者查閱，也附了中英文對照的名詞索引，其中包括人物及主題索引，不過人物索引只針對正文出現的人名做索引。

要翻譯一本書最好是直接從原著作翻譯，但是編譯者不懂德文，而英文版翻譯者鮑曼也已去世，無法取得翻譯的授權，也無法從英文譯本直接翻譯，只得退而求其次，綜合參考夏道平教授的書、我自己的研究心得、其他相關的著作，以及英文版譯本，以我自己的行文方式，綜合編譯而成。

在進行編譯時，有時發現夏道平先生的敘述可能有問題，或語意不夠清楚的，就參考英文版本。例如：第二章的標題為經濟學的基料，何謂基料呢？基料是膠黏劑的主體材料，起黏合作用。因此，所謂經濟學的基料，應該是指經濟學的主要材料。而查英文版該章的標題是 Economic Data，這個標題的中文意義是經濟資料，但是該章內容並非討論經濟資料。

若從文中所探討的內容來看，應該可以將之翻為經濟學的基礎概念。該章有三節，第一節內容為從商之道：以道德為基礎；第二節標題為成本是什麼，講述為何要選擇及選擇時所面臨的成本為何；第三節標題為經濟的均衡：一些可能的制度，講述一些資源配置的機制，例如：排隊制、配給制、混合制（前兩種制度的混合）、價格制以及集體經濟制度。因此，本

編譯者將該章標題定為經濟學的基礎概念，如此較能含括本章的內容，且語意較清楚。

又如，第四章中有 5 處出現一個稱作 aenemia 的名詞，夏道平教授只在一個地方翻成虛值，其他四處都只寫出英文字，經查 Google 線上翻譯，得到是貧血之意。但是翻成貨幣貧血語意不清，而書中所言之意，是指貨幣材質的價值愈來愈低於其面值。因此為了簡化起見，本編譯者將之譯為貨幣失值。

再如，第九章第 3 節⑪夏道平教授書中的標題為集體主義的運作，但是該節的內容並非講述集體主義的運作，經查英文版該章的標題是 The Collectivist Alternative，但所講述的內容卻是集體主義的特點，因此本編譯本就將之翻為集體主義的特點。

此外，夏道平書中還有一些錯誤之處，其中最明顯的是第九章倒數第 3 段中提到 Montaigne，夏教授將之翻為孟德斯鳩，但是此人是蒙田，因此本編譯不僅將之修正，還加了一個註解，說明蒙田是何許人。

本編譯者還把書中討論的議題中有關臺灣的部分加進了文中。例如：為了呼應洛卜克在第九章第 1 節倒數第 3 段所說的政府要強大的主張，編譯者在第九章第 2 節加了臺灣清治時代與日治時代政府治臺態度之不同一節，主要說明兩個時代政府治臺政策有何不同，從而影響臺灣經濟發展表現的不同。該節主要參考本編譯者在臺大經濟系開授的臺灣經濟史一課的講義

---

⑪ 原書是第九章第2節。

及其他人的相關研究。

又，在第九章第5節插入臺灣的經驗，講述的是臺灣如何在 1960 年代解除管制，達成往後的高速成長。這一節主要參考吳聰敏教授的《台灣經濟四百年史》[12] 及其他相關人的研究。最後，本編譯本還對於書中一些名詞、地名或人名，加註進行說明，這樣的註大概有 80 多個，這是拜網路（線上查尋）之便。

當然，如果可能的話，最好是直接翻自德文版。不過，如前所述，本編譯者不懂德文，書中少數有關德文的字句，是參考線上翻譯工具翻成的。而書中有許多非英文的參考著作，編譯者只能寫出原文，因此其作者的名字、出版地及出版者也就都保留原來的文字。不過，若是英文參考著作的名稱，則會翻譯成為中文，當然作者名字、出版地及出版者也同時都翻譯成中文，只有在第一次出現時才附上英文的名稱。

12. 本書的時代意義

洛卜克對集體主義的批判，在現代這個政府對經濟干預比比皆是的時代，意義非凡。有人曾說，現在全世界都在實施共產主義，只是西方國家不講暴力革命那一套。這個說法呼應了洛卜克在第二章最後一節所提到的，過去一百年來國家經濟集體部門持續的擴大，表示我們經濟制度中「共產主義」元素的

---

[12] 吳聰敏（2023），《台灣經濟四百年史》，臺北：春山出版有限公司。

擴大。

此外，在現今這個疫情嚴重的時代，各國紛紛採取印鈔票、大撒幣的政策後，隨即產生嚴重的通膨，然後為了抑制通膨，就提高利率，結果造成投資減少，以致於又造成經濟下一波的衰退。接著為了解決下一波衰退的問題，又採行擴張性貨幣政策或膨脹性的財政政策，於是又陷入另一個循環，結果經濟情況就這樣輪迴不已。因此，洛卜克對凱因斯的批判，在當今這個時代真有暮鼓晨鐘的作用。

如前所述，這本書的中文譯本，夏道平教授已在 1979 年翻譯並出版過，之後又於 1991 年再度重新修訂出版，但是由於版權問題，無法再版。基於本書對這個時代意義非凡，五南圖書出版公司找筆者重新編譯本書，但願這本書的出版能給讀者帶來一些啟發。

葉淑貞
臺大經濟系退休教授
2024 年 4 月 17 日

原著作者序[1]

　　拙著 *Die Lehre von der Wirtschaft* 英譯本是以德文本第九版（Eugen-Rentsch Verlag, Zurich, 1961）爲基礎，翻譯而成的。本書於德國出版約二十五年後，英譯本終於在美國問世，這可能是把本書與紛亂歷史聯繫起來的恰當時機。本書初稿是我在 1936 年於土耳其流亡期間撰寫的，並在奧地利國社黨人（National Socialist）[2]接管奧地利之前不久，在維也納（Vienna）由朱利葉斯·斯普林格（Julius Springer Verlag）出版社出版。該出版品原本應該會引起極權主義者的特務們最深的猜疑；儘管如此，它還是設法避免了公然的禁止發行，且還可以在國社黨旗飄揚的某些地區祕密的流通。最終，蓋世太保（Gestapo）以其偵查違禁品的嚴密技術，找到並闖入維也納出版商的地窖，沒收了剩餘的書本。因此，這本書與其作者一樣，被迫移民，並有幸被一家瑞士公司接受並印行。捷克文

---

① 編按：本編譯本收錄洛卜克於鮑曼英譯本所撰之序，以此做爲《自由社會的經濟學》之原著作者序。

② 編譯者註：國家社會主義德意志勞工黨（德語：Nationalsozialistische Deutsche Arbeiterpartei，縮寫爲 NSDAP），簡稱爲國社黨，通稱爲納粹黨（英語：Nazi Party）。其前身是創立於 1919 年的德國工人黨，1920 年時更名爲國社黨，後由希特勒領導。國社黨執政後，德國進入希特勒獨裁時代，通稱爲納粹德國。1945 年 5 月德國在戰敗後，盟國把該黨解散。

和匈牙利文的譯文原已準備出版，但在出版之前，由於納粹的入侵所引起的政治動盪，把本書這種反極權主義的聲音壓下來了。

法文譯本是較幸運的。該譯本於 1940 年在巴黎出版，書名為 *Explication économique du monde moderne*。以「出版」（published）這個詞來描述這本書的際遇，也許並非很恰當。因為分銷工作的安排，在 1940 年 5 月就已完成了，不過，不久之後巴黎向德軍投降了。這似乎注定了本書的劫數，特別是因為法文版準備了一篇非常坦率的序言和最後一章對「暴政時代」（ère des tyrannies）確切的描述，幾乎沒有留下任何出版的想像空間。然而，幸運的是，這本書在德國入侵之前，就得到法國當局的出版許可。憑著此一薄紙的保障，巴黎出版社那位勇敢而有創意的女經理，居然能夠在蓋世太保縝密的偵測之下，以這本書對於納粹指揮中心（Kommandantur）無關緊要的藉口，設法把這本書銷售出去了。無疑地，她還指望德國檢查官將其視為與其他許多同類書一樣，是一本完全無害的經濟學教科書，而沒有注意到隱藏在該書之中的反極權政治的精神。事實證明，這種期望是很有根據的，儘管對於任何一位熟悉法文版的人來說，這種隱藏行為能夠歷經數年之久而未被覺察，簡直就是一個奇蹟。儘管可以理解的是本書無法以廣告或任何其他方式來促銷，但出版商所印的第一版卻很快就銷售一空了。這個奇蹟的可能解釋是，德國審查員未受過足夠的教育，以致於無法理解該書的意涵；而那些懂得該書意涵的德國人，卻已文明到樂見本書，而未告發它。的確，有許多德國人在往後的幾年中，追述了他們在巴黎逗留期間，有幸能讀到這

本書（*Habent sua fata libelli*），心情是如何的欣喜若狂。

＊　　＊　　＊

在我看來，這樣的一本書，有雙重的必要性。

首先，就教學上來說，必須要有一本能夠對整體經濟過程進行連貫性描述的書。這樣的描述應該要是嚴謹而科學的。但也應該要適合於僅受過普通教育者的理解、興趣及經驗。當然，今天高年級學生已經不能抱怨缺乏大量經濟學的論著了。然而，當我決定要寫這本書的三十多年前，缺少一本基本水準的經濟學教科書，這樣的教科書一方面要不膚淺，另一方面又要能夠向讀者揭示構成經濟學完整有序的所有複雜關係，同時又要能夠激勵並提供他一個繼續研究的方法。現在是否仍有這樣的空憾，如果有的話，目前這本著作是否填補了此一空缺，我還不敢說。但是，無論如何，我總是朝向此一目標努力的。我打算寫一本像我在學生時代就想要得到的那種書，且在往後的年代裡，也是我希望向我的學生推薦的這種書。

我所想到的第二個必要性是來自於我們這個時代的一般狀況，這種狀況是如此明顯，以致於用幾句話就可以描述了。多年以來，西方的經濟和社會結構已經陷於嚴重的危機當中了；在這個危機中，傳統經濟學的教義，已從其根本上動搖了，愈來愈受到人們的質疑。經濟學實際上還剩下什麼呢？目前，這門學科對我們還有什麼用處呢？我們可以對這些問題和類似的問題提出各種答案，但不能以任何藉口忽略之。很顯然地，今日迫切需要向外行的讀者提供一種經濟學的解釋，對留給我們的那些知識的遺產認真探查並據估，使其能夠解決迫在眉睫的

問題。這也是本書的目的之一。

　　雖然這本書主要是專為向外行的知識分子介紹經濟學而寫的，但它也可以作為大專院校經濟學課程的主要教科書或補充教材。為此，每章後面都有一些註解，這些註解探究正文中所提出的一些超過基本階段的問題，並提出更深入研究這些問題的一些方法。

　　我要誠摯地向我的好友帕萃克・鮑曼（Patrick M. Boarman）教授致上我最深的謝意，他犧牲了自己的一些研究工作，把作為一個學者，又是一個名作家，並且是精通語言學家的才智，都投入到本書的翻譯當中。儘管英語不是我的母語，但我深深地領略到他完成了一件令人讚嘆的工作。

　　在此，我也特別要向格倫・薩克森（Glenn Saxon）教授致謝，他既贊同我的一些想法，又對本書的初稿提出了一些有益的批評，多虧他的鼎力相助，本書才得以在美國出版。我想藉此機會向他表示我真誠的謝意。同時，也要感謝美國的出版商對此英譯本堅定持久的興趣。

威廉・洛卜克（Wilhelm Röpke）
1962 年於日內瓦（Geneva）

目　次

第一章

問　題

「儘管很少有人能領會到在你所接觸到的地方，都有無窮無盡的趣味，但卻仍能領會到人人都有的那無限豐富的人生。」

——歌德（GOETHE），《浮士德》（*Faust*）舞臺劇序言

第 1 節　有序的無政府狀態

（正如希臘哲學家在很久以前就教導我們的那樣）在探究宇宙問題的每門學科的門檻上，都刻有「奇蹟」（wonder）的字樣。在解釋任何東西之前，我們首先都必須要覺得那是需要解釋的；而在回答問題之前，我們首先也都必須要學習如何提問。在人類把他們自己生存的世界視為是理所當然的地方，科學就無法進步。如果要增進對這些現象的了解，我們必須以孩童的眼光，天真無邪地看待這些現象。遺憾的是，愈是熟悉的、愈是司空見慣的事物，就愈不會激發出我們「驚奇」（wonder）的感覺。例如：有什麼比經濟生活更讓人熟悉、更平凡的呢？有什麼像家庭主婦每日到市場買東西，農民出售一頭小牛，工人每週領取工資，證券交易所股票的買賣等這些事情那麼平常，甚至是那麼平淡無奇的呢？儘管如此，在這些平庸的事情背後都有一些未解釋的，甚至是不可思議的東西，還需要片刻的思索，才能找到答案。一旦我們發現了這一點，就已經邁出了通向經濟學領域的第一步。

儘管人類具有想像力，但也只能描繪出我們這個時代變化多端和錯綜複雜的經濟生活於萬一而已。如果我們此刻擁有

無所不能的天賦，那麼我們就會看到那些相互影響並且彼此相互決定的無計其數的活動。我們會看到成千上萬的工廠，正在製造成千上萬種不同的產品；有些人在某些地方播種，而另有些人在另一些地方收割；許許多多的船隻和車輛把種類繁多的財貨運到這個地球的每個角落；澳大利亞和紐西蘭的牧羊人在照料羊群；礦工在剛果、美國西部，或在全世界開採銅礦；日本人在紡絲、爪哇人在採茶，所有這些都形成了一條連綿不斷的財貨流（stream of goods），穿越大地，流向倉庫和工廠，再從那裡流入成千上萬家的商店裡。我們還會看到一條從商店到無數家庭所需要的衣服、食物，以及所有其他東西所構成的更完善的網絡流，這些東西為勞工、上班族、銷售員、商人、農民等數十億人所需。正是這些人的工作創造了這巨大的財貨流。同時，我們也會看到供應城市和鄉村工廠的另一種（機器、工具、水泥和非直接消費這類產品）的財貨流，這是保持第一類消費品流不斷流動所需的輔助財貨。而這還不是完整的全貌，因為在各個方面，我們還會看到有許多人在提供其勞務：外科醫生在進行手術，律師在提起訴訟，經濟學家致力於向不知名的讀者圈解釋這個經濟體系。不僅如此，我們還會看到貨幣市場和證券市場令人眼花繚亂、瞬息萬變的情況。我們所看到的這些現象，正在以神奇的方式推動著我們經濟制度（economic system）的發展和進步。最後，我們還要把注意力轉到在各經濟過程中，被標記為「稅」（taxes）和「捐」（exercises）的大小項目。透過這些名目，把部分財貨轉移給國庫，以維持軍隊、政府機構、學校和法院等部門的工作。

今日，我們正目睹到獨立於世外，完全依靠一己之力，

以滿足個人慾望的人愈來愈少了。儘管今日的農民透過出售多餘的農產品，來換取他不生產的東西，以滿足其日益增長的需要，但是與任何其他種類的人相比，他仍然保持了較大程度的自給自足。然而，其他的人幾乎完全依賴於這種間接的方式來滿足慾望。反過來，間接生產是立基於每個人所熟悉的分工原理，但是這個原理的運作，要以經濟過程中各自分立的分子之間彼此協調合作為前提。①在自由世界的國家，是誰在負責協調

---

① 對經濟史的一瞥：大家普遍都同意現代的分工已經擴展和完善到前所未知的程度了。魯濱遜漂流記（Robinson Crusoe）中那種完全自給自足的經濟類型，今天幾乎是不存在的。在歷史上的任何時期，是否曾經存在過這樣一種大規模且純粹的完全無交換的經濟，即含糊地稱為自然經濟（說含糊，是因為該語詞也適用於無貨幣的交換經濟），這的確是令人懷疑的。例如：中世紀早期的經濟就有這種自然經濟特徵的這種論點，已被當代歷史研究所駁斥了。請參閱 A. Dopsch (1930), *Naturalwirtschaft und Geldwirtschaft in der Weltgeschichte*。

　　經濟史學家曾試圖在經濟史的過程中，追溯出一個稱為「發展」（development）的原理。這就產生了所謂的「經濟發展的階段論」（theories of economic stages），其中最早的一個是由 Friedrich List 在他的《國家政治經濟制度》（*National System of Political Economy*）〔原著 1841；英譯本，勞埃德（Lloyd），1885〕一書中提出的。Bruno Hildebrand 在 1848 年所著的 *Die Nationalökonomie der Gegenwart und Zukunft* 的一書中，對同一理論加上更多科學的論述。Hildebrand 把發展分成三個階段：自然經濟、貨幣經濟和信用經濟。而 K. Bücher 的 *Die Entstehung der Volkswirtschaft*〔由莫利・威基特（S. Morley Wickett）根據德文第三版翻譯成英文，書名為《產業的

演進》（*Industrial Evolution*）（紐約，1901）〕，則將之劃分為以下四個階段，亦即 (1) 個人尋找食物；(2) 封閉的家庭經濟（無交易的孤立經濟）；(3) 中世紀的城市經濟（強調為個別消費者所訂製財貨的生產）；(4) 現代市場經濟（由中間商人販賣給不知名購買者的生產）。G. Schmoller 和其他許多人豐富了該主題研究的文獻，到目前為止，這個主題仍然是經濟史學家進行深入研究的對象。事實證明，把經濟史簡化為一連串發展階段的想法過於武斷，而或多或少與事實不符。其基本的錯誤是把這種「演進」（evolution）想為一直線型的發展，這與十八世紀的直線型的進步這個信念相互呼應。最近的研究已經指出，古代的世界，特別是羅馬帝國，經濟發展已經達到了驚人的程度。這樣看來，似乎古代世界也有其資本主義和其世界經濟。有關這方面的訊息，請讀者參閱羅斯托夫茲夫（Rostovtzeff）先生的偉大著作《羅馬帝國的社會和經濟史》（*Social and Economic History of the Roman Empire*）（紐約，1926）。

因為 Bücher 而聞名的一個理論，歷時較長久。該理論認為從中世紀開始，經濟生活就從較原始的形式直接演變為較複雜的形式，最後到目前這種世界範圍內的分工。這個理論或多或少結合了中世紀經濟生活和中世紀經濟思想那種田園詩意的浪漫和理想的觀念。Sombart 的著作，尤其是他的大部頭著作 *Der Moderne Kapitalismus*（共三冊：第一及第二冊，柏林，1902；第三冊，柏林，1928），把這些觀點傳播給廣大的讀者群。在這裡，最近的研究也指出，有必要對這些見解進行徹底的修正。我們現在知道，即使在中世紀，經濟活動也很頻繁，可以合理地說「中世紀的世界經濟」（World economy of the Middle Ages）絕不局限於奢侈品這一類財貨的交易。我們也有證據顯示，從事這種經濟活動的個人對商業企業有明顯的嗜好，這一

這種工作呢？如果這種工作沒人管，會出現什麼樣的事情呢？

試想一下，一個大城市每日物品供應的問題。且不說那些增添生活光彩的「奢侈品」（luxuries），就說一個大城市中的數以百萬計的居民，每天必須要有的基本必需品的供給好了。每天要生產如此多的麵粉、奶油、肉，如此多的布匹，如此多的雪茄和香煙，如此多的紙張，如此多的書籍、杯子、盤子、釘子和成千上萬種的其他物品，而且要生產的剛好足夠，不多也不少。按所討論的財貨種類而定，這些貨物必定會每小時、每月或每年，按數百萬人口所需的數量和品質來提供。但是，人們對財貨的需要必然是取決於其購買力（貨幣）。購買

點都不足爲奇。尤爲重要的是，這種高度發達的中世紀經濟制度，在近代初期就崩潰了，爲在重商主義和民族主義的領土國家（national territorial states）興起的那個時期，由分化程度較低的經濟形式接替了這一進程。就像古代的世界經濟一樣，中世紀的世界經濟隨著支持它的政治制度一起都變成了一片廢墟。這是一個與我們自己的時代特別相關的故事。請參見 F. Rörig, *Mittelalterliche Weltwirtschaft, Blüte* 和 *Ende einer Weltwirtschaftsperiode*〔耶拿（Jena），1933〕。Walter Eucken 在他的 *Die Grundlagen der Nationalökonomie*〔1950，第六版；英譯本書名爲《經濟學的基礎》（*Foundations of Economics*），1950，倫敦〕一書，對經濟史演變的解釋提出了基本的批評，並對經濟史與經濟理論之間的關係提出了令人信服的分析。另請參閱：路德維希・馮・米塞斯（Ludwig von Mises）的《理論與歷史，對社會與經濟發展的解釋》（*Theory and History, An Interpretation of Social and Economic Evolution*）〔紐哈芬（New Haven），1957〕。

力的存在，使得出現在市場上的成千上萬的消費者，反過來又讓先前作爲「生產者」（producers）（無論是雇員，還是獨立經營者）的人調整其產品，以便同時在數量或在品質上符合一般大眾的財貨需要，好讓這些生產者得以毫無損失地賣掉他們的庫存。現在，這個高度差異化的現代經濟制度，不只包括一個無論多大的城市，也不只包括一個無論多廣闊的國家，而是包括以後我們所要特別關注的整個地球在內。一家光學儀器工廠的工匠生產的鏡片出口到最遙遠的國家，從而這些國家提供他可可、咖啡、菸草和羊毛。與他自己直接生產這些東西相比，當他在磨鏡片時，也在以較低的成本，間接地爲所有供給他這些東西的人進行生產。這種巨大擴展和複雜的機制，只有在其所有的部門都能維持如此一致和完美，以避免出現明顯的混亂時才能發揮作用。如果不是這種情況，則成千上萬人的物質供應必將立即中斷，而陷於危險的境地。

是誰在負責確保社會的經濟齒輪嚙合地如此緊密呢？沒有人。在沒有獨裁者統治的這個經濟，沒有人決定誰應該做什麼、應該生產什麼、每一種東西要生產多少且銷售多少到市場。無可否認地，與幾十年前相比，今天的人們必須被迫接受更多政府的命令。然而，總的來說，共產主義集團之外的世界——以一個通俗且含糊的用語來說，就是「資本主義」（capitalist）的世界——仍然堅持以下這樣的原則，即關於生產（production）、消費（consumption）、儲蓄（saving）、購買（buying）和出售（selling）的決策，最好讓人民自己做決定。因此，「這個極爲複雜的現代經濟制度，其運作不需要任何有意識的中央管制（central control）機制。」這個制

度之得以持續運作，確實歸功於一種無政府狀態（anarchy）的機制。連對資本主義批評最嚴厲的人都不得不承認，資本主義的所有組成部分協調地如此驚人的精確。政治上的無政府狀態，無可避免地必會導致混亂。但是奇怪的是，經濟上的無政府狀態，卻產生了相反的結果：一個和諧的體系。我們的經濟制度可以說是無政府狀態的，但並非是混亂的。沒有發現這是個奇妙現象，從而不覺得這個現象值得耐心研究的人，無法指望他對經濟學產生濃厚的興趣。

我們經濟制度內在的這個秩序，迫使那些即使毫不覺得這個秩序是完美的人，也不得不承認這一點。的確，即使是那些根本不贊成這種秩序的人，而希望用一種有意識和中央管制（社會主義）制度來取代這種秩序的人，也不能否認這種秩序的存在。我們的經濟制度中存在著秩序；我們有幾個世紀那麼長久的證據來證明這一點；這是一個毋庸置疑的事實，同時又是個與每個政治信仰都相容的事實。誠實使人們承認有秩序的無政府狀態是令人驚奇的，這是個急需要解釋的事情。此外，再進一步想想，必會對以下這個問題起很大的懷疑：是否可以像軍隊或工廠一樣，在一切細節上，從上到下「命令」（commanded）先進工業國家的經濟制度中那種極其複雜和差異的過程，而不會造成任何直接的後果。儘管無政府但仍有秩序——如果我們希望的話，還可稱之為「自發秩序」（spontaneous order）——的存在，這不僅僅是一個令人驚嘆的現象，而且自由社會經濟生活中所特有的過程還證明了，自發秩序比「命令秩序」（commanded order）還具有根本的優越性。自發秩序不僅是另一種的秩序，如果有必要時，即使沒

有從上到下的命令，也具有驚人的功能。正因為如此，如果可以證明自由社會經濟制度的組織與軍隊的組織在根本上是不同的，那麼就有理由相信，自發的秩序是自由社會唯一可能的經濟秩序。儘管如此，以任何特定的理想來權衡，自發秩序可能還有很多不足之處，這多少會減弱我們對它的熱情。

第 2 節　經濟學其他的謎

　　一旦了解了我們自己所參與的經濟過程中神祕和有問題的部分之後，我們就會對這個過程中所有個別部分的奧祕有所警覺。一旦我們開始提出問題，並擺脫那些把所有這些東西都視為「理所當然」（given）的非哲學家的天真漠視之後，我們的求知慾就會把我們帶入更深入的經濟學領域當中。例如：「利息」（interest）究竟是什麼？這是經濟學上最大的難題之一，無疑地，這是一個使現代的初學者都感到困惑的問題，就像筆者在年輕時也對此困惑過一樣。再或者說：有多少人認為貨幣是不言而喻的東西，不必浪費太多時間去討論的呢？他們所知道的貨幣是硬幣和紙幣這些具體的形式，他們也知道一個人必須有貨幣才能生存，但對他們來說，這就是貨幣的目的。這需要一次嚴重的貨幣混亂，例如：兩次世界大戰後，某些國家發生的通貨膨脹危機，才能使人們了解到健全的貨幣制度（monetary system）所提供的那些無可取代的服務，並了解隱藏在其中的那些彼此之間如此輕易地轉來轉去的紙片及小金屬塊，其背後的繁衍力和破壞力。這樣，即使是沒有經濟學知識的人也可以些微了解貨幣的意義。而一旦有了這種認識之後，

人們很快就會洞悉其中所隱藏的謎團和問題。到那時，人們才會知道貨幣不是自然的與不言而喻的東西，而是人類的一項發明，因此是一種歷史現象，此一現象只有在建立於市場和分工的先進社會，其經濟發展到了某個階段，才有重要的意義。

讓我們暫時拋開經濟生活（其間的那些問題，並非真的那麼難以辨認的）中那些較廣泛的相互關係，並且更進一步地把我們的注意力集中在隨機選擇的單一平凡事實上。假設我們有一枝值 0.05 美元的鉛筆及一只值 50 美元的手錶。價格差異從何而來呢？有三種可能的解釋。第一：這兩個價格僅僅是偶然的機會所形成的結果。顯然地，機會在價格形成中起著作用，就像任何曾參與過拍賣會或在集市上付出高價的人都可以證明這一點。這雖然是毫無疑問的，但在我們大多數組織不完善的市場中，價格的形成或多或少都存在著不確定性。然而，沒有人會認真地主張，價格的形成僅由變幻莫測的機會所支配。無論如何，要對鉛筆和手錶的價格做出這樣的主張是很難的。兩種價格之間的差異太大了，因此我們認為兩種價格倒過來的可能性很小。經驗證明實際上，在一個單一的體系當中，所有商品的價格都是相互調整的，在這之中，每個商品的價格往往都會在相當長的一段時間內保持穩定，僅在相當狹小的範圍之內變動；只有在有充分的理由之下，才會發生顯著的變動。

第二種解釋是，價格是由政府任意設定的。顯而易見地，儘管我們都熟悉由政府設定價格那些為數不多的情況，但這種解釋既不適用於我們的情況，也不符合我們的經驗。當然，在戰時政府精心設計物價管制手段，以防止急需商品價格的上漲（最高限價政策），這個例外會變成常規。但是即使是

在平時，也有許多價格是被固定的〔官定價格（institutional prices）〕。例如：戲院的入場券及計程車的車資等。但是，正是我們在戰時對物價的管制經驗，至少清楚地說明了以下這一件事：政府把物價定在遠低於官方不管制的情況下所會達到的水準，就會遇到愈來愈強的抵抗，最終會遭到完全的反抗。最好記住，即使在這些強制性規定物價的情況下，固定的物價也與強迫性或偶然性無關的因素有關。正是這些因素，提供了「最後」（last）和最令人滿意的解釋：物價是由一些固有的社會需要而形成的。闡明這樣的物價形成，是經濟學的主要任務之一。

第 3 節　邊際效用

前面所舉的那些例子旨在讓我們對經濟學的任務有一些了解，這些例子已經把我們的注意力從狹窄的個人經驗，轉向對廣大的社會結構的考量上了。似乎在所有這些時間裡，我們一直在漫不經心地從一條小溪中取水以滿足自己的私慾，突然之間，我們抬頭仰望，發現這條小溪實際上是一條向上游延伸到無邊無際的大河。當認識到一些重大社會問題的存在時，我們就已向理解經濟學道路邁進一大步了。

但是，如果不考慮導致我們回到我們自己和自己個人經驗的另一種情況時，那麼我們最終會朝向錯誤的方向前進。因此，我們必須要牢記，經濟制度不是無論我們是否願意都會自己起作用的客觀機械事物，而是我們所有的人共同為自己的思考和決定做出貢獻的過程。歸根究柢，經濟現象的根底是由每

個人心中所發生的數以百萬計的主觀事件所構成的。像人的情感、判斷、希望和恐懼等這些東西，都會客觀地體現在價格、貨幣、利益、繁榮和蕭條等上面。但是，人的這些心靈的活動是環繞什麼軸心而運轉的呢？這個問題的答案將提供我們一把理解經濟生活中所有客觀事件的鑰匙——簡而言之，就是了解「市場的現象」（phenomena of the market）。

所有經濟決策和行為的含義都可以用「節約地使用」（economize）一詞來概括。當我們只有少量的某一重要或有用物品時，我們必然會節約地使用之。當我們無法隨心所欲地擁有所想要的某物時，為了要避免「浪費」（waste），也就是說，為了要阻止我們以不經濟的方式使用該物，在使用該物時必然有一定的順序。遺憾的是，我們並非生活在想像中的樂土（Cockaigne）；只有很少的財貨是取之不竭，用之不盡的（自由財）。在正常的情況下，空氣是一種自由財，儘管它同時也是我們所知道的最重要的必需品。一個醉心於健美操的人，即使吸空氣吸到肺快要爆炸，也沒人會說他貪婪。但是，如果他繼續此運動太久的話，瞥一眼體育館的時鐘和他自己愈來愈疲累的身體，很快就會使他警覺到，至少有兩樣東西並非無限存在的：時間和體力。這些東西必須要節約地使用。不管呼吸運動是多麼重要和多麼有用，都不能不停地做下去，而忘了甚至更重要的事情。由於時間和體力的量是有限的，這些東西並非自由財，而是「經濟財」（economic goods）。無論我們多麼不重視生活中的其他活動，我們都必須被迫節約使用這些財貨。

決定我們行為的是經濟財，而非自由財。我們的一生都是

由一些決策所組成的，這些決策都是力求在我們無限的慾望和滿足這些慾望的有限手段之間，達成一種令人滿意的平衡。我們說經濟財的數量是有限的，只是說這類財貨的既存數量不能滿足對其主觀的總需要。這與客觀的稀少性（scarcity）不是一回事，這是很重要的一點。腐爛的雞蛋幸好是稀少的，但即使是如此，從經濟上來講，還嫌太多了〔羅賓斯（Robbins）說的〕。我們不只是不想要這些東西，還盡最大的努力盡可能的減少它們。它們對我們沒有任何價值，它們的確給我們帶來不便，也就是說，它們具有負的價值。另一方面，如果生活本身要依賴所擁有的經濟財，那麼客觀上並不稀少的一個經濟財，其價值就可以無限地增加。莎士比亞（Shakespeare）的《理查三世》（*Richard III*）[②] 中，那位被圍困的英雄寧願以其王國的地位來換取一匹馬。因此，事物的價值尺度，涵蓋了從負的價值（負產品）到零的價值（自由財），到一系列的有限價值（經濟財），再到無限的價值〔超經濟財（meta-economic goods）〕所有的值。在這種價值的尺度中，任何財貨的地位最終取決於對該物品主觀需要的強度。

　　儘管空氣和水對於我們的生命是至關重要的，但在我們的價值尺度中通常排在很低的地位。另一方面，儘管鑽石至少不

[②] 編譯者註：這是英國劇作家威廉・莎士比亞（William Shakespeare）的作品。該劇本逼真地描述了理查三世短暫的執政時期。理查三世生於 1452 年 10 月 2 日，逝世於 1485 年 8 月 22 日，享年 32 歲。他在位兩年，最後戰死於包斯渥戰場（Battle of Bosworth Field），為玫瑰戰爭（Wars of the Roses）與金雀花王朝（House of Plantagenet）畫上了句點。

是很重要的物品，但其價值卻很高。這種情況使我們想到了另一個重要的概念，這對於理解經濟生活的主觀基礎是必不可少的。在前面的討論，已經暗中使用了此概念；現在，我們應該對這個概念進行更仔細的探究。

在價值尺度上，要爲一種財貨指定其地位時，決定的因素是效用 —— 不是根據這種財貨的重要程度而帶來的總效用（total utility），而是根據財貨的一個確定數量所帶來之特定的、具體的效用。我們可以使用的商品供給量愈多，所能獲致的各別單位的滿足程度就愈小，因此，在我們的價值尺度中，這種商品的排位就愈低。其原因是，隨著一種慾望愈滿足，每個連續增加單位的物品所提供的效用（滿足或享受）就愈減少。此外，取走那些完全相同單位中任何一個單位，效用或滿足的損失與取走任何其他一個單位一樣。因此，最後那一單位或最後那個增量的最低效用，決定了該供給量中每個其他單位的效用，因而決定了這整個供給量的效用。我們賦予水的價值並非由那杯讓我們免於渴死的無限效用所決定的，而是取決於用來洗澡或澆花的最後那一單位的效用。我們稱此最後一單位的效用爲「最終效用」或「邊際效用」（final or marginal utility）。

現在我們可以肯定以下的幾個命題：(1) 邊際效用隨著供給的增加而降低，即隨著慾望的愈滿足而愈低；(2) 邊際效用決定了這個供給的所有其他單位的效用；(3) 如果我們對一種財貨的嗜好（偏好的尺度）在某一期間當中沒有改變的話，則隨著一種財貨數量的增加，則其在我們價值尺度的地位也會隨之而下降；(4) 全部供給的效用（總效用）隨數量的增加而增加，但因爲邊際效用的絕對下降，其增加率是遞減的。事實

上，如果邊際效用下降的速度快於數量增加的速度，則總效用也會絕對地下降。

不同物品的邊際效用會以不同的速度下降，這一點現在已是顯而易見的了。奇怪的是，物品愈重要，其邊際效用下降速度就愈快。讓我們再討論水的例子吧！我們每個人都會記得，在炎熱的夏日，長途跋涉時，我們只有一個念頭：水。我們總算遇到了泉水，由於渴的厲害，就全神貫注地一直喝。貪婪地喝下第一口水，但是第二口水的滿足感卻大大減低了。最後，我們用水來洗臉、把我們的水壺裝滿水，然後既忘記了口渴，也忘了水，而又開始悠閒地大步往前向「我們無法享受足夠多」（we can't get enough）的鄉村郊外去。我們將會認識到，由於水的邊際效用急劇下降，其總效用很容易變成負數。那些在中世紀受到強行灌水苦刑的不幸者，可以對此點提供令人信服的證據。再考慮一下農民對天氣這個眾所周知的不滿。就像他經常抱怨下雨太少一樣，他也經常抱怨下雨太多，這進一步證明了水的特徵，就是我們對其迫切的需要，而其邊際效用卻也下降的極快。

從邊際效用遞減這個概念，可以推論出另一個結論：「需要彈性」（elasticity of demand）。一般說來，一種財貨的需要彈性與對其需要的緊迫性（強度）成反向變動。稍後，我們會知道該原理如何成為價格結構，尤其是農產品市場價格結構一些重要現象的基礎。由於需要彈性低（邊際效用快速的下降率），一物供給的總效用可能會絕對地下滑，這可用以下這個大家都很熟悉的事實來說明，農民從糧食生產所獲得的所得，在豐收之年可能比在歉收之年要少。

如果我們把「邊際效用下降的速度」（rapidity of fall in marginal utility）和「需要彈性」（elasticity of demand）這些概念，應用到某些實際現象的討論上，則其含義就會變得更加清晰。

請記住，不同物品的需要彈性不同。很明顯地，某物的需要彈性愈小，則不管人們的所得如何不同，對該物的消費量愈是接近於相同。且我們也要記住，某一物品的需要愈是無彈性，則該物品就愈不可或缺。這些關係的另一個結果就是：一個人的所得愈低，食物的花費占所得的比率就愈高。普魯士的（Prussian）統計學家恩格爾（Engel）於 1857 年首次證明了此一叫做「恩格爾法則」（Engel's law）的事實。後來，另一位統計學家施瓦貝（Schwabe）對住房的支出也得出了相同的結論，稱為「施瓦貝法則」（Schwabe's law）。因此，我們可以得出以下這個結論：對基本消費財課稅，對窮人的打擊比對富人的打擊更為嚴重。

更仔細的研究富人的支出會發現，富人過度消費的想法是不正確的，大多數人的胃容量大致上是相同的。當然，一個人的所得愈多，他對奢侈品的消費就愈大，這類物品的需要彈性很大（邊際效用下降緩慢）。不過，即使是這類奢侈品的需要，也不足把巨額所得全都用掉。結果是所得中未用，而被儲蓄起來的部分是很大的。這使我們對富人在資本形成中所扮演的功能有多重要這個問題上有了一個約略的認識。由此可見，把巨額的所得重新分配給較貧困的階層，我們難以期望會獲得什麼好處。因為如果富人花在基本需要品的錢，只比窮人多一點點而已，那麼窮人就很難從這種重分配中獲益。此外，儘管

外行人的想法未必一樣，但富人花在奢侈品上的錢相對上是
微不足道的。富人的數量是如此之少，以致於他們花在奢侈
品的支出，與其他人的總支出相比是微不足道的〔例如：在
1958 年美國 58,701,000 個人所提交的個人所得稅申報表中，
只有 236 份的所得在 1,000,000 美元或以上；只有 115,000
份的所得在 50,000 美元或以上，《美國 1961 年統計摘要》
（*Statistical Abstract of the United States for 1961*）〕。至於
巨額所得中儲蓄起來的那部分，無法以任何財富重分配的方法
將之再分配出去，因爲停止儲蓄會導致總體經濟的下滑。應該
要記住的是，亨利‧福特（Henry Ford）的財富不只是金錢，
還有用他的儲蓄建造的工廠，即使一個共產主義的國家，只要
有必要的資源，也是要建立起其工廠來的。從這個角度來看，
像亨利‧福特這樣的人確實是公僕，他們以受託人的身分，來
掌管我們的生產資源，如果未盡他們受託人的職責，將立即受
到嚴重財務損失的懲罰。那麼，問題不是在沒有富人的社會
中，窮人的命運是否會明顯地好轉。相反地，問題在於，是否
由國家官員取代民營企業家，並將民營企業轉變爲國營企業，
結果會較好；而且，是否由富人來支配經濟、社會和政治權
力，眞的會促成經濟的弊端或社會的不公。

讓我們以另一個例證來闡明這一點。讓我們假設一個貧
窮的街道清潔工中了彩券的第一獎。他會如何處置這筆意外之
財呢？我們立即會看到，他的需要彈性將發揮著決定性的作
用。很顯然地，他將首先滿足他對食物、衣著和住所的迫切需
要。但是同樣很顯然地，對於這些缺乏彈性的需要（inelastic
needs），很快就會達到飽和點。彩券的獎金愈大以及個人在

獲得獎金之前愈富有，他在缺乏彈性或維生的必需品上的花費占總所得的百分比就愈小。但是，雖然可以確定的是所有的人都會把一部分所得用於基本生活必需品上，但我們卻無法預測他們會如何把剩餘的所得分配到其他的需要上。人們對某物的需要愈缺乏彈性，其消費數量將愈接近於不變。對一物的需要彈性愈大，其消費就愈可能隨個人嗜好的變動而變動。例如：在 1926～1927 年間，加拿大、瑞士和英格蘭這三個國家的食物支出占國民所得的百分比十分接近（30～31%），而在其他一些項目的支出百分比卻有相當大的差異。

如果現在不只是那位街道的清潔工，而是整個的人口都變富裕了，那麼也會出現相同的因果關係。用於食物的所得百分比（缺乏彈性的需要）會減少，而其他的需要將日益重要。這意味著農業的相對重要性終會下降，並且在農業領域本身當中，穀物的生產將變得不如價值較高的那些食物（奶製品、肉、蛋、家禽類、蔬菜和水果）那麼重要。同樣地，隨著人們生活水準的提高，滿足那些更高級「奢侈」（luxury）慾望的非農業生產部門〔「第三級產業的生產」（tertiary production）〕，其重要性也會隨之而提高。隨著生活水準的提高，貿易、運輸、觀光旅遊、電影、廣播、電視、戲院、書籍、藝術品、音樂會等，從國民所得所吸收的份額也會愈來愈大。換另一種方式來說，生活水準的提高與生產的增加是相隨出現的，在農業領域中，是和奶油、肉類、水果等的生產的增長相隨出現的。隨著所得更進一步的增長，發展過程的最終階段——都市化和工業化——終會達到。我們這個年代清楚地反映出這種演變來。

到目前為止，我們已經勾勒出邊際效用原理的大致輪廓
了，清楚地理解這個原理之後，就會顯示它幾乎是一個司空見
慣的常識。但是，正如上面的例子所指出的那樣，這是理解經
濟學必不可少的一個常識。的確，正是奠基在這一原理之上，
現代經濟理論的整個體系才得以建構。我們不得不把此成就歸
功於過去五十年來，從事這方面研究的一群經濟學家。③

────────

③ 邊際效用：現代經濟理論的基礎

　　邊際效用原理的意義很早就為人所認識了，例如：戈森（Gossen）
在 1854 年就已提到它了。後來，三位同時但獨立研究的學者，進一
步把它發展，並將之確立為現代理論的基礎。他們是奧地利的卡爾·
孟格（Carl Menger, 1871），英國的史坦利·傑逢斯（W. Stanley
Jevons, 1871）和當時在瑞士任教的法國人里昂·華勒斯（Leon
Walras, 1874）。這個原理後來發展的最重要幾個階段，可見諸於下
面的幾本著作：Friedrich von Wieser, *Theorie der gesellschaftlichen
Wirtschaft*〔1914；亨里奇（A. F. Hinrichs）1927 年將之翻成英文，書
名是《社會經濟的理論》（*Theory of Social Economics*），在紐約出
版〕；E. von Böhm-Bawerk, *Positive Theorie des Kapitals*〔原著 1889
年出版；有多種英文版本，最早的一本是 1891 年，由威廉·史馬
特（William A. Smart）翻譯的，最晚的一本由喬治·漢克（George
D. Huncke）和漢斯·森霍爾茲（Hans F. Sennholz）翻譯的，書名
都是《資本與利息》（*Capital and Interest*），於 1959 年在伊利諾
的南霍蘭德（South Holland）出版〕；阿弗瑞德·馬夏爾（Alfred
Marshall）的《經濟學原理》（*The Principles of Economics*）（倫敦，
1890）；V. Pareto 的 *Cours d'économie politique*〔洛桑（Lausanne），
1896/1897〕；M. Pantaleoni, *Principii di economia pura*〔（佛羅

倫斯，1889）；英譯本書名爲《純經濟學》（*Pure Economics*）
（倫敦，1898）〕；克拉克（J. B. Clark）的《財富的分配》（*The Distribution of Wealth*）（紐約，1899）；菲利浦·威克思帝德
（Philip H. Wicksteed）的《政治經濟學的常識》（*The Common Sense of Political Economy*）〔倫敦，1910；1933 年由羅賓斯（L. Robbins）重新編輯〕；維克賽爾（K. Wicksell）的《政治經濟學講座》（*Lectures on Political Economy*）（共兩卷；倫敦，1934；最初以瑞典語在 1901 年出版）；G. Cassel, *Theoretische Sozialökonomie*〔1918；英文版書名爲《社會經濟理論》（*The Theory of Social Economy*, 1923）〕；Ludwig von Mises, *Nationalökonomie, Theorie des Handelns und Wirtschaftens*〔日內瓦，1940；英譯本的增訂版書名是《人的行爲》（*Human Action*），紐哈芬，1949〕。這些著作確實是構成了所有現代理論的基礎。儘管這些著作在許多個別問題的觀點和見解有所不同，但卻形成了一個統一的思想體系，這是嚴肅的經濟學者所不能忽視的。

在某些方面，邊際原理被譏爲僅僅是一個「玩笑話」（plaisanterie）而已。但是，不能不強調的是，離開這個基本概念的架構之外，當今整個的經濟思想是難以想像的。即使是那些明白否定邊際效用理論是有用的經濟學家也極爲仰賴該原理。上面所引用的瑞典人 Swede Gustav Cassel 的書中，提供了一個極爲典型的例子。實際上，在很大程度上，Cassel 的思想要歸諸於瓦拉斯（Walras）及其學派，儘管他從未提到過這本書。Cassel 把瓦拉斯複雜的理論轉爲可理解的形式，並用自己寶貴的思想豐富了這些理論，爲經濟學的發展做出了巨大的貢獻，特別是在第一次世界大戰後的德國。但毫無疑問，他的思想是現代經濟學一般傳統的產物。

潘塔洛尼（Pantaleoni）觀察到（1897），實際上世界上只有兩派的經濟學家，即那些了解經濟學和不了解經濟學的人，這句話值得我們回味。如果僅就純粹的理論來說的話，這種說法絕不是像表面上看起來那樣誇大其詞的玩笑話。在最近幾十年的理論發展中，很明顯地的確是這樣。因此，我們看到同時發現邊際效用原理的這三個學派〔奧地利學派的孟格、洛桑（Lausanne）學派的瓦拉斯和帕雷托，以及英美（Anglo-American）學派的傑逢斯、馬夏爾和克拉克〕已經顯示出漸趨一致的演進。奧地利學派及英美學派的一致，遠比他們的不一致要來得多（特別是英美學派對客觀成本因素高度強調和持續研究的結果）。然而，洛桑學派與其他學派不同之處在於，首先，它強調的是綜合，而不是分析。在稍微關注個人經濟行為背後的一些動機之後，它試圖藉助數學公式來得出一種決定總體經濟均衡狀態何時會存在的方法。其次，洛桑理論是描述在均衡狀態下，那些相互依存關係的函數理論，而不是去解釋這些因素如何以及為什麼會朝向既定的均衡而運作。

洛桑學派傳授了一個普遍且無疑的是更全面的真理，但這對於個別問題的解決沒有多大的幫助。先不說那些表達理論的數學公式是既可怕，又不那麼必要，即使考慮到對更一般且更全面的真理進行相當詳盡探討的必要，洛桑學派的理論對於實際應用而言也過於抽象。儘管引起重視，但是洛桑學派的著作似乎有點像數學的空中樓閣。它與現實脫離，使其具有明顯的靜態特性，而這恰恰是使其無法解決經濟制度中最重要具體問題的原因，即無法解決那些因經濟均衡的擾亂而引起的問題。關於此一課題，讀者可以參閱：Hans Mayer，在 *Wirtschaftstheorie de Gegenwart*（第 2 卷，1932）中的 Der Erkenntniswert der funktionellen Preistheorien 一文；在一本紀

念 Friedrich von Wieser 的文集中，也許可以找到對現代經濟理論最全面的論述；由艾立斯（H. S. Ellis）編輯，在美國經濟學會的贊助下出版的，題爲《當代經濟學的探究》（*A Survey of Contemporary Economics*）的選集（費城，1948）中，提供了一個很精采的補充；一篇收集在 the "Festschrift" for Ludwig von Mises *On Freedom and Free Enterprise* 一書（紐約，1956）中，由默里‧羅斯巴德（Murray N. Rothbard）所寫，標題爲〈邁向效用和福利經濟學的重構〉（Toward a Reconstruction of Utility and Welfare Economics）的論文，對經濟思想的最新趨勢進行了批判性的評論。從以上的內容可以明顯看出，這三個學派之間的差異，不是對與錯之間的差異，而是表述方法和重點上的差異，即使這些差異也隨著時間的推移而有所減少。

若要理解現代邊際理論，必須在其所推翻的古典理論的背景之下，才能夠做到。古典理論之父是亞當‧史密斯〔《原富（國富論）》（*An Inquiry into the Nature and Causes of the Wealth of Nations*），1776〕、大衛‧李嘉圖（David Ricardo）〔《政治經濟學和稅收原理》（*The Principles of Political Economy and Taxation*），1817〕和湯馬斯‧馬爾薩斯（Thomas Malthus）〔《人口論》（*Essay on the Principle of Population*），1798〕。賽伊（J. B. Say）、馮‧邱念（J. H. von Thünen）、希尼爾（Senior）、赫爾曼（Hermann）、密爾（J. S. Mill），以及其他的一些人則進一步完善了古典理論。該理論的最後一位代表者是卡尼斯（J. E. Cairnes），他的著作《政治經濟學的一些主要原理》（*Some Leading Principles of Political Economy*）（倫敦，1874）十分精采，且是在現代理論誕生的那一年出版的。

當然，古典理論學家們沒有避開的一個事實是，效用與價值總是多少有些關聯的。很顯然地，一無是處的東西不會有價值，但效用是

否決定價值呢？對於古典學派來說，水和鑽石的情況似乎證明了效用也許是條件之一，但不是決定財貨價值的原因。因為他們沒有掌握效用的特殊性（邊際效用），所以他們認為，只要一件東西具有任何效用，它的價值（價格）就由其他因素決定了。遺憾的是，儘管古典經濟學家們是敏銳的，但並沒有成功地把這些價值因素簡化為一個齊次的公式（a homogeneous formula）。實際上，從他們早期的摸索中，得出了三種截然不同的理論。他們一開始就把財貨分成兩種：數量不能透過生產來增加的稀少財貨和可以「隨意生產」（produced at will）的財貨。第一種的價值完全取決於其稀少的程度；第二種的價值則取決於其生產成本，因此是決定於客觀的東西。有了此一分類之後，古典學派把正常價格（自然價格）與圍繞正常價格波動的市場價格之間的區分拼合起來。正常價格應該是由生產成本決定的，而市場價格則是由供給與需要決定的。

同一現象存在三種不同的解釋，這是無法完全令人滿意的。此外，古典學派學者愈是想對事物追根究柢，便愈陷於他們觀念上的內部矛盾。「生產成本」（costs of production）是由什麼構成的呢？如何把成本因素簡化為一個共同的標準呢？古典學派在尋找這些問題的答案時，始終徒勞無功（請參閱 A. Amonn, *Ricardo als Begründer der theoretischen Nationalökonomie*, 1924）。而且，愈來愈明顯的事實是，生產成本理論對解釋各種重要現象（獨占價格、聯合生產財的價格、國際價格的構成）毫無幫助。

一個簡單的發現結束了古典學派費力的爭執，這個發現是他們對於效用概念的檢視過於草率，導致他們混淆一般的效用與特殊的效用。有了這個發現之後，主觀經濟的現代價值論就取代了客觀技術的價值論。還有值得注意的是，邊際效用概念使構成馬克思主義理論

基礎的勞動價值論完全站不住腳。實際上，今天必須把馬克思主義的純粹經濟基礎視為僅僅是知識上的一個時代錯誤。具體來說，不是因為製作一套衣服需要的勞動量是一頂帽子的 8 倍，所以一套衣服的價值才是一頂帽子的 8 倍。而是因為製成衣服的價值是製成帽子的 8 倍，所以社會願意為衣服僱用帽子 8 倍的勞動量〔這是威克思帝德（Wicksteed）講的〕。正是因為此一發現，馬克思主義理論的其餘部分（剩餘價值、資本主義的瓦解）也就失效了。這當然並不意味著我們可以把社會主義視作是愚蠢的，而加以拋棄，這僅僅是說我們不能在馬克思理論的基礎上，科學地建立起社會主義。

儘管如此，認為古典學派的理論是無用的謬論，這也是錯誤的。相反地，現代理論的本身仍然深深地得力於古典學派的基本研究。古典學派和現代學派在經濟學基本問題的研究方法上沒有什麼差異，這一事實，正如〈關於方法論的爭論〉（Methodenstreit）所述的那樣，是源自於事物的內在邏輯。而且，儘管這兩學派的基本前提有一部分頗為不同（例如：在競爭之下，導致價格下跌到趨近於生產成本的這個法則上），但這兩學派得出的結論並沒有太大的差異。的確，在若干實例當中，古典理論已預見了現代理論的基本概念（例如：在國際貿易理論上）。儘管古典學派的論據是錯誤的，且結構是被扭曲的，但其敏銳的洞察力卻能使其得到有用的結論，這是值得讚賞的。現代理論顯示出超越古典學派的最大進步之處只是在實用的領域上。古典理論中那個僵硬的「自然法則」（natural laws）已被改得如此有彈性，以致於使經濟學愈來愈接近於現實，變得更能順應於現實，也更人性化了。現代理論淨化了古典學派所宣揚的不成熟的經濟政策結論（自由放任主義），因而不僅在政治上變得愈來愈無黨派偏見，而且也已發展成解決當前經濟政策問題必不可少的工具。古典理論在性質

第 4 節　選擇與限制：經濟學的本質

　　現在，我們的探究已經到了可以開始掌握經濟學基本性質
的程度了。在每一方面，我們都受限於稀少性：財貨的稀少、
時間的稀少、體力的稀少。我們無法填滿一個洞，而不在另一
個地方挖一個洞。在這個稀少的世界中，我們面臨著雙重的任
務。首先，我們必須從我們若干的慾望中選擇那些最迫切需要
滿足的慾望。其次，由於邊際效用隨慾望的增加而遞減，我們

上是哲學性的，而現代理論在性質上主要是工具性的。

　　對邊際效用原理的廣大深入的分析會帶來太多的困難，以致於無
法在這裡處理。同時，這種分析過程本身也會受制於邊際效用的遞減
法則，也就是說，隨著經濟分析的不斷完善，所產生的有趣結論往往
也就愈來愈少。在仔細探究後，我們就會發現對邊際效用原理的許多
批評，都是針對如此誇張的冗長和誇張的心理因素的分析。的確，在
洛桑學派的數學均衡模型中，也發現了一個由智力建築學所創造的極
端，但不是很有用的觀念。無論如何，這些都是總有一天必須解決的
困難。

　　關於這些問題的討論，在《社會科學百科全書》（Encyclopedia
of the Social Sciences）中的〈價值〉（Value）一文和羅伯森（D. H.
Robertson）的《效用與所有那一切》（Utility and All That）（倫敦，
1952）有很詳盡的探討。令人驚訝的是，對於這些詳盡分析感到悲嘆
的人，就像讓自己被一本書的註解所激怒一樣地不明智（儘管讀者相
信他完全有自由，可以讀書不看註解一樣）。另一方面，書中除註解
外，還應包括其他的內容。如果更廣泛地採用這種觀點，那麼就可以
避免許多關於邊際效用原理的無端爭論。

被迫遲早要中斷這方面的滿足。我們必須要持續地在無限的慾望與有限的資源之間取得某種平衡。為此，我們就必須要在我們的慾望之間進行「選擇」（choice），且必須要「限制」（limiting）任何一種要滿足的慾望。

在做這些決策時，我們依據的是什麼呢？可以確定的是，我們將以一種物品的最後增量所獲得的滿足，大約等於其他任何物品最後增量所獲得的滿足這個方式來安排我們的購買。這是對實際生活中一個非常簡單過程的抽象解釋，是一件我們無時無刻都在做的事情，而不需要用公式來計算。這裡可舉一個為旅行打包的平凡例子來加以說明。由於我們不能隨身攜帶所有的物品，因此我們首先要決定最迫切需要的東西是哪些（選擇）。同時，我們在增加襯衫與減少鞋子，增加書籍與減少西裝當中取得平衡，以使這幾項物品之間達到合理的比例（限制）。當西裝、襯衫、襪子、手帕、鞋子和書籍的邊際效用都處於相同的水準，且高於所留下未攜帶物品的效用時，旅行袋的打包才真正達到理想的地步。這聽起來很傻，但事實上卻真的是這樣。

上述我們所舉的例子可能遭到反對，理由是我們忽略了帶更多、更大袋子的可能性。這使我們的問題變得有些複雜，但一點也不會改變所涉及的原理。因為除非通過更多和更大袋子之間各種用途的比較，否則我們如何確定袋子的大小和數量呢？提出這種反對意見的人，只需要考慮野戰士兵的境況就可以了。野戰士兵他們被限制只能有一個背袋，因此必須非常認真地對待「選擇」（choosing）和「限制」（limiting）的運作。誰會想到整個的經濟活動，只是在打包行李這個簡單、基

本例子的一系列非常複雜的變化而已呢？我們的一生是由無數類似的決定所組成的，這些決定是爲了在資源與慾望之間不斷地取得平衡。選擇、限制和邊際效用的均等化，這些都是我們必須反覆來回說明的一些概念。這些概念決定了我們如何使用所得、如何做生意、如何組織生產、如何在工作與休閒，甚至在睡覺與不睡覺之間分配時間。我們放棄的效用構成了我們在私人經濟以及國民經濟中所得到的效用的「成本」（costs）。「經濟化只不過是不斷地從各種不同的可能當中進行選擇而已。經濟學其實就是一門選擇的學科。」選擇和限制是人類每個經濟社會的永恆作用，無論是什麼樣的組織，沒有交易的孤立經濟，還是像我們這樣立基於分工和貨幣流通上的高度發展的市場經濟，都要靠選擇和限制來運作。

第二章

經濟學的基礎概念

　　「我不認爲這個世界上，只有乞丐、偷竊或賺取工資這三種謀生方式。」

—— 米拉博（MIRABEAU）

第 1 節　從商之道：以道德爲基礎

　　與稀少性（手段不足）的對抗，是每個人類經濟永恆的基礎。這個特性描繪了所有的時代、所有的氣候區、所有的社會制度。然而，對抗的方式卻有很大的差異。我們可以把這些對抗分爲兩個主要類別：個人的對抗方式和社會的對抗方式。個人的對抗方式（individual form of the struggle）體現在魯濱遜的孤立、無交換的經濟當中，這不是我們這裡所關心的。因此，我們將只關注於社會對抗稀少性的方式。

　　「社會方式的對抗」（social form of the struggle），體現在人們用來獲取自然無法免費提供的那些東西的不同方法上。原則上，有三種這樣的方法，因此我們就有三種對抗。第一種是使用暴力和（或）欺詐手段的「反道德的方法」（ethically negative method），以犧牲別人，爲自己爭取一些克服稀少的手段。第二種是「合乎道德」（ethically positive）的利他主義的方法，幸好有這個方法，我們才能享用一些財貨與勞務，而無須給予任何回報。第三種方法不容易像前兩者那樣簡要的描述。如果利己主義（egoism）是指以他人爲代價，來獲取自己的福利，則該種方法不是立基於利己主義。如果利他主義（altruism）是指不顧個人的利益，以謀取別人的福利，則

這種方法也不是立基於利他主義之上。相反地,這第三種方法是一種「道德中立」(ethically neutral)的方法,透過這種方法,也就是依憑交易雙方之間的契約互惠關係,以他人幸福的增加,來實現自己個人的幸福。這種方法可以稱為「休戚與共」(solidarity),意即我幸福的提高,不僅不會剝奪他人的幸福,反而會增加他人的幸福;也就是說,增加別人的幸福,是我增加自己幸福所獲得的副產品。

具體說來,我可以透過以下的方式,獲得生活所需的任何錢:出售摻假的奶油(第一種方法);或者我可以成為奶油贈品的收受者(第二種方法);或者,透過遵循「誠實是上上之策」(honesty is the best policy)這個格言,以品質最好的奶油、和藹親切的服務、保持一個整潔、吸引人、提供最便宜奶油的店鋪,以吸引愈來愈多的顧客,從而發家致富等(第三種方法)。顧客在郵局等公共場所是「被指揮的」(handled),而在我們的商店中則是「被服務的」(served)。在後一種情況下,我既非透過暴力、剝削、欺詐,也非透過非法的利潤,也不是透過接受施捨或饋贈,來取得滿足我慾望的東西,而是透過提供同等的勞務或財貨(本事原則)來滿足我的慾望。我們通常把這種基於互惠的原則,以價值換取價值的方法稱為「做買賣」(business)。這種做買賣的方法就是為對抗稀少性,所採取的交換和分工的方法。然而,以這種方式來看待經濟制度,就會引起若干重要的問題,我們必須集中精力來討論這些問題。

首先是這三種方法絕不能嚴格地隔開,相反地,是有一定程度的重疊的。很顯然地,為了生存而欺騙鄰居,和為了同

一目的而接受鄰居慈善的餽贈之間存在著本質上的差異：第一種和第二種方法是不能兼容的，且不能同時並用的。但是可以把第一種方法〔欺詐和（或）暴力〕與第三種方法（買賣）結合起來，也可以把第二種方法（利他行為的餽贈）與第三種方法結合起來。歌德的浮士德（II, 5）中的惡魔梅菲斯特（Mephistopheles）[1]宣稱：「戰爭、貿易和海盜是密不可分的三位一體」，實際上，貿易和殖民國家的歷史就是一部侵略、海盜和壓迫剝削的歷史。這部歷史提供了我們一個令人沮喪的事實，那就是如果讓我們自行選擇，我們傾向於選擇第一種方法，不以任何東西來換取服務。只有宗教、道德和法律的強大影響，才能使我們確守第三種方法。

有多種方法可以避開捨與取平等的交換（a service equal to one received）。把一把左輪手槍對準某人是最快的方法之一，但也是一種只取而不捨（getting something for nothing）的最危險方法之一。比這更有效且更安全的方法是特權和獨占的手段，因為這些手段可以騙人，讓人誤以為這些手段看起來不僅無害，而且甚至對大家都是有益的。現代的獨占問題，最終只能靠剝削的方法，來扭曲交換中的等價或互惠原則。因此，解決獨占問題無非就是尋找一種消除這種扭曲的方法。

雖然如不幸發生的那樣，「純商業」（pure business）的

---

① 編譯者註：梅菲斯特這個名字與浮士德傳說有關，這個傳說是關於一個學者以其靈魂為賭注，與惡魔打賭的故事。而梅菲斯特是在德國詩人、作家歌德（1749～1832）的著作《浮士德》中登場的惡魔，這個惡魔是在維騰貝格的樹林裡所召喚出來的穿著灰衣修士的裝扮者。

方法有時會與欺詐和剝削相結合，不過它也經常與利他主義的
成分混雜在一起。的確，在現實世界中，商業在道德上並不像
我們最初所想像的那樣中立。有些商業或多或少包含了自我犧
牲〔也就是無償的「奉獻」（giving）〕和眞誠服務的成分於
其中。醫學界就是一個例子。我們同樣也會看到一些學者和藝
術家，他們不爲利益而奉獻其心力，且在從事他們的工作時，
他們不會像熟食店的老闆那樣只爲賺錢。在這種情況下，純商
業原則也要納入某種道德標準，我們可以稱之爲職業倫理。此
類行業的成員經常具有或預期具有強烈的服務本能。用諸如
「商業」（trade）或「做買賣」（business）之類的表達方式，
來指稱醫學界或律師界是格格不入的，且有辱於他們。但是，
即使堅持追求在交換中互惠互利原則的純粹商人，他也不會在
道德上保持完全的中立。他堅持原則的行爲以及與他有商業往
來的人的行爲，最終還是要接受某些終極原則，因爲缺乏這些
終極原則，商業社會本身長期說來將會崩潰。因此，至關重要
的是，不要忘記這些道德的寶藏，這些道德的寶藏滋潤了這個
平凡乏味、本身在道德上中立的純商業界，並且與之共存亡。②

---

② 經濟學與倫理學：儘管做買賣的方法本身在倫理上是中立的，但買賣
　的所得卻可用於合乎倫理的（利他）的目的上。因此，必須從廣義上
　理解「個人福祉的增加」這一概念，其中當然也包含了個人爲他自己
　定下的所有可能的目標，包括利他的目標。某些西方人既以其慈善和
　慷慨，也以其精明的企業洞察力而著稱。他們並不把金錢本身當作目
　的，對他們來說，金錢的吸引力不如許多東方人那麼大，東方人一方
　面鄙視西方「做生意的方法」（business methods），同時卻也爲積攢

　　這三個方法的使用以及他們的合併使用，其間的比例在最後的分析中，決定了我們稱之爲一個時代的「經濟精神」（economic spirit）。依據長期以來一直存在的這種雙重的道德標準，可以較正確地理解我們自己這個時代的演變：在我們自己的家人和朋友的狹窄圈內，運用一種較嚴格的準則（對內的道德準則），而在與陌生人打交道時，採用一種較寬鬆的準則（對外的道德準則）。對於一個士兵來說，偷竊他同營士兵的東西，會被認爲是一種背信棄義的低級行爲，而偷竊附近另

　　財寶而積攢財寶，以作守財奴爲樂。經驗證明了，做生意只是獲取財富的一種方法，獲取財富後，再將之用於每個可想像到的事物上。即使是一些慈善機構，也發現有必要使用純商業的方法，來籌措所需的資金。聰明的海因里奇‧施利曼（Heinrich Schliemann）〔編譯者註：海因里奇‧施利曼（1822～1890）是德國商人和考古學領域的先驅。他被認爲是特洛伊（Troy）遺址的考古挖掘者，用炸藥挖掘了被認爲是特洛伊遺址的遺跡，因此而被批評爲破壞了重要的歷史文物。〕發現古代特洛伊，他以在商業上累積的一筆財富，籌措了他挖掘這個古蹟的費用。關於這個問題和其相關的問題，請參見 P. Hennipman 的 *Economisch Motief en Economisch Principe*（阿姆斯特丹，1945）廣泛的研究。對於這一主題，其他重要的文獻包括了 L. von Wiese 的 *Ethik der Schauweise der Wissenschaften vom Menschen und von der Gesellschaft*〔伯恩（Berne），1947〕；奈特（F. H. Knight）的《競爭的倫理和其他論文》（*The Ethics of Competition and other Essays*）（倫敦，1935）；奈特的《自由與改革》（*Freedom and Reform*）（紐約，1947）。在拙著《人道的經濟社會》（*A Humane Economy*）（芝加哥，1960）中，對於倫理學在經濟學所扮演的角色有詳細的討論。

一個營房士兵的東西時，會被認為只是一項狡猾的英勇事蹟。而若同一個士兵搶奪被征服國家公民身上的戰利品回來的話，他的同伴會給予他英雄般的歡迎。過去幾個世紀的演變可被視為是「內部的道德領域」（the domain of internal morality）不斷擴大，而其內容也同時在稀釋沖淡之中。在中世紀，嚴格限制了行會這種地方性小群體之間的交易，但卻給慈善機構留了相當大的空間，這是當時深厚宗教精神的自然產物。但是，除了這些限制之外，還有許多肆無忌憚的剝削。在看到古代道德（人本主義）復活和基督教道德教義世俗化的發展過程中，犧牲原則大大地喪失了其力量，即使在同一個家庭的成員之中也是如此。取而代之的是把暴力和剝削的行為同時減少到可以忽略程度的一項新原則，也就是我們一直在討論的商業原則。③

---

③ 資本主義與經濟精神：現代經濟精神（資本主義精神）的起源這個問題，是一個長期以來經濟史學者都很感興趣的問題之一。相關的研究已經顯示了，其起因很多，而且很複雜，以致於我們無法將其化約為諸如宋巴特（Sombart）〔編譯者註：宋巴特生於 1863～1941 年，是德國的經濟學家與人類學家。他認為人類學是西洋古代思想家努力探求的學問，其目的在於解答「人是什麼」的基本問題，換言之，就是要指出人異於禽獸的特點 —— 人性。但是自十七世紀開始，這門學問在近代自然科學方法與思想方式影響下變質了，人們要從自然主義或生物主義等方面去證明：人是動物的一種，人與動物在基本上並無太大的差別，人的元素只是若干物質，人的行為只是這些物質的運動，這幾乎使「人類學成為動物學的一支」，也就是自然科學領域內的一個部門。他認為人類學在於探討人的存在，也在探討人的行為。

人的存在或人的行爲構成人的歷史與文化。構成人類歷史文化的基本
元素是人與其所依據而生存的大地。因此對人與地的特性，兩者有互
相依存的關係，成爲研究人類學時，必須考慮到的問題。以上引自劉
眞主編之《教育大辭書》（臺北：文景書局有限公司，2000）中，
詹棟樑所撰之〈宋巴特〉一文。〕所提的那些簡單的公式。這個問
題只能結合歐洲思想史，特別是文藝復興（Renaissance）、人文主
義（Humanism）、宗教改革（Reformation）、民族主義和啟蒙時代
（Age of Enlightment）等偉大的發展史一起研究。馬克斯・韋伯（Max
Weber）在他著名的且仍被廣泛討論的著作《新教倫理與資本主義
精神》（*The Protestant Ethic and the Spirit of Capitalism*）（紐約，
1930）一書中，引發人們注意到喀爾文主義（Calvinism）〔編譯者註：
喀爾文主義，亦稱爲歸正主義，是十六世紀基督新教宗教改革家約
翰・喀爾文畢生之主張，喀爾文認爲教義應當回歸《聖經》，應該恢
復被天主教會所遺棄的奧古斯丁「神恩獨作說」，反對天主教神學主
流的「神人合作說」，因此喀爾文派之神學傳統常被稱爲「歸正神學」
或「改革宗神學」（Reformed Theology）。天主教會主流意見爲「神
人合作論」，認爲，人除了信仰神之外，還必須行善才能有得救的機
會。喀爾文等人支持馬丁・路德（Martin Luther）的「因信稱義」說，
主張一個人獲得拯救，只是神的恩典，單憑信仰耶穌基督就能得救，
而不是靠著個人的善行。總而言之，人只能憑藉神的力量得救，關於
得救這件事，人類是毫無力量的。〕對商業精神成長特別的影響。另
見湯尼（R. H. Tawney）的《宗教與資本主義的興起》（*Religion and
the Rise of Capitalism*）（倫敦，1926）；A. Rüstow 刊載於 *Revue de
la Faculté des Sciences Economiques de I'Université d'Istanbul*（1942，
第 3、4 期）的 Die Konfession in der Wirtschaftsgeschichte 一文；有
關此主題的更全面討論，請參閱 Rüstow 的主要著作 *Ortsbestimmung*

　　並非所有這種發展的結果都是令人滿意的。「商業」
（business）有時會把家庭弄得冷酷無情，會要求子女支付住
宿和伙食費給父母；而且科學、藝術，甚至宗教的本身，也商
業化到可悲的程度了。另一方面，商業方法的普遍使用，也產
生了以下這樣的效果：縮小了可以有利使用暴力和剝削的範
圍，且擴大了為參與者帶來同等利益的活動範圍。

　　正確認識到上述這三種方法之間的差異，將有助於消除
目前幾乎到處都會遇到的一種雙重的混淆。一方面，存在著一
個共同的錯誤，就是把應當歸為第一種行為（欺詐、剝削等）
者，歸為第三種行為（商業）。我們當中有些人仍然頑固地認
為，商業無非就是扒光別人腰包的無恥行為，尤其當它是與現
代證券交易所一樣的那種抽象和神祕的行業時，更是如此。同
樣根深柢固的習慣是用那些只適用於第一類行為的用語，來描
述商業行為。人們在談論市場的「征服」（conquest）和外國
「帝國主義的剝削」（imperialist exploitation）時，卻沒有意
識到自己正在把兩種截然不同的行為混為一談。④雇主一定是剝

────────────

der Gegenwart〔第三冊；蘇黎世（Zurich），1957〕。

④ 資本主義和帝國主義：在正文中，把剝削方法與商業方法相結合的描
　述，是馬克思學說標準的架構。馬克思主義者認為，建立在商業原
　則（資本主義）基礎上的經濟制度，必然會迫使資本主義國家擴大
　其政治權力，以進行經濟剝削。事實是為了經濟剝削（經濟帝國主
　義）的目的，而採取的政治擴張主義是與歷史本身一樣古老的一種現
　象。而且，正是這種剝削是我們這個經濟制度所反對的。經濟帝國主
　義存在於今天，如同其存在於歷史上的任何其他時期，也存在於所有

削其雇員的這種沒有事實根據的話，是同一系列錯誤中的另一個。

另一方面，第二種和第三種方法（利他主義的行為和商業行為）也常被混淆。這是某些實際上僅僅是出於商業上的考慮，但卻想要讓人們把他看成是自我犧牲和無私服務的商人，故意激發出的一種混淆。他說「為客戶服務」（serving the customers），他說自己「一切都聽任顧客的」（at their disposal），他把我們當作「自己的家人」（be at home），

其他的經濟制度之下。沒有什麼比把它視為我們這個經濟制度的必要元素更為謬誤的了。帝國主義的根源不在商業方面，而在其他方面。此外，試圖證明沒有不斷征服海外市場，就不可能存在「資本主義」（capitalism）的理論，一經仔細檢視也會發現是站不住腳的。請參閱熊彼德（Joseph A. Schumpeter）的《社會階級及帝國主義：兩篇論文》（*Social Classes and Imperialism: Two Essays*）（紐約，1955）；S. Rubinstein, *Herrschaft und Wirtschaft*〔慕尼黑（Munich），1930〕；R. Behrendt, Wirtschaft und Politik im Kapitalismus, *Schmollers Jahrbuch*（1933，第 57 期）；舒爾斯巴克（W. Sulzbach）的《國家的意識》（*National Consciousness*）（華盛頓，1943）；舒爾斯巴克的《資本主義的戰爭販子，一個現代的迷信》（*Capitalistic Warmongers, A Modern Superstition*）〔公共政策小冊子（Public Policy Pamphlet）第 35 冊，芝加哥大學出版社（University of Chicago Press），1942〕；羅賓斯的《戰爭的經濟因素》（*The Economic Causes of War*）（倫敦，1939）；洛卜克（W. Röpke）的《國際秩序與經濟整合》（*International Order and Economic Integration*）〔多德雷赫特（Dordrecht），荷蘭（Holland），1959〕。

彷彿自己就像聖方濟各（St. Francis of Assisi）⑤一樣，內心深處只有對同胞無私的熱愛，別無他念。每個商店、每個工廠都變成一種擺脫了賺錢的動機，而在更高貴的水準上從事「工作的場所」（studio）。用這種虔誠的措辭來掩蓋普通的商業運作，不僅是有效的廣告，而且是當代民主精神的先鋒。也許，人們由於舊時那種對「商人」（people in trade）的蔑視，而不自覺的感到反感，如果能創造這樣一種幻覺，亦即他不僅在單調的商業圈子裡努力過活，他也是一個奉獻者，甚至還是高階層中一員，這種幻覺會令人感到舒服。商業「聖徒」（canonization）這樣的稱號（如果我們可以使用這樣的稱號的話），在美國格外引人注目〔見證了美國特有的企業的「社會責任」（social responsibility）這種口號的出現〕。伴隨著此而出現的一種趨勢是把所有與商業無關的職業（學者、公務員、藝術家、職業軍官）都貶低爲低層階級。這些職業的商業化使這一過程變得更容易，隨之而來的是地位和價值的正當等級顛倒過來了，這是美國一個嚴重的社會弊病，歐洲也開始顯出這種病症了。

這些問題的複雜性，是經濟學家最應該要關切的。的確，在我們進行進一步研究之前，有必要強調純互惠原則（商

⑤ 編譯者註：生於 1182～1226 年，是天主教方濟各會和方濟各女修會的創始人。他是動物、商人、天主教教會運動以及自然環境的守護者。據說因著天主的聖意安排，天主顯現異相，在他身上印下了耶穌受難所承受的五傷（即雙手、雙腳與左肋），用以感化罪人的硬心，使之痛改前愆而得救恩。

業原則）是人創造出來的，且是極端脆弱的東西。「商業」
（business）是文明的產物，在缺乏支持我們文明的特定條件
（主要是道德條件）時，商業不可能存在很長時間。我們將會
看到，這一群條件當中的經濟元素是自由競爭。但是，除非我
們大家普遍接受下列的行為準則：遵守遊戲規則、尊重他人的
權利、保持職業的正直和職業的自豪感、不欺騙、不賄賂，以
及不為個人的和自私的目的，而操縱國家的權力，否則自由競
爭就無法發揮作用。我們這個時代的主要問題在於，我們在使
用道德的寶藏上是否如此漫不經心，也不珍惜，以致於不可能
再更新我們經濟制度中的這些重要支柱，同時我們是否還有可
能發現道德力量的新來源。

第 2 節　成本是什麼？

　　手段與慾望（稀少性）之間永久的緊張關係，既說明了
我們這個建立於交換和分工（商業原則）的經濟制度其含義，
也定下了這個經濟制度的目標。由於我們用來滿足無限慾望的
資源是有限的，因此，就像已經知道的那樣，我們不得不從眾
多相互競爭的慾望當中嚴格的選擇，使每一種這樣的慾望都能
得到滿足，以便最妥善地利用手邊的資源（經濟的原則）。有
人會說，這種經濟行為的觀點，非常適合於家庭主婦的行為，
她必須把她的支出限制在固定金額之內〔亦即所得的使用，
要符合「消費的經濟學」（economics of consumption）的原
理〕，但這種觀點既不適用於努力「獲取所得」（economy of
acquisition）的個人經濟，也不適用於「國家經濟」（national

economy），因爲在這兩種情況之下，資源都不是固定的，而都可以透過生產來增加。

　　然而，若再進一步想一想就會知道，就資源的使用必須要經濟這一點而言，生產並沒有改變什麼，只不過是把這個問題轉爲一個（或多個）較高層次的問題而已。例如：爲什麼我們不生產我們所能消費的那麼多的巧克力或紙張呢？當紙張和巧克力的需要，仍然有大量未滿足時，爲什麼要在某一點就停止生產──在我們的商業經濟中，這一點是由盈利能力所決定的。這是我們的經濟制度愚蠢的組織所造成的，社會主義將使我們擺脫這個困境嗎？此類問題不值得認眞的回答，因爲很明顯的，生產與「成本」（costs）是緊密相關的。但是，「生產成本」（costs of production）只是意味著，雖然某種消費財的數量可能因生產而增加，但是我們最終會遇到某些生產要素的數量無法隨其增加，這些生產要素是匱乏的。最終，我們不得不承認以下這些殘酷的事實，亦即我們工作的能力和時間都受到嚴格的限制；土地的位置和肥沃度都是大自然不變的資源（immutable data of Nature）；而且，甚至連工具和機械的數量都不能隨心所欲地增加。在用這些最終生產要素生產某種財貨時，我們因此就得放棄把相同要素用於另一種財貨的生產。當我們拉長一床被單的一端時，並不會讓另一端變長。那麼，我們別無選擇，只能透過選擇和限制的方式，把生產要素分配給那些可以從現有的方法中，獲得最大利益的財貨種類和數量的生產上。

　　因此，最有效地使用一種供給數量固定的資源，並不會只因爲可以透過生產來增加這種資源的供給量，有效地使用這些

資源就變得不那麼必要了。在這種情況下，使資源和慾望相等
的過程，只不過是一個更高層次上的過程而已。這不同於決定
如何使用一個固定數量的資源這個簡單的過程，就好像前面提
到的那個旅行者在出發前，必須要先估量旅行中是否要帶較多
及較大袋子的相對效用，這不同於那個士兵，事先要知道把什
麼物品放入其行軍袋的。在旅行者的例子當中，攜帶較多的袋
子只是必須要「犧牲」（at the cost）旅行中的其他樂趣而已。
正是這樣，分析到最後，生產成本也只不過就是忠實地反映
了，如果把生產要素用於其他用途，而放棄我們所選擇的這個
用途所產生的效用而已。總而言之，「生產成本」（costs of
production）之所以會存在及其量的大小，都是因爲生產要素
在不同的用途中相互競用的關係。⑥生產成本代表了在國民經濟

---

⑥ 把放棄其他效用當作成本：把成本詮釋爲效用的損失〔「機會成本」
（opportunity cost）〕揭示了長期以來一直是經濟學中最難解的問題
之一。我們在市場經濟中一開始所遇到的貨幣成本背後的「實質」
（real）成本究竟是什麼？現代邊際理論最重要且最無爭議的貢獻之
一，就是它發現了這個問題的答案。在應用邊際分析以前的人及馬
夏爾本人一直都堅持這樣的觀點，亦即成本基本上被視爲是表示對生
產中所遭受的痛苦和犧牲所作的補償〔痛苦的成本（pain cost）〕。
這是在馬克思的勞動價值論中，所發現的最純粹且最根本公式化的一
個概念。有些證據顯示了這種對成本的詮釋，反映了十八和十九世紀
英格蘭中產階級所生活的道德氛圍，在這種氛圍下，每一個誠實的利
得都被認爲需要有一個相對應的犧牲。這種趨勢以及由此而產生的一
些經濟上的謬誤，在希尼爾（1790～1864）試圖描述和證明資本價

格（利息）是對儲蓄者犧牲〔「節制」（abstinence）〕所給的適當
報酬中表現得尤為明顯。無疑地，正是希尼爾的這一想法激發了費迪
南德‧拉薩爾（Ferdinand Lassalle）說出了這樣一句有名的玩笑話：
「從資本所得到的利潤是剝削的報酬。多麼令人讚嘆的格言，其價值
堪比黃金！歐洲的百萬富翁、苦行僧、悔悟行善的印度教徒，以及那
些一條腿站在支柱頂部，伸出雙臂，彎曲著身體，蒼白臉色的柱上苦
行者，都是為了他們的剝削，向信徒們收取報酬！在他們之中，使所
有的苦行者、苦行者的苦行者、羅斯柴爾德家族都為之失色！」（編
譯者註：羅斯柴爾德家族是十九世紀世界上最富有的家族，同時也是
世界近代史上最富有的家族。家族財富分布在眾多繼承人手中，如今
已涵蓋極為廣泛的領域，包括金融服務、地產、礦業、能源、混合農
業、釀酒和非營利機構。）這句話所表達的想法的確是令人不安的，
因為顯而易見的是，所謂儲蓄者（貸方）的「犧牲」（sacrifice）會
隨著財富的增加而遞減，一直遞減到百萬富翁的儲蓄以準自動方式發
生的那個點為止。稍後，我們將會討論為何必須把利息與諸如「犧
牲」（sacrifice）和「報酬」（reward）這樣的觀念完全分開。利息
現象與把儲蓄作為犧牲或享樂的概念無關，就像一個作家從寫一本小
說所獲致的所得，無關乎寫這本小說帶給他的快樂或不快樂是一樣
的。實際上，作者的所得取決於他寫出的那部小說是好的，以及好小
說是很少見的這個事實。同樣地，利息也是來自於資本是既有用而又
稀少這一事實。資本的數額根本不足以滿足所有想使用資本的人的需
要。利息必須與其他成本一樣，以「資本的成本」（cost of capital）
這個項目記入到帳簿中，利息反映了在某個利率的水準上，資本用在
另一個途徑所可獲得的效用。適用於資本成本的道理，也同樣適用於
其他所有的成本。反映在價格上的成本，並不代表我們對於某人所招

中那些有時被我們遺忘的效用。

這是一個至關重要的原則，值得詳細地討論。比方說，假

致的犧牲，而做出的補償，因為報酬最低的工作，往往恰恰是最費力和最骯髒的工作。成本的作用是迫使「我們」（our）不得不把生產要素使用於某一途徑所得到的效用，與把這些相同的要素用於其他途徑上所獲致的效用加以比較。

把成本解釋為替代用途之放棄，涉及許多我們在這裡無法處理的困難。但是可以順便一提的是，這種解釋只有在生產資源可以用在超過一種用途時才是正確的〔維塞爾（Wieser）的用詞，這是「一般的」（general），而不是「特定的」（specific）生產資源〕。成本理論的這些方面和其他方面，都是當今經濟學家熱烈討論的課題。請參見馮·維塞爾（F. von Wieser）的 *Theorie der gesellschaftlichen Wirtschaft*〔二版；1924，頁 61 及其後相關的部分；英譯文由 A. Ford 翻譯，書名為《社會經濟學》（*Social Economics*），倫敦，1927〕；O. Morgenstern, Offene Probleme der Kosten- und Ertragstheorie, *Zeitschrift für Nationalökonomie*（卷 2，1934），頁 481～522；奈特的〈長期和短期的生產成本和價格〉（Cost of Production and Price over Long and Short Periods），《政治經濟學期刊》（*Journal of Political Economy*）（卷 24，1921），與其他相關材料一起在奈特的《競爭的倫理》（倫敦，1935）一書中重印；史蒂格勒（G. J. Stigler）的《價格理論》（*The Theory of Price*）（第二版；紐約，1953）；最後對這些問題所進行的廣泛討論，見諸於在 1926 年開始的《經濟學期刊》（*The Economic Journal*）上〔由斯拉法（Sraffa）、庇古（Pigou）、謝維（Sheve）、羅伯特遜（Robertson）、羅賓斯等人所寫的文章〕。

設計畫要建造一座橋。在這一點上，我們所必須面對的問題有哪些？一般說來，技術人員和工程師的第一要務是，要計算某種給定類型和品質橋梁的建築成本。然後，一方面要比較這些成本與建築橋梁地點的交通需要，另一方面，也要比較這些成本與國庫可能提供的資金。也就是說，我們要考慮到其他公共建設需要的緊迫性，因爲這種緊迫性會反映在可能或不可能把經常稅的一部分轉移到橋梁建設上，或反映在可能或不可能增加一般的稅上。稅收本身代表著納稅人把部分購買力轉移給國家時所必須放棄的個人效用。因此，我們知道建造一座橋梁的「成本」（costs），除了必須徵用的土地、必須僱用的工人以及必須要使用的鋼鐵（包括製造鋼鐵所需要的所有資源），還要知道這些生產要素的其他用途。這些替代用途之間競爭的激烈程度，決定了上面所提各種因素的成本的多或少。那麼，生產過程分析到其基底，就清楚地表示出成本的替代性質。最後，從經濟的角度來看，只要能證明橋梁的建造是最妥善地利用了與國民經濟相關的特定資源，就可以論證橋梁的建造是合理的。

　　以上所舉的建造一座橋梁這個例子，清楚地顯示了經濟和技術（或工程）觀點之間的重要差別。經濟學家的任務首先是要確定是否應該要建造這座橋梁；其次是，這座橋梁是否應該建立在某一地點，而不是在另一個地點。對於經濟學家來說，資源的總量是固定的；他的任務是要找到這些資源的最佳用途。另一方面，工程師的工作是以最少的資源，來達到既定的目標——在我們的例子中，是要在既定的地點，建造一座既定品質的橋梁（技術原理）。在此與經濟學不同的是，目的已經

確定了，必須要找到資源。成功地解決建造橋梁所涉及的技術問題，一點也不意味著其建造在經濟上是合理的。只有在把成本記入到帳冊後；也就是說，只有在把資源所計畫的用途與可能的替代用途進行比較，並在比較之後，得到令人滿意的結果後，才能論證如此使用資源，在經濟上是合理的。儘管如此，技術與經濟問題的混淆，仍然是我們這個時代經濟思想中根深柢固的問題。由此而產生的謬論，在對外貿易的領域中尤其盛行（無論如何，對外貿易這一方面是一個容易滋長謬誤的一個肥沃的溫床）。

即使在人造產品的價格比天然的進口品要貴，且需要一些特殊的措施才能使其具有「競爭力」（competitive），我們也看到國家在利用技術發現和發明方面的經濟優勢，來支持人造食品或人造原料的生產，這幾乎是當代經濟政策牢不可破的想法。很顯然地，只有極少數人理解到，只要工程師能夠提供必要的溫室和人造熱能，則用於支持人造纖維產品的那個理由，就可以用來支持在北極圈種棉花。儘管人造原料的製造已經獲得一些顯著的成功，甚至在某些方面，更顯示出將來會有更好的前景，但成本對解決此一問題的作用仍然不容忽視。我們常常聽到這樣的抱怨，即成本對生產的限制是我們這個愚蠢的「資本主義」（capitalist）制度的結果，我們應該一勞永逸地擺脫這個制度，從而既贏得財富，又贏得自由。如果更能有力地使人們知道成本問題不外乎是讓一個國家決定生產要素是否用在某一方面，會比用在另一方面更好這一問題，那麼上述這種天真的假設很快就會消失。當然，這是任何一個經濟社會所面臨的最基本的問題，無論其組織制度如何。

第 3 節　經濟的均衡：一些可能的制度

現在，我們或許已經確定了一個事實，那就是在任何經濟制度下，人們都必然會受到限制，且也要作選擇。因此，每個經濟制度都必須要有一個使手段與目的達到平衡的機制。我們已經對我們這個經濟制度特有的均衡機制有了一些概念。但是，為了更清楚地了解這種機制是如何運作的，我們必須扼要地檢視幾種可能達到均衡的制度。

(1)「排隊制」（system of the queue），也可以稱為「用肘擠著路穿過人群」（elbowing one's way through the crowd）的制度，或先來先得的制度。這是平衡供需的一種最簡單，也最粗暴的方式。這包括免費供給大眾東西，而這無可避免地會造成或多或少地使用拳腳暴力的結果。這個制度是如此令人不滿意，如此地無法保證社會最緊迫的需要可以得到滿足，以致於只有在特殊情況下才會採用之。這也許會讓我們想起在「免費啤酒」（free beer）的聚會上，啤酒被喝得精光，或者擺出的茶點很快就被第一批客人搶光，後來的客人無從享用的場合。蘇聯（Soviet Union）⑦獨裁統治初期所進行的試驗，

---

⑦ 編譯者註：關於俄國的不同稱呼所代表的意義如下：

俄羅斯帝國（Russian empire）簡稱為俄國、俄羅斯、沙俄或沙皇俄國，是 1721 年彼得一世加冕為皇帝後，至 1917 年尼古拉二世退位為止的俄羅斯國家。

蘇俄（Soviet Russia）是俄羅斯蘇維埃聯邦社會主義共和國或蘇維埃俄國的簡稱，是 1917 年 11 月 7 日由列寧和托洛茨基所領導的十

在這方面非常有啟發性。大眾可以免費使用電車和其他交通工具，這樣的結果就如同預期的那樣，造成了旅客的極度擁擠不堪，因此政府很快就被迫恢復到「資本主義」（capitalist）的均衡機制（價格制度）。任何曾經試圖穿過在他前面的人的頭，觀看遊行的人，都知道最好早點搶先占到最好的觀看點。的確，例如：在君主的加冕禮或葬禮上，當人群非常多時，通常的做法是由價格制度，來處理較好位置的分配。要注意的是，對商品或勞務的需要彈性愈大（請參見第一章第 3 節邊際效用之處），排隊制度就愈不受歡迎。因此，事實證明，把公共噴泉的水免費提供給公民使用，比起允許俄羅斯人（Russian）在無需付費的情況下使用電車要容易得多。由國有醫生（nationalized doctors）提供免費醫療服務的制度，也應依照同樣的方式來進行檢視。英國人在其國家保健服務的經驗中，為這種安排提供了預期中的浪費的教訓。

月革命獲得勝利後，建立的世界上第一個社會主義國家。

　　蘇聯（Soviet Union）的全稱為蘇維埃社會主義共和國聯盟，是在 1922 年 12 月 30 日，由俄羅斯蘇維埃聯邦社會主義共和國、白俄羅斯蘇維埃社會主義共和國、烏克蘭蘇維埃社會主義共和國、外高加索蘇維埃社會主義聯邦共和國合併而成的社會主義聯邦制國家，於 1991 年 12 月 25 日解體。

　　俄羅斯（Russia）則是 1991 年 12 月 25 日蘇聯解體後，包括俄羅斯在內的十五個共和國從原蘇聯獨立後，身為原蘇聯最大加盟共和國的俄羅斯，通過修憲改制為俄羅斯聯邦，成為原蘇聯的唯一法理繼承國家，繼承了蘇聯的大部分軍事力量之稱。

　　(2)「配給制」（rationing system）比排隊制度顯示出一定的進步。這裡也免費提供財貨，但是卻通過對可用財貨進行有系統的分配（配給），而獲得均衡。這是一種在純粹共產主義經濟中運作的機制。但是，即使在我們的經濟制度中，有時也有必要採用這種方法來配置資源。每個士兵都會記得，在戰場上不僅對食物進行配給，也對雪茄、香煙和煙斗進行配給。由於個人的慾望相當一致，因此食品的分配沒有太大的困難。但是，鑑於個人對菸草、香煙等的偏好有明顯的差異，這些東西的分配通常會進行私人的交易，在這種交易中，原始形式的價格制度會再度盛行。該例顯示，在配給制度下（如同在排隊制度下），隨著配給產品需要彈性的增加，困難亦隨之而增加。[8]

　　(3)「混合制」（mixed system）。在引入價格的地方，如同在一個混合制中那樣，排隊和配給的弊端，在某種程度上可以得到緩解。一般說來，在這種情況下，價格固定在不足以使供需均衡的水準。然而，就是這些價格的存在，往往會給需要帶來一定的限制。因此，其結果是價格制度與已經描述的排隊制度或配給制度的相混合。在兩次世界大戰期間，交戰國政府通常會以「最高限價」（ceiling prices）或「價格管制」（price control）之名，對各自的經濟社會實施這種混合的制度。但是，該制度的經驗很快就迫使政府放棄排隊與價格的混

---

[8] 純配給制：在《經濟學刊》（*Economica*）（1948 年 11 月）刊登的，由 R. A. Radford 所寫的〈戰俘營的經濟組織〉（The Economic Organization of a P.O.W. Camp）一文，對戰時運作的配給制度一些有趣的教訓及其所涉及的經濟問題作了詳盡的討論。

合制，而改爲配給與價格的混合制。因爲很明顯地，一旦定下了最高價格之後，價格制度的均衡機制便無法發揮作用。當價格無法上漲到供需正好均衡的這個點時，部分需要必然仍然無法滿足。那些準備支付最高價的人，在商店前面排起了隊伍，但排在末尾的人卻必然會空手而歸。這種情況變得如此令人無法忍受，以致於最終不得不依靠配給票的制度，來獲得選定的財貨。

當然，最後，價格管制在供給方面所引起的擾亂，需要政府對生產的本身進行干預。的確，在第二次世界大戰期間，這種干預已經很普遍地實行過了。其結果是，過去的每一天，我們都見證了我們這個經濟制度調節法則一天天地消失，最終把經濟眞的搞得一團亂。第一次世界大戰後，大多數國家透過重建自由經濟，即不受阻礙的價格制度，加速消除了這種混亂。在第二次世界大戰後的時代，所有的先進國家都在設法解除戰時管制的制度，這是理所當然的。

實施最久的戰時最高限價中的租金管制，提供了我們所描述的這個演變一個很好的例子，這種管制從排隊加上價格制度開始，終止於配給加上價格制度。我們在租金管制方面的經驗顯示了，混合制所造成的情況，在長期間是如何令人難以忍受。即使以價格加上配給這種較無害的混合方法來說，混合制相較於價格制度的缺點也很明顯。甚至蘇聯也都已經公開承認這一點了，在那裡，某些類別財貨的停止配給，被頌揚爲是邁向較正常情況一大進步的例子。

　　經濟大蕭條⑨和之後的第二次世界大戰的極度異常情況，
促使許多國家開始對混合制進行新的試驗。因此，外匯管制實
際上只是配給加上價格制度的一種變體，政府對進口材料的管
制和分配也是如此。糧食市場中的最高限價的制度，也以排隊
加上價格制度和配給加上價格制度的形式而復活了。在這種情
況，人們的共識是混合制充其量也只不過就是一種暫時的權宜
之計。持續壓制自然力量，會產生爆炸性的壓力，其結果是無
可避免地會出現一種或另一種形式的價格制度，以打破混合制
的不自然的緊張和僵化狀態。未滿足的需要愈大，用於規避最
高價格的手段就愈多，而愈膽大者就愈無視於法律。黑市、非
法交易（under-the-counter deals）、非法的貨幣兌換──一千
多年以來的經驗顯示，這些事情就像陰影伴隨陽光一樣，伴隨
著價格管控而來。從經濟學的客觀觀點來看，通常被稱為「欺
詐」（fraud）、「走私」（smuggling）等行為的這類活動看
來，只是價格制度對混合制的「修正」（corrections）而已。
從倫理學的角度上來看，這些「修正」（corrections）還不足
以使人振奮，而且肯定不是社會上較好的成員所會做的事情。
然而，從經濟上來講，這些事情未必總是有害的。

　　美國在戰前的禁酒經驗，以及戰後的德國、奧地利和法國
統制經濟的崩潰，都證明了大多數人所反對的經濟管制，都是
因為強烈破壞道德的影響而告終的。違反法律成了一種可尊敬
的事情。僅靠造私酒者、黑市交易者和走私者繼續運行的經濟

---

⑨ 編譯者註：發生於 1929～1933 年之間。

制度，會成爲腐敗的中心，這種腐敗將一點一滴地斬斷整個社會的命脈。對於那些出於對自由經濟運作的道德義憤，而不斷要求國家統制經濟生活的人來說，這是一個痛苦的教訓。

我們經常聽到一種爲配給制度辯護的理由是，所討論的財貨處於「供不應求」（short supply）的狀態，因而其分配不應讓價格制度來決定。讀者已經都知道這種觀點是基於一個基本的錯誤想法。所有不是「自由財」（free goods）的財貨都是「稀少的財貨」（scarce goods），這意味著並非每個人都能得到自己想要的那麼多。一種「稀少的財貨」（scarce goods）是指需要超過供給的財貨，這種說法僅在一個特定價格之下才有意義，即政府當局所規定的價格低於所謂的均衡價格。在該均衡價格之下，供需關係是相等的，而均衡價格的功能正是帶來供需的相等。因此，只有在那些特殊的情況下，需要才可能眞正超過供給，在這些特殊的情況下，重要物品的短缺如此嚴重，以致於大家都認爲最好還是在公民之間平均分配可用的財貨，而不用那些大家所擁有之不平等的錢來作爲分配的基礎。

在這一方面，試想一下在第二次世界大戰期間，幾乎所有類型的財貨都極端稀少的情況。這樣一來，這種經濟的困境就可以與一個被圍困的堡壘相比擬，後者的指揮官被迫以最嚴格的方式配給麵包和水。在這種情況下，每個人都贊成重要物品的配給。但是，這種「被圍困的堡壘」（besieged fortress）的概念，能否有效地應用於承平時期的經濟社會，這是非常令人懷疑的。我們不該忘記，在承平時期我們所關心的不僅是公平分配，更關心生產本身的增加。因此，任何配給制度中固有

的「困境」（dilemma），就顯而易見了：爲尋求盡可能公平
地分配可用的供給量，我們冒著造成可分配數量不斷減少的風
險，減少到最後，我們的制度就變成了一個配給的貧窮制度或
「貧民窟的社會主義」（poorhouse socialism）。我們愈遠離
「被圍困堡壘」（besieged fortress）的情況，就愈有必要回
頭增加生產，因此與配給制度相結合的價格管制政策也就愈會
走向失敗。由於社會公平的原因，而把財貨的價格訂在盡可能
低的水準，其抑制財貨生產的程度，恰恰等於這些價格管制的
產品在人們生活中不可或缺的程度。這樣的政策將會因爲要求
最稀少的財貨以最低的價格出售而告終。如果該政策未統一地
適用於「所有的」（all）財貨和勞務，則相當於獎賞那些不生
產最需要的財貨了。結果是，在施行這種政策的國家中，商店
裡堆滿了最不必要和最無用的財貨，正是由於這個原因，當局
才會放任這些財貨的價格不管。

　　從上面的分析，我們可以說關於混合制的討論，應該留
到討論經濟反常時再來說明。但是這個說法並不正確。因爲，
雖然當該制度廣泛被使用時，確實是危險的，有時甚至是致命
的，但是小部分的實施卻是無害的。我們發現，混合制在爲數
眾多的經濟社會的正常經濟過程中運作著，在這些經濟社會當
中，由於某種原因，使用純粹的價格制似乎是不合宜的。儘管
火車、公共汽車和計程車、劇院和電影院的門票，以及許多其
他物品的需要每天都會波動，但這些物品的價格通常都是固定
的。其結果是，這些價格在某些情況下，只能不完全地發揮其
均衡的功能。這樣的一些價格，爲了所有的實際目的，都變成
了最高價格了，這一點可以從正在放映熱門節目的電影院和劇

院前排著長隊、從擠滿火車和公共汽車的人群、從帶著許多子女和一大堆旅行箱，從假期中回家的家長，站在火車站前拼命（徒勞地）向路過的計程車招手的絕望神情中看到。即使在這些情況下，價格制度也有再次確定自己功能的趨勢。因此，我們有永遠存在的車票黃牛、火車上的保留座位以及小費等。如果連這些設計都無法糾正供、需的不均衡，那麼規定的價格本身也終將發生變化。

(4)「價格制⑩」（price system）。到目前為止，所分析的制度都如此清楚地顯示了價格制的性質，以致於似乎沒有必要再做冗長的解釋了。價格制的主要特徵是均衡（選擇和限制）的達成，是透過讓價格自由地按市場情況來調整，這樣既不會有過多的未滿足的需要，也不會有過多的未吸收的供給（均衡價格）。在先前描述的制度中，誰來承擔成本這個問題，與滿足誰的需要這個問題是不同的。在價格制當中，這兩方面是融合在一起的。滿足某一特定慾望的成本，是以價格的方式加諸於需要者的身上。但是，正如我們已經看到的那樣，成本的存在說明用於一個目的的生產要素，用在其他目的上也可能具有同樣的利得。因此，價格制是以一種大體上我們能夠察覺到的一般經濟均衡的方式來配置生產要素。

由於在自由價格制中，成本必然是由消費者來承擔，故應該要生產什麼以及生產多少也就由消費者來決定了。因此，也由消費者來決定生產要素本身如何使用。當生產資源用於某

⑩ 編譯者註：一般簡稱為「價格制」，也可稱為「價格制度」。

一方面所產生的效用，都不小於用在其他方面所產生的效用時，該機制就運行的很理想了。被許多人視爲是「資本主義」（capitalism）愚蠢奇想的價格與成本的這個連結，對於任何經濟制度，無論其組織如何，都發揮著極其重要的作用，也就是說，該作用使一個國家的生產資源達到最佳的配置。這一點並不意味著我們這個大體上建立在價格制基礎上的經濟制度是完美的。因爲在這個價格制當中，只有那些有購買力支持的個人需要才會計算在內。即使價格制運作地很理想，生產要素也只不過是在現有（和不平均）的所得分配的情況下，以「最佳可能」（best possible）的方式被利用著而已。沒有人會認眞地以爲，我們目前的所得分配是最好的。例如：由於這種分配不平均的結果，貓愛好者如果是富有的，她會買牛奶來餵她的貓，而窮人家庭的母親卻沒錢買牛奶來餵她的孩子。我們不應錯誤地把價格制的解釋等同於對價格制的讚美，因爲這樣將犯下古典學派的錯誤，該學派從這種解釋，導出了一些關於經濟政策不成熟的結論（自由放任主義）。

　　另一方面，當我們在討論經濟史時，尤其是蘇聯最近的歷史時，我們必須下這樣的結論，亦即儘管價格制度存在諸多的缺點，並且儘管存在著一些不適用的情況，但價格制度卻仍然是解決經濟均衡問題最自然的方法。的確，取代和阻撓該制度的努力，所展示出的失敗的結果，顯示了該制度根本是無法壓制的。像我們這樣靠密集分工的高度差異化的社會，離開價格制度的架構是不可思議的。的確，「共產主義的」（Communist）經濟以及與之極爲相似的「國家社會主義」（National Socialist）經濟的實驗，都證明了強加於集體主義

最堅決的意志，最終也會被迫屈服於價格制度的一些基本的均衡力量。

(5)「集體經濟制度」（system of collective economy）。為了理解這最後一個可能的均衡制度，我們必須要考慮一組特殊的需要，對於這組特殊的需要，我們迄今為止所說的制度都無法用於滿足這些特殊的需要。到目前為止，我們一直都默默的假設，我們只關心透過個人消費（個人需要）的行為，以滿足個人的需要。但是，社會成員還集體分享的其他一些慾望〔集體的需要（collective demand）〕，沒有這種需要，就無法區分個人從這種滿足所獲致的特定效用。一些熟悉的例子是集體對武裝部隊、警察、防疫、路燈所感覺到的慾望。路燈是不可分割的財貨，不能單獨分配給那些聲明自己願意負擔費用的人們。我們也不能因為戀人或竊賊等一些人討厭路燈，就不開放路燈給大眾。滿足這些集體慾望是國家的責任。國家要盡選擇和限制的責任；籌措經費的方式與價格制度不同，完全與個人的獲益無關。該程序的公平性在於根據個人付稅的能力，為特定的集體慾望籌集資金。關於達到這種集體均衡的方法所引起的所有問題，都屬於財政學的領域，因此適宜將之作為一般經濟學的一部分來研究。⑪

─────────────

⑪ 集體經濟——財政學的基礎：價格制度與集體經濟制度之間本質上的差別在於：在價格制度中，供需均衡是自動在市場上出現的；而在集體經濟中，均衡是有意識的政治決策所建立的結果。在價格制度中，個人的偏好直接表現出來；而在集體經濟制度中，就牽涉到漫長而複雜的過程。大體上說來，某些私人為自己的房屋鋪上東方地毯的這

　　集體經濟制度經常應用在實際上不存在集體需要的情況。
雖然在這些情況下，可以採用其他的均衡機制，但是基於各種
理由，卻把所討論的那種慾望視爲集體慾望來對待。例如：一
般來說，橋梁和道路的經費是用集體的稅收支付的，儘管沒有
理由說明爲何在這種情況下，價格制度不能同樣有效地發揮作

───────────

個事情，只能簡單地視爲其個人偏好的一種表現。至少在現有的財
富和所得分配的範圍之內，沒有人會有例外的想法。但是，在公共建
築的地板上鋪著東方地毯，我們會立即開始懷疑公職人員是否是在浪
費或是否有貪汙的事情。在這種情況下，我們有理由（通常有十足的
理由）懷疑，是以個人（亦即納稅人）的一些較重要的需要爲代價，
而滿足了集體的需要。很顯然地，浪費的趨勢是集體經濟制度所固有
的，尤其是在政府預算膨脹，公共部門一直不斷地在擴大的我們這
個時代更是如此。在任何的情況下，我們很難想出任何一種可以使
政府在任何時候都能夠和諧地協調滿足集體慾望與滿足個人慾望的
方法。對這些問題的進一步研究，將使我們深入了解財政學的錯綜
複雜性。請參閱道爾頓（H. Dalton）的《財政學原理》（*Principles
of Public Finance*）（倫敦，1923）；W. Röpke, *Finanzwissenschaft*
(1929); K. Wicksell, *Finanztheoretische Untersuchungen* (1896)；
M. Cassel, *Die Gemeinwirtschaft* (1925)；W. Gerloff and F. Neumark,
Handbuch der Finanzwissenschaft（第二版，第一冊；1951）；O.
Pfleiderer, *Die Staatswirtschaft und das Sozialprodukt* (1930)；烏爾蘇
拉・希克斯（Ursula K. Hicks）的《財政學》（*Public Finance*）（倫
敦，1947）；馬斯格雷夫（R. A. Musgrave）的《財政學的理論——
公共經濟研究》（*The Theory of Public Finance—A Study in Public
Economy*）（紐約，1959）。

用。為了證明這一點，我們只需要回顧一下，在過去普遍採用的和現在某些國家已經恢復的，對於使用公路和橋梁收費的做法就可以了。由於現代對社會正義的關注，致使我們把許多迄今為止的個人需要都納為集體需要的類別當中。例如：當今小學教育幾乎普遍是以集體的方式提供的。其他例如：中學和大學教育的需要，已經成為部分集體的需要了，其經費大部分由國家來承擔。

中學和大學教育的例子特別具有啟發性。因為在國家承擔費用愈多時，除非能發展出一種限制學生入學的方法，以取代較舊式的按能力支付的方法〔例如：「入學的名額限制」（numerus clausus），或更好的方法是嚴格地測驗學生的智力資質〕，否則可能會出現一種要入學的人過多的窘境。因此，高等教育愈廉價，就愈有必要提高考試的難度。

最後，我們還應該要指出的是，當所有需要都被視為是集體需要，因而根據集體經濟制度而得到滿足（亦即「各盡所能，各取所需」）時，便形成一套完全的「共產主義」（Communism）制度了。因此，過去一百年來經濟演進的特徵，即國家經濟集體部門持續的擴大，必須認為是我們經濟制度中「共產主義的」（Communist）元素的擴大。出於同樣的原因，以犧牲私人部門（價格制度）為代價的公共部門（集體經濟制度）的持續成長，必須被視為是有愈來愈多的經濟程序，正在按照與支配市場經濟的法則截然不同的法則在進行著。

第三章

分工的結構

「因為為這個世界盡可能地供給某物是我的社會職責，因此，我對這個世界供給如此之多的東西深感恐懼，以致於我無法因為供給更多的東西，而得到什麼。我們再怎麼強調，都不算誇大這種考慮的重要性，也不算誇大其對社會問題各個方面的滲透和緊密程度。」

——菲利浦‧威克思帝德（PHILIP H. WICKSTEED），
《政治經濟學的常識》（*The Common Sense of Political Economy*）（1910）

第1節　分工的意義

我們的經濟制度與其原始的型態最大的不同，在於其勞動極度的專業化或所謂的分工。我們必須一次又一次地回到這個中心事實，以了解現代的世界。如今，大多數的人幾乎都不是為自己，而是為他人生產財貨和勞務，每個人總是生產相同的財貨和相同的勞務。除了農業經濟的某些部門（甚至這些部門的重要性也已迅速地降低）之外，現代的生產者個人若有消費其專業產出的話，那也只是一小部分。在某些情況下，的確，小農場主首先為滿足自己的需要而生產，然後把其剩餘的拿去交換其他的產品。但是很難想像福特（Ford）或克魯伯（Krupp）①會先為他們自己和家人生產汽車和大炮，然後再提

---

① 編譯者註：克魯伯是十九到二十世紀德國工業界的一個顯赫的家族，其家族企業名為克魯伯公司，是德國以生產鋼鐵業為主的最大的重工

供別人他們無法使用的剩餘物資。甚至連鞋廠裡的工人，通常也會到商店裡買鞋，而不可能把自己買的那雙鞋認作是他自己生產的。

正確地評價分工在我們文明建設中所發揮的作用，是社會學家和經濟史學家的事。我們在這裡所要注意的重要一點是，分工已經極大地提高了「人的勞動生產力」（productivity of human labor）。原因如下：

(1) 分工讓每個人得以專業化於自己最擅長的工作。

(2) 分工傾向於把每種物品的生產都集中在自然條件最有利的地方（空間的分工），這一事實對於國際分工非常重要。分工才使得國民經濟或世界經濟中的每一種生產，都建立在最有利的位置。[2]

業公司。其所擁有的克魯伯兵工廠，是第二次大戰時德國重要的軍火生產工廠之一。

[2] 生產位置—— 決定每種生產最佳位置的因素，構成了特殊的位置理論（theory of location）討論的宗旨。請參見 O. Englander, *Handwörterbuch der Staatswissenschaften*（第四版）一書中的 Standort 這一章。布林克曼（Brinkmann）的《農場經營的經濟學》（*Economics of the Farm Business*）（加州，柏克萊，1935）；阿弗雷德 · 韋伯（Alfred Weber）的《產業的位置理論》（*Theory of the Location of Industries*）（芝加哥，1928）；羅濱森（E. A. G. Robinson）的《競爭性產業的結構》（*The Structure of Competitive Industry*）（倫敦，1935）；T. Palander, *Beiträge zur Standortstheorie*〔斯德哥爾摩（Stockholm），1935〕；埃德加 · 胡佛（Edgar

M. Hoover）的《經濟活動的位置》（*The Location of Economic Activity*）（紐約，1948）；A. Lösch 著，威廉・沃格洛姆（William H. Woglom）和沃爾夫岡・斯托珀（Wolfgang Stolper）譯的《位置經濟學》（*The Economics of Location*）（康涅狄格，紐哈芬，1954）；梅爾文・格林虎特（Melvin L. Greenhut）的《理論和實際的工廠位置：空間經濟學》（*Plant Location in Theory and in Practice*: *The Economics of Space*）〔北卡羅來納教堂山（Chapel Hill, N.C.），1956〕；伊薩德（W. Isard）的《位置與空間經濟》（*Location and Space-Economy*）（倫敦，1957）。

決定某個產業位置的幾個因素，以一種複雜的方式組合在一起，或是彼此相互強化或相互抵銷。這些因素包括氣候、土壤的品質、有多接近原料的來源地、有多接近市場、是否可得到適當和廉價的勞動、有多接近互補性的產業、運輸是否便利、政治氣氛、稅收的利益等。根據這一個或另一個因素的重要性，最佳位置會在原料來源的附近（比如製罐業），或在大型銷售地點的附近（製粉業），或有大量技術工人的地方（大城市的服裝業）等。如果所需要的原料，其來源地是分散在不同的地區（例如：用於生產鐵的鐵礦石和焦炭），則地點的選擇將取決於相關原料的相對重要性。在某些特定的情況下，到底要把生產位置選在某一特定要素的附近，或是把這個要素運到某個先前選擇的位置較有利，這個是至關重要的決定。正如穆罕默德（Mohammed）被迫上山一樣，採礦必須在鐵礦所在地，而農業也必須要在地形和氣候有利於某種農作物種植的地區。但是，是否只要達到這些最低的條件，就應該從事採礦或農業的生產呢？這一方面決定於從採礦或耕種土地所獲得的利益，另一方面取決於把財貨運到市場的成本。如果運輸成本太高，則不管土質如何好，可能都不值得耕

(3) 只有專業化才能讓專業技能充分發展，並使專家能獲得與單純的業餘愛好者不同的那種經驗。由於分工，經驗、知識和技能的寶藏才得以世代保存並累積下來。

(4) 當工人從某一類工作轉換到另一個工作時，會造成產出的損失，分工避免了這種損失。

(5) 分工——在這裡我們觸及了最重要的一點——使大規模工具和機器的使用成為可能。由於購買此類設備需要龐大的費用，因此只有在充分使用該設備時，才能有利可圖。為把一個釘子釘入牆壁，而製造一個錘子，這是不值得的，許多人不

種，也不管鐵礦如何好，可能也不值得開採。

如果我們暫時把注意力集中在農業上，我們會知道，農業的最佳位置由諸如土質及氣候等這些固定的自然因素所決定，同時也由運到市場的成本來決定。靠近市場與土質的改良具有相同的效果，這就是為什麼蔬菜的種植在大城市周圍的原因。但是，儘管農業生產的自然因素是無法移動的，而且也都不會改變，但運輸因素卻相對迅速地變動：運輸成本會下降，或舊市場會消失，而新市場會出現。其結果可能會使不同農業部門的最佳位置發生重大的改變。德國農業就是一個很好的例子。在十九世紀和二十世紀初，德國的工業化和海外運輸成本的急劇下降，共同發揮了他們的影響力，把穀物生產的最佳位置移離德國愈來愈遠的地方，而把肉類、乳製品和蔬菜等高級物品生產的最佳位置移到較接近於德國的地方。儘管如此，幾個世代以來，德國商業政策所致力的都是為了規避這種最佳位置轉移的影響，而這對人民來說是巨大的犧牲。德國的商業政策都是以犧牲人民的巨大利益，而使這種最優位置的轉移效果失靈。

得不求助於木匠，而不會去購買他只會偶爾使用的昂貴工具。那些熟悉農業的人都知道，阻礙農業機械的使用主要在於農業生產的特殊性，使得農業生產設備無法最充分的利用。此處所討論的經濟原理是這樣的：機器的使用受到的限制愈多，因而愈依賴於高度的分工，則這種機器就愈特殊化；同時，一部機器的產量通常會隨著其特殊化程度的提高而增加。第一次世界大戰後，亨利‧福特率先把低價汽車推向市場，其祕密在於汽車的大量生產，因為這樣才使整個福特生產操作的機械化和自動化成為可能。這種生產所需的特殊化機器非常昂貴，但由於產量大，這些機器生產的汽車曾一度是世界上最便宜的。

為了獲致如此高的產量水準，福特被迫把生產限制在一個單一的汽車模型中，且年復一年地讓該模型保持於不變。最終，出於大眾嗜好的改變，迫使他用較新的樣式取代了過時的樣式。為此，他花費了數百萬美元，購買了全新的機械和工具。

機器的高度特殊化與大量生產之間的相互關係，以及由此而來的生產集中在一些專業者手中的一個很好的例子，是藉助一些特殊壓力機製造車身。這些工具非常昂貴，以致於只有大量的訂單才能降低成本，最後才能降低售價。結果就出現了為汽車製造業服務的專門製造車身的行業。

從最後提到的這種分工的利得中，可以推導出一個重要的經濟原理。在生產中需要使用工具和機器，這意味著消費財不是直接生產出來的，而是透過先前製造的生產財（原料、機器、運輸設備等）生產出來的。這種「迂迴的」（roundabout）生產愈多，所使用的資本量就愈多，這樣的生

產就變得愈「資本密集」（capital-intensive）。這給分工帶來了一個新的複雜性。因為，考慮到消費財和生產財（資本財）之間的差異，一個國家的總生產中，很明顯地有一大部分是為資本財而生產的，不是為消費財而生產的，因此資本財生產的本身必定會成為一個製造業專業化的部門。我們必須把整個生產過程描繪成一連串向下降的層次。在最高的層次是原料的生產；在較低的層次是資本財的生產；消費財的生產是在最低的層次。正如專業化和分工都表現在任何一個層次的生產〔「水平的分工」（horizontal division of labor）〕上一樣，我們也發現了不同生產層次之間也同樣有分工〔「垂直的分工」（vertical division of labor）〕。換句話說，不只是在鞋的生產和紙張的生產之間存在著分工，在鞋的生產和加入鞋的製造之先前的產品（工具、機器、皮革等）之間，也都存在著分工。

第 2 節　社會分工與貨幣的角色

這種複雜的分工──水平的分工與垂直的分工──，引起了我們思索這樣的問題，即在分工下所出現的各種工作是如何相互協調的。有不同的方法可以達到這樣的協調，其中每種方法都導致不同的分工方式。例如：想想一個工廠的內部組織。該工廠的管理層把生產程序分為多個細部來工作，並把這些細部工作分派給適當的工人。然後，管理層將透過持續的指令，來獲得整體的協調。這就是我們所說的「產業的分工」（industrial division of labor）。

現在，分工不只存在於該工廠的內部，同時也存在於該

工廠與其他工廠之間、一個工匠與另一個工匠之間、農民與醫
生之間。我們立刻會明白，這類的分工與前面所說的產業的分
工有很大的不同。這裡的分工是獨立運作的，不是由某一中央
當局來負責協調整個經濟制度中各個部門與所有其他部門的活
動。我們已經知道，這是交換過程（市場機制）在承擔著協調
這些獨立單位的活動。在這種情況下，我們可以把這種分工，
說成是一個「社會的分工」（social division of labor）。

在我們當代的經濟制度中，這兩種分工並存：在一個工
場、工廠等內部的產業的分工，與一些不同的獨立工場與工廠
之間的社會的分工。儘管如此，正是這種社會的分工把我們的
經濟制度與十足的社會主義制度區分開來。因為在後一種制度
當中，產業的分工取代了社會的分工，遍及到整個經濟社會。
社會主義的這一特徵同時也是其主要弱點之一。如眾所周知
的，某些企業的規模已經過度擴大了，以致於這些企業的管理
階層不再能夠有效地支配和協調其各部門了。由於沒有注意到
效率所要求的規模限制，許多巨大的企業已經破產了。想像一
下，把一個國家的整個經濟社會都轉變成單一個巨大企業的結
果吧！

社會的分工這個概念，包含了我們經濟制度的大多數基
本的特徵。它不僅意味著生產者的獨立，而且還意味著與這種
獨立相關的整個系列的權利和自由：生產資源的私有權、繼承
權、訂約的自由、選擇職業的自由，以及許多其他的自由權。③

③ 經濟制度與法律：在正文中，我們曾經提到這樣一個事實，即我們這

從社會分工的角度來考慮，就是假設交換支配著經濟生活，不
是一種財貨對另一種財貨的直接交換，而是一種財貨交換貨幣
（銷售）和貨幣交換一種財貨（購買）的間接交換。簡而言之，
貨幣是發達的交換經濟不可或缺的潤滑劑；同樣地，貨幣對於
建立在廣泛社會的分工基礎上的制度來說，也是至關重要的。
探究為什麼會這樣，這是很有用的。

　　任何一個曾經和朋友交換過郵票的孩子都知道，沒有錢

個建立在社會分工基礎上的經濟制度，是以存在相應的法律秩序為前
提的，正如「民法」（civil code）一詞所表示的那樣，這也是一種
公民的秩序。我們司法秩序的基本自由原則—— 人的尊嚴、私有財
產權、繼承權、契約自由、選擇工作或職業的自由、憲法保證禁止
國家權力的任意使用等這些權利，構成了我們經濟制度中不可或缺的
法律架構。請參閱 George Ripert, *Aspects Juridiques du Capitalisme
Moderne*（巴黎，1946）；F. Böhm, *Wettbewerb und Monopolkampf*
(1933)；歐肯（W. Eucken）的《經濟學的基礎》（*The Foundations
of Economics*）（倫敦，1950）；利普曼（W. Lippmann）的《良善
的社會》（*The Good Society*）（波士頓，1937）；沃特金斯（M.
Watkins），〈商業與法律〉（Business and the Law），《政治經
濟學期刊》（1934 年 4 月）；A. Egger, *Ueber die Rechtsethik des
schweizerischen Zivilgesetzbuches* (1939)；庫克（Cooke），〈法規與
經濟功能〉（Legal Rule and Economic Function），《經濟學期刊》
（1936 年 3 月）。與經濟制度有關的法律架構的問題，已是 ORDO
年刊專門研究的主題了，請見由 Walter Eucken 和 Franz Böhm 編輯的
Jahrbuch für die Ordnung von Wirtschaft und Gesellschaft〔杜塞道夫
（Düsseldorf），1948〕。

也可以進行交換。但是他也同樣清楚地知道，這些原始的交換並非毫無困難就得以進行的。他會想起只有在他的朋友缺少他所擁有的郵票的情況下，才能進行郵票的交換，反之亦然；同時，也只有在兩人交換的郵票價值大致相同時，才會進行郵票的交換。缺乏這些條件，就無法達成物物交換（實物交換）了。那時，這位年輕的集郵家就被迫要與郵票發行商做交易了，該郵票發行商存在的前提是物物交換的不完善。

為了進一步說明，我們考慮一個想把肉換成一張椅子之屠夫的處境。假設由於運氣不好，當地木匠是一個素食者，他想要用椅子交換麵包，而不想要交換肉。如果這種情況發生在發明貨幣之前的某個時期的話，那麼顯然地，這個屠夫將被迫去找一個麵包師，用他的肉換成麵包。再進一步假設此時那個麵包師不需要肉，而是一雙鞋。即使我們現在於這一點上不繼續討論下去，這個簡單的例子也足以說明這個屠夫的辛勞了，他首先需要用肉去換鞋，然後用鞋換麵包，最後再把麵包換成他最初想要的椅子。實際上，在這個過程中，他必須要採取如此一個迂迴的方式，才能達成他的目的。這種迂迴的過程愈長，與之關聯的交易鏈就愈長，這個無貨幣交易的過程就變得愈困難，直到完全不可能換到想要的東西才結束。在德國住房嚴重短缺的兩次世界大戰之間，很少有人不被迫加入所謂的「住房交換圈」（housing exchange ring）。在這個租金管制下，住房一連串的交換圈嚴重到遍及整個德國。為了使該制度能夠成功，必須在交換的鎖鏈中沒有任何一節斷裂，而且想要從布雷

斯勞（Breslau）④搬到漢堡（Hamburg）的人，也不能在最後一刻患上盲腸炎這類急性病。參與過這些交易的人，此後再也無法除去他們對「交換」（exchange）一詞直覺的排斥了，也再也無法找到足以讚美貨幣發明之詞了。貨幣是交換的媒介，且是所有財貨價值的共同衡量標準，這兩個特質一口氣消除了所有物物交換的困難。當然，這不是貨幣唯一的功能，而是最早且最重要的功能。貨幣之出現最終是因爲它是我們經濟制度中不可或缺的要素，它與所有經濟過程都密不可分，並引起了許多特殊的問題。有關貨幣和貨幣問題的完整討論，將留待下一章再來進行。在這裡，我們主要是要弄清楚貨幣在社會分工中所扮演的角色。

　　我想起了在我童年的時代，我父親（一位鄉村醫生）與一位鄉村理髮師簽訂的一份奇怪的合約。雙方同意不支付鈔票，而是以實物支付所欠的款項。在當今的國際貿易中，這稱爲「清算協定」（clearing agreement）。過了一段時間之後，這位理髮師長期生病，致使我父親的債權超過債務（清算盈餘）。爲了把這種債權用完，就逼得我們這些孩子要經常去剪頭髮，剪髮的次數超過我們所想要的。這個故事的寓意很簡單：排除貨幣會引起供需的失衡。原本交易的過程要擴展到許多中間的環節，但如果透過貨幣來完成的話，現在就減少到只有兩個環節。這種「縮短」（short-circuiting）的交易過程，導致習慣性支付的轉變，這擾亂了私人的選擇機制和需要的限

---

④ 編譯者註：波蘭的城市，位於波蘭西南部的奧得河畔。

制機制。就像國際經濟學中所稱的「多邊貿易」（Multilateral trade）那樣，在我們的例子中已經變成「雙邊」（bilateral）的貿易了，其結果與國際清算協定的結果相去甚小。⑤多邊貿易

---

⑤ 多邊貿易運動和雙邊貿易運動：國內貿易和國際貿易的多邊結構的比較，可以說明兩者的基本特徵。多邊國際貿易品的流動如下：奧地利向英國出口針織品，英國向德國出口紗線，德國向美國出口化學產品，美國向巴西出口小麥，巴西向土耳其出口咖啡，以及土耳其向奧地利出口菸草。由於奧地利並未生產咖啡，因此土耳其使用其向奧地利出口的菸草，所獲得的外匯來支付從巴西進口的咖啡。這個結果是，奧地利對英國這個國家來說，貿易有順差，而對另一個國家土耳其來說，則有逆差。以前，實際上是通過這種迂迴的方式，進行了大量的國際貿易。由於國際貿易機制的這種錯綜複雜的交叉作用，甲國沒有必要僅僅因為向乙國提供原料，就要購買乙國的工業產品。在這個巧妙的國際網絡中，一個國家的貿易帳上，對於某一個國家持續有順差，而相對於另一個國家則持續有逆差，這完全是正常的情況。可以毫不誇張地說，如果沒有多邊貿易，世界經濟就不可能增長到目前這種規模。由於多邊制度，工業國家可以通過三、四或更多個國家的出口鏈，毫不費力地獲得必要的原料。對於透過該網絡連接在一起的國家而言，對殖民地的經濟需要就不存在了。的確，在自由時代，殖民地在經濟上沒有太大的意義。此外，由於多邊制度，原料供應國可以在同一個世界市場上出售其財貨，償還其外債，並保持其貨幣的價值，而不會有長期困難。

　　只有透過思考自由時代世界經濟的運作，我們才能衡量近幾十年來對多邊貿易的破壞所造成的損害。其中，最重要的破壞手段是互惠貿易協定的優惠條款，最惠國原則從此類協定中逐漸消失，而最有害

在技術上不可能無貨幣；雙邊貿易卻可以無貨幣，但是這種無貨幣的交易是很不經濟的。當今，這種極其複雜的交易（依賴貨幣作為媒介），正是由於其多邊性，使我們得到了一種合理制度的無價利益，這種合理的制度使國家均衡和國際均衡同時都能達到。在某種程度上，這代表了若要真正達成經濟的整合，這個世界的經濟需要有多邊主義。但是，多邊主義反過來又要求不同國家的貨幣在國際上可以自由流通（可兌換），不被外匯管制這種對可兌換性的禁止所阻礙。

　　但是，使多邊貿易成為可能，並不是貨幣唯一的好處。

─────────────

的是愈來愈多的外匯管制和本章正文中描述那類清算協定。使用這些手段的最終結果就是世界經濟走短路（short-circuiting of the world economy），而有以下這些可預見的結果：世界貿易的下滑、世界經濟分裂為不同的陣營、國際經濟的政治化、進出口的組成和方向產生非經濟的變化、在雙邊集團〔被諷刺為「大區域經濟」（Grossraum economies）〕中的價格上漲，從而導致這些在世界經濟上仍屬自由部門的陣營，其競爭力下降、長期的「美元短缺」（dollar shortages）和經常出現之國際收支平衡的危機。近年來，在恢復世界經濟健全狀況方面所取得的巨大進展，反映了多邊制度已在很大程度上克服了雙邊制度的破壞性。請參見《世界貿易網絡》（*The Network of World Trade*）〔日內瓦：國際聯盟（League of Nation），1942〕；戈登（M. S. Gordon）的《世界貿易的壁壘》（*Barriers to World Trade*）（紐約，1941）；洛卜克，《國際經濟的解體》（*International Economic Disintegration*）（倫敦，1942）；洛卜克，《國際秩序與經濟整合》（多德雷赫特，荷蘭，1959）。另請參閱註 7。

作爲所有財貨的共同標準，貨幣可以計算所有進到市場物品的客觀單位。它使不同的物品變成相似，解決了蘋果和梨加在一起的問題；否則的話，若無貨幣，這個問題就無法解決。由於財貨對貨幣的持續交換，也由於以社會分工爲條件的這種交換，才形成了價格，若無價格就不能進行合理的經濟計算。如果我們回顧整個經濟史，並細究各時代和各地區的經驗，我們會發現不論多麼原始，若沒有價格和貨幣的計算，任何一種經濟制度都無法發揮作用。各種以其他「自然經濟的」（natural economic）（例如：以工作時數或以體能爲單位的方式）計算，來取代以貨幣計算的建議年復一年的被提出來。經濟學家必須把所有這類的計畫，都視爲就像數學家認爲是化圓爲方問題的「解決方案」（solutions），或者是專利部門（Patent Department）面對永動機（Perpetual Motion Machine）⑥製造的設計，只能聳聳肩，爲這種徒勞無功的努力，而感到遺憾。反對貨幣不可或缺性的邏輯，只是顯示人們尚未理解到經濟事物與物理的、技術的和生理的事物之間，具有完全不同的面向，也顯示了人們不知道在經濟學中我們並不關心數量、重量或馬力，而是關心具有主觀的價值之估算，這些價值只有在用貨幣完成的交易行爲中，才具有客觀且可衡量的方法。

這是一個在評估共產主義制度的成效時要牢記的事實。

---

⑥ 編譯者註：是一種不需要輸入能源，就能夠不斷且永遠運轉的機器，還能夠提供能源。從以前到現在的科學家一直在不斷實驗，想要製造出這麼一臺夢幻的機器。可惜的是，雖然科學家們不斷研究，但是到現在都沒能成功。

如果以一種或另一種物品產量的增長來衡量共產主義制度的成效時，那麼從這些數字的增加所得出的結論，而認為共產主義經濟制度為群眾謀福利所取得的成就，甚至可以與非共產主義（市場）制度相提並論，這是不科學的結論。問題的關鍵不在於一個制度物質的生產力，而在於一個制度的經濟生產力。經濟生產力只能透過真正的價格來衡量，而按照定義來說，這些真正的價格在共產主義制度中是看不到的。而且，只有在根據自由社會特有的過程，所形成的真正價格（市場經濟）制度內，才能促成真正經濟生產力的提高。

第 3 節　細緻分工的必要條件

為了要使貨幣能夠完全實現其擴大社會分工的功能，它必須要具有各種特性（稍後將詳細討論），特別是價值的一致性和不變性。政府的職責是建立有序的和穩定的貨幣制度（monetary system），以使大眾能對貨幣普遍信任，同時把迥然不同的活動結合在單一支付制的社會當中。與此相關的另一個條件是，社會分工的廣泛擴展。從長期來看，只有有效率執行的法律制度，以及不成文、但普遍被接受的最低道德戒律，保證分工的參與者能夠在互信及安全的氣氛中開展他們的活動時，才能使社會中的每個人都能承擔彼此極端的依賴所隱含的巨大風險。經濟史不斷地說明了下面這個事實，亦即經濟活動增加或減少的程度，與這些條件實現的強度有關。同樣地，經濟活動空間的擴展，通常也視限制獲得這類條件（即貨幣的和法律的安全）的半徑有多大而定。這無非就是經濟制度

本身的興衰及伸縮的首要原則。

　　只有在貨幣制度、法律制度和適當的道德制度這些先決條件滿足的程度之內，才能發展出密集的分工。歷史記錄了以下這個常見的事例，即在單一個國家之內，這些條件維持相當長一段時間。然而，國際經濟活動的擴展，總是遇到一些特別的困難，因為國際貨幣和法律共同體的建立，總是與各個國家不讓步的主權相互衝突，並且在可預見的未來這種衝突還會持續下去。這就是即使在最有利的條件之下，國際經濟的發展也落後於幾個國家國內經濟發展的主要原因。因為沒有所謂的世界國家，所以世界經濟缺乏同種的貨幣制度：這種同一的貨幣制度，必然依賴於同一的國際法律秩序的存在。

　　儘管如此，值得注意的是，雖然沒有這些條件，但由於找到了替代制度，國際經濟在過去的幾百年中蓬勃發展起來了。「金本位」（gold standard）彌補了國際經濟中欠缺的統一的國際貨幣制度（international monetary system）。在主要國家嚴格遵守金本位制度的原則之下，使整個世界成為一個單一支付的共同體；消除了在國際貿易和國際資本移動中，國際間對貨幣基金穩固性的不信任。嚴格遵守金本位制對所有參與國所賦予的義務，構成了成文和不成文規則的一部分，因而彌補了單一國際司法制度的缺乏。全世界都被納入到以普遍公認的國際法為基礎的長期協議制度當中，同時對國際法和各國國內法律的解釋方面都有高度的共識。國際交易都在忠誠和公平競爭的氣氛下進行，在這種氣氛中，無視於國際法律和道德制度的規範，被視為是不名譽、不誠實或任意妄為者的行為。

　　從這個觀點來看，「實際的世界危機」（actual world

crisis）具有最高度的教益作用。由於上述條件的消失，正可顯示出這些條件是多麼的重要和必要。十九世紀在安全性、統一性、連續性和公平競爭等方面的保障網絡，以及根據國際秩序的要求，各國政府對國家政策所進行的調整，幾乎成了一個世界政府的替代物。但是，所有這一切都是現代這個世界所已經遠離，而在未來可能會離得更遠的一個時代的創造物以及一個思想狀態的創造物。

世界經濟的基礎已被破壞到整體結構都變得極為不穩定的地步了。愈來愈少的國家會因為蔑視國際禮節而感到不安。各國政府幾乎都理所當然地在做以下的事情：完全為本國的目的，而操縱其貨幣制度、封鎖外國人的資產、干預國際支付、實施傾銷、沒收私人的財產、幾乎每天都在敵意和友情的千變萬化之中，一會兒這樣，一會兒那樣的支配著進出口，並且肆無忌憚地加徵關稅、實施配額和各種禁令。

加速世界經濟的這種崩潰過程的危險性，是它自身的勢頭所造成的。在國際關係上，其他地方也一樣，「邊際道德」（marginal morality）有成為主流道德的趨勢。如果一個國家可以蔑視其鄰國的權利，而不受到懲罰的話，那麼不願意被欺騙的其他國家，就會群起而效尤。但是，這並非是助長國際崩潰敗壞例子的唯一結果。鑑於貨幣、法律和道德上日益不安全的局勢，每個國家都可以合理地質疑，該不該改變與世界經濟的關係。因為不存在一個世界的國家（world state），所以國際分工不同於國內分工，它是一個靠不住，且相對不穩定的制度。在一個大量參與國際分工的國家，它把經濟生活的一部分委交給它只有輕微控制權的因素，因而可能導致令人討厭的後

果。為了公平合理的對待自己國家的公民，只有把這種依附於
國際分工所隱含的風險，降低到最低限度時，這樣的國家才能
依附於國際分工。在過去的幾百年中，由於金本位制度實施以
及那些實施金本位制度的國家承擔起維護法律和道德的義務，
參與國際分工既有可能，又有利可圖。在當前已經發生變化的
局勢之下，且未來可能會發生更劇烈變化，以下的這個事實突
然變得顯而易見，亦即整個國際貿易以及其巨大的物質利益，
都依賴於以前被認為理所當然，因此幾乎沒有被提及的條件。
直到現在，當這些條件開始消失時，它們的重要性才全都顯露
出來。⑦

---

⑦ 國際經濟與國際法：正文所討論的要點顯示，在我們尚未完全過止世
界經濟的解體時，卻看到開啟以計畫經濟原理為基礎的新型世界經
濟，這是何等荒謬的事情。即使我們暫時不管把多邊貿易減少為雙邊
貿易──上述世界經濟的「走短路」（short-circuiting）──對當前
生活水準所造成的災難性影響，我們也會看到以下這個令人不愉快
的事實，亦即「自由」（liberal）世界經濟基礎的解體，對任何未來
「計畫的」（planned）世界經濟更加致命。這種假設的計畫世界經濟
在規範國際經濟關係時，甚至連枝微末節上的問題也都必須要規範，
因此它對於運作良好的世界貨幣制度和安全的國際司法制度的依賴，
甚至超過自由世界經濟。計畫經濟所隱含的，至少是對所有經濟生活
的集中控制，計畫經濟就是完全的中央集權統制經濟（statism）。世
界國家是計畫世界經濟的必要條件（sine qua non），但事實上卻不存
在這樣的世界國家。正值自由時代所曾創造的相當於世界國家（國際
法、貨幣和道德架構）消失的此刻，談論計畫的世界經濟的可能性和
機會，這是荒謬至極的。計畫世界經濟的擁護者繼續堅稱無論世界經

我們可以這樣認為，即今天淡然地看待世界經濟的困境，不承認國際分工解體悲劇的人已經很少了。國際分工解體的根本原因，是國際社會的額外經濟架構（extra-economic framework）逐漸減弱所致。現在可以清楚地看到這個世界經濟的真正面貌：一個失去不可或缺的貨幣制度、法律和道德基礎的經濟。只要這些基礎不重建，就不可能真正恢復世界經濟。直到世界經濟恢復的那一刻，我們仍然必須滿足於這種拼湊而成的辦法和特別制度的安排，到目前為止，我們必須承認這些制度安排還是相當有用的。

在此，我們必須要強調的一個事實是，對世界經濟基礎的衝擊，並非全球都同樣嚴重。而在共產主義集體制度所吞沒的地區，其損害最大。這種損害不僅是由於共產主義國家和自由世界國家的政治和道德信念的不相容，更是由於其主要的經濟制度，在各自影響範圍內的不相容所致。即使在非共產主義世

濟帶有什麼樣的名稱，都必然會垮臺的這種想法，真是有點荒謬。或者換句話說，我們不能破壞自由世界經濟的哲學和政治基礎，從而希望建立一個反自由的世界經濟。由於缺乏這些哲學和政治基礎，這樣的經濟將比自由世界經濟甚至更無法運轉。我們沒有必要去尋求「計畫的」（planned）世界經濟的真正特徵，無金本位制、無健全的道德和司法制度，而這正是我們現在所擁有的世界經濟，我們也仍在苦苦掙扎於改善其缺點，以求其更好。見洛卜克，《國際經濟的解體》（倫敦，1942）；洛卜克，《國際秩序與經濟整合》（多德雷赫特，荷蘭，1959）；洛卜克，《經濟秩序與國際法》（*Economic Order and International Law*）〔國際法律學院（Academy of International Law），萊頓（Leyden），1955〕。

界之內，已開發國家與「低度開發」（underdeveloped）國家之間，也存在一條明顯的界線，這主要是由於低度開發國家欠缺一些激發財貨和資本在國際間正常流動，所必須要有的信任條件。儘管在我們這個時代，諸如比利時這樣在解放剛果後所面臨種種混亂的國家，我們仍繼續向其（即比利時）提供了利率 4.5% 的貸款。我們之所以這樣做，是因為我們從未懷疑比利時人的話，亦即他們將信守契約上的承諾。但是，在今天的條件下，無論利率如何提高。也無法打開已開發國家的私人資本，借錢給剛果或大多數其他低度開發國家了。這是受到廣泛討論之「低度開發國家」（underdeveloped countries）當前問題的本質。[8]

這是情況的一個面向。另一個面向是儘管世界經濟存在著這些缺陷，但我們仍然可以冀望有些國家，透過地理上的接近、共同的文化、政治上的利益，以及透過傳統等而彼此相連，以達到一定程度的國際「經濟的整合」（economic integration），而寄望全世界達成這種經濟的整合，這簡直是不可能的事情。近年來為區域經濟整合的辯護和解釋當中，共同市場（Common Market）和歐洲自由貿易區（European Free Trade Zone）是其間最重要的[9]；然而，正是這些成員國及

---

[8]「低度開發」國家的問題：請參閱拙著 *Entwicklungsländer—Wahn und Wirklichkeit*（蘇黎世，1961）中 Die unentwickelten Länder als wirtschaftliches, soziales, und gesellschaftliches Problem 一文。

[9] 國際經濟的整合：請參見洛卜克，《國際秩序與經濟整合》；洛卜克，刊載於 *ORDO*，卷 10（杜塞道夫，1958）上的 Gemeinsamer

其排他性，證明了世界範圍的整合仍是缺乏的。

但是，我們這個時代最重要的，同時也經常被忽視的一個國際事實是，在過去的一百年以來，分工前所未有地擴展到超越了國界，伴隨而來的是「世界人口的增長」（increase in the world's population）同樣也是空前的。因此，分工的嚴重緊縮就意味著，數百萬靠分工而過活的人，他們的生命之門將被關閉，因為使他們生育、生存和生計成為可能的條件將可能一夕之間就化為烏有。因此，在這種情況下，使用一個陳腔濫調來說，就是我們勢必要面對一種不可改變的命運，這個命運不再允許我們自由地頌揚英勇撤退的政策。鑑於十九世紀和二十世紀人口的大量增加（我們即將要討論其原因），除非我們心甘情願地挑起一場可怕的災難，否則我們別無選擇，只能維持使人口的這種增長成為可能的這個經濟機制，無論這個機制是否合我們的意。若無法把世界人口數量減少到 1700 年，或甚至是 1800 年的最低水準的話，我們根本無法把經濟的時鐘調回到那些時代去。而調回時鐘，則無異於銷毀掉成千上萬人的生命。

第 4 節　分工和人口數（人口的問題）

我們剛剛談到的分工與「人口變動」（population

Markt und Freihandelszone 一文；洛卜克，刊載於 *ORDO*，卷 11（杜塞道夫，1959）上的 Zwischenbilanz der europäischen Wirtschaftsintegration 一文。

movements）之間的關係是如此重要，以致於值得更深入的研究。這種關係是一種相互的關係：分工的擴展提高了生產力，從而增強了經濟社會吸納人口增長的能力。但是相反的情況也同樣是正確的：人口的增加反過來又容許更大程度的分工。正如亞當·史密斯（Adam Smith）在他的《國富論》（*Wealth of Nations*）⑩（第一冊，第3章）著名的一段話所說的那樣，這種相互的關係清楚地顯現於以下這個事實上：分工不可避免地受到市場範圍的限制〔市場範圍法則（law of the extent of the market）〕。也就是說，分工受到所生產物品可能購買者人數所限制，只有在產出水準可以增高的情況下，高度專業化才能變得有利可圖。影響市場範圍大小雖然不是只有人口多少這個因素 ⑪，但人口多少卻是最大的因素。因此，人口不斷增加是

---

⑩ 編譯者註：有人認為應該將之翻成《原富》，因為亞當·史密斯所談的不是一個國家，而是所有國家的財富。

⑪ 市場廣狹的法則：亞當·史密斯對市場大小法則的構想，容易導致嚴重的誤解。該法則與市場空間的大小無多大關係，也與參與市場交易的人數無多大關係，而是與市場上顯示的總購買力關係較大。因此，我們絕不能把「人」及「平方英里」與法郎、先令或美元相混淆。法郎、先令和美元才是決定性的因素。由於購買力是個別人所擁有的，因此不能下結論說，總購買力等於那些個人手中購買力的總和。這是所有那些認為財貨處置的可能性受到人口多少所限制的人，都犯的一個錯誤。無疑地，有一些低彈性的需要，其總需要量是由需要者的數量所決定的。穀物的需要更是如此。但是，除了這些低彈性的需要之外，許多窮人或少數富人可能也需要等量的其他許多財貨。顯然地，

否是值得嚮往的呢？

在這裡，回顧以下這個事實是有用的：伴隨著歷史上人口增長最快的十九世紀，迎來了一種學說，即從人口的增長，而預言說這種成長未來只會帶來痛苦、匱乏和飢荒。這就是馬爾薩斯（Robert Malthus）（1766～1836）的悲觀論。自從馬爾薩斯大聲疾呼以來，已經過了一個多世紀了。而在此期間，發生了許多與其學說完全不同的事件。工業國家的人口已增加了好多倍，然而這些國家的平均生活水準卻也提高了非常多。同時，世界上許多國家的農業產量，也已經增加到使人們更關注的是生產過剩，而非生產不足的問題了。同時，在各個國家相繼出現的避孕技術，也得到了愈來愈廣泛的傳播。在採取節育措施成為一種簡單的習慣問題之後，舊的風俗習慣已為新的生活態度所取代了。結果是幾乎西方文明圈內所有國家的人口出生率都急劇下降了。

任何一年所需要的聖誕樹數量，是由聖誕樹這個市場上的家庭數量所決定的，但掛在聖誕樹下的禮物，其數量和價值卻會因每個家庭所得的不同而不同。我們可以由此得出下面這個結論：分工的加劇可以透過增加現有人口的購買力來實現，也同樣可以透過增加的人口本身來達成。請參見洛卜克，*Die säkulare Bedeutung der Weltkrisis*，刊載於 *Weltwirtschaftliches Archiv*，卷 37（1933）；艾琳‧楊（Allyn A. Young），〈報酬遞增和經濟的進步〉（Increasing Returns and Economic Progress），《經濟學期刊》，卷 38（1928）；洛卜克，《危機與景氣循環》（*Crises and Cycles*）（倫敦，1936），頁 4 及其後的相關部分。

　　然而，與此同時，又出現了一些其他的事件，使文明世界的人口絕對數量急劇的增加。近期在衛生、醫療和生活水準方面的巨大進步，透過死亡率的下降，抵銷了出生率的下降。死亡率的下降，首先出現在年齡最小的組別當中。雖然在過去的幾個世紀中，每十個小孩只有兩個會活下來，但在十九世紀就有可能使他們全部都存活下來了。現在，如果這種發展不能立即為同樣低的出生率所抵銷，那麼必然會導致人口垂直式的急速增加。這恰恰是在十九世紀的文明世界中所發生的情況，且在西方世界的新興國家和所謂的低度開發國家中也仍在發生著。因此，十九世紀和二十世紀人口的飛速增長，不是出生率上升的結果，而是死亡率下降與持續高出生率相結合的結果。兩種歷史發展彼此相互重疊：新發現的衛生技術，導致死亡率迅速下降，而出生率仍然受到根深柢固的傳統習俗所影響，繼續保持在原來的高水準。這是完全自然的一種現象，因為儘管可以透過外部和集體的措施來降低死亡率，但出生率的下降卻是個長期的過程，是源自於人們生活態度的緩慢轉變。用較嚴格的話來表達這一點：加氯處理的公用供水，會促成死亡率的迅速下降，但卻不會使出生率降低。

　　那些現在正受到西方文明影響的國家，正在經歷著十九世紀那些古老的國家所經歷的事情。死亡率立即且急劇的下降，而出生率直到很久以後才隨之而下降；結果，人口就像雨後春筍般地迸發出來了。這類國家的出生率遲早也會「西方化」（Westernized），並向較低的死亡率進行調整。在這種情況下，人口的激增會減緩，最終也許會完全停下來。大多數西方國家已經相當接近於此一演變的最後階段了，而這些國家也是

該演變的創始者。但是，美國和法國最近出生率已顯著上升的例子，說明了武斷地以一個固定的趨勢來推論未來是多麼的危險，特別是在人口變動有關的方面。但是，與馬爾薩斯及其時代的恐懼相比，如今對於這種現象幾乎沒人擔憂了。相反地，對於當代西方政治家來說，出生率的下降才是最大的隱憂。

對於人口問題這種態度上的奇怪轉變，在此只能簡單地加以檢視其中的若干理由。例如：今天對國家利益的重視遠比馬爾薩斯時代要大得多。我們往往唯恐本國的出生率降到低於其他的國家。另外，我們已經知道要比以前更關注於出生率下降的不利後果。當然，有各種各樣的動機有意識的限制了家庭的人口數，而這些動機的道德內涵無疑的是很不同的。毫無疑問地，小家庭往往是經過深思熟慮後的自私的結果，這種自私如果廣泛地實踐的話，就會削弱整個民族的道德品質，更不用說宗教上的一些反對了。在這裡，我們發現一個悲劇情況的起源，在這個悲劇中，在現代理性主義者精神的掩護下，死亡率出現了驚人的下降，這種下降可能會超越這種精神的本身，而拉下出生率，進而摧毀國家的道德健康。很顯然地，要避免社會和經濟的災難，必須使出生率隨著下降的死亡率而調整。但是，如果對那些可能造成生與死均衡的力量（即理性主義者的思想）放任不管，那麼出生率可能就會下降到失控的地步。

歸根究柢，死亡率的下降，當然會碰到一些來自於先進國家醫學知識現狀的自然限制。另一方面，理論上出生率可以降至零。因此，我們可以想像得到，如上所述那種人口變動的重疊可能再次發生，可是這次是在相反的意義上（穩定或略有上升的死亡率，加上迅速下降的出生率）發生的，導致人口絕對

的減少。

　　導致出生率下降的另一種應該被看作是不利的因素，是出生率的「差異性」（differential character）。各國的經驗都顯示，出生率的下降始於社會階層的頂端，富裕且受過良好教育的階層只生一個孩子或不生孩子，而較貧窮的社會成員通常會生很多孩子。的確，酒鬼和低能者每每都是有最多孩子的人。上面所提的這樣一種出生率下降的差異，其不幸之處在於通常會遺傳給子女特殊天賦，並擁有物質資產，可以爲子女提供良好教育的父母是不生小孩者。很顯然地，人口變動的質量和優生方面，必須與人口的數量一起考慮。但是，對於這些問題，目前已經討論很多了，因爲需要做廣泛的討論，篇幅所限，所以就此打住，不討論這樣的問題了。

　　現在的人所認爲的出生率下降，之所以與馬爾薩斯時代所認爲的不同，其主要原因必須要在經濟學的領域裡探尋。事實上是十九世紀人口的大量增加，並未導致大眾的貧困；馬爾薩斯所預言的大災難並未發生。相反地，人口的激增伴隨著平均生活水準驚人的提高。然而，應當指出的是，十九世紀的人口增長是在不太可能再次出現的特殊條件下發生的。那些促成死亡率下降，因而導致人口爆炸性增長的歷史力量──亦即科學精神、「進步」（progress）的信念、傳統束縛的打破──等所有這些都促成了工業化、世界貿易、大量新肥沃土地的拓殖等。英格蘭和德國以及其他那些馬爾薩斯預測其人口將會過多的國家，透過在國民經濟基礎上進行農業的工業化，解決了增加的數百萬人口糧食的給養問題。同時，在新的海外領土上生產了大量過剩的糧食，其中很大一部分的人是在十九世紀期間

從舊大陸（Old World）⑫移民過去的人生出來的。

　　但是這些都是獨特的發展，不可能再重演了。在這個時期，全球已經完全占滿人了，人類再也不會有第二個密西西比河谷或第二個阿根廷的山谷可用了。因此，那些正在經歷只有在十九世紀歐洲工業國家才會經歷的急速人口激增的國家，發現人口問題變得更加難以解決了。像義大利和日本等這些國家，情況確實就是如此，然而俄羅斯在十九世紀兼併了龐大的領土（更不用說其最近所占領的），得以確保幾乎可以容納進一步人口增加的極廣大的空間，使它處於有利的地位。

　　再回來討論馬爾薩斯：他預測的會給人類帶來最可怕後果的人口增加，事實上已經發生了，而且是以他那個時代無法想像的速度在增長。但是，他所預言的大災難並未出現。後來，在十九世紀末進入二十世紀之際，馬爾薩斯的第一個預言被證明是錯誤的：人口增長率急劇下降。馬爾薩斯的悲觀論是否仍然有效呢？

　　為了公正地判斷馬爾薩斯的學說，我們應該要將之分為兩個部分：預言和分析。預言的馬爾薩斯學說主張，有一個不可避免的自然法則，使人口無限制地增加，直到可用糧食供給不足以養活人口為止。隨後的發展證明了這一預測完全是錯的。人口成長不受任何頑強的自然法則所約束；這是文明世界的一種現象，因此是一個由很多種不同的因素共同作用所產生的極

---

⑫ 編譯者註：舊大陸是指在哥倫布發現新大陸之前，歐洲所認識的世界，包括歐洲、亞洲和非洲。這個語詞是用來與包括北美洲、南美洲和大洋洲的新大陸相對應。文中所指的舊大陸應該是歐洲。

其複雜的現象。然而，這些預言之未能成眞，並不是說馬爾薩斯學說分析的部分是錯的。這只是與判斷一個給定的人口增長是好的，還是壞的這個決定有關。今天，只有這個問題才引起我們的興趣。[13]

但是，以這種方式問這樣的問題太含糊了，以致於得不

---

[13] 數量方面的人口問題：對人口多少在經濟意義（人口數量的問題）這方面的探究，現在仍然處於非常不令人滿意的狀態，這是因爲所討論的是一種無法精確衡量的關係。遺憾的是，這更增加了在一種或另一種主觀和情感情境中，討論人口問題的可能性。這一類偏頗的討論，極大地混淆了所涉及的經濟問題。在此，建議參考以下的文獻：萊特（H. Wright）的《人口》（*Population*）（倫敦，1933）；W. Rappard, De l'optimum de population, *Zeitschrift für schweizerische Statistik und Volkswirtschaft*（1927，第 63 年）；羅賓斯，〈人口的最適理論〉（The Optimum Theory of Population），《紀念愛德溫‧肯南的倫敦經濟學論文》（*London Essays in Economics in Honour of Edwin Cannan*）（倫敦，1927）；道爾頓（H. Dalton），〈人口理論〉（The Theory of Population），《經濟學刊》（1928 年 3 月）；史班勒（J. J. Spengler），1952 年所著之《當代經濟學概論》（*A Survey of Contemporary Economics*）第二冊的〈人口理論〉（Population Theory）；S. S. Cohn, *Die Theorie des Bevölkerungsoptimums*（1934 年在本書作者的指導下所完成的馬爾堡大學的一本論文，裡面有大量的參考書目）；潘羅斯（E. F. Penrose），《人口理論及其應用》（*Population Theories and Their Application*）（史丹佛大學，1934）；D. Villey, *Leçons de démographie*（巴黎，1957）。

出一個明確的答覆。這個問題的答案取決於從哪個角度看待人口的增長。一個主要關注於國家軍事力量大小的人的答覆，將會不同於和平主義者；而把擁有數百萬居民城市的出現視為是文明進步證據這樣的人，其答覆將會與一個喜歡幽靜，而認為大量人口的出現不利於文明發展的人也有所不同。因此，人口增長究竟是好是壞這個問題的最終答案，取決於個人的價值判斷，而不是嚴格的科學研究所能解決的。經濟學家必須自滿於人口增長對個人物質福利的影響這一較受限制，但卻非常重要的研究工作。但是，即使是這種有限的研究本身，也是如此困難和複雜，以致於只能允許我們研究一個大概的情況。

對於那些懷疑人口增長會帶來物質利益的人，所提出的不變的答案是，由於每個人出生時不僅有一張嘴，還有一雙手，所以人口增長不僅增加了消費，也促進了生產。因此，每個人都會創造自己的額外經濟機會，並且由於人口增長允許更大程度的分工，因此的確擴大了這種經濟機會。根據這種樂觀的理論，人口增長不會致使平均生活水準的下降，而是會使其提升。是否這種廣泛被接受的見解建立在牢固的事實上呢？

我們在本章開始時就認同了以下這一事實，即人口的增長可以達成高度的分工。但這並不能證明樂觀的人口論是正確的，理由有三。第一，正如我們已經知道的那樣，人口成長並不是擴大市場唯一的必要條件。第二，分工不會無限擴大，而都不會遇到危險和困難（關於這一點，我們將會具體說明），這些危險和困難有力的限制了分工的程度。此外，如果沒有那些外加的經濟狀況，那麼分工就不會擴大到那麼大的規模；是當前的世界情勢，使我們痛苦地意識到這些經濟狀況的重要。

一個致命的因果的連結，使得人口成長所引起的那些內部和外部的政治緊張局勢，加劇的破壞了高度分工的基礎。正如人口最稠密國家的歷史經驗所顯示的那樣，這些緊張局勢很快就會把內部和外部政策導向激進主義。我們的大眾文明已經削弱了高度分工所需要的秩序和安全的基礎，而不是強化了這些基礎，這是令人遺憾的，但卻是事實。

我們至少必須要承認，我們不能保證人口成長的本身，會像其確保擴展市場的必要經濟因素之存在那樣，自動地確保密集分工所必需的外加經濟條件的維持。面對這些想法，面對世界目前正面臨的這些困難，人們可以繼續漠不關心地看待進一步的人口增長，這是一個令人羨慕的樂觀主義者特有的一種風格。但是，在檢視了「第三點」（third point）之後，這種樂觀就變成了的的確確令人難以理解的事情了。由於人口的增長會強化分工，雖然會對生產力產生遞增的效果，但它也會對生產力產生遞減這個相反的效果，從而與前者發生相互的牴觸。這個相反的效果來自於相對於人口的增長，生產要素（土地、自然資源及資本）愈來愈稀少，從而引起了生產力的遞減。不斷增長的人口加劇了對這些生產要素的競爭，增加了其成本，從而降低了其利潤。我們無法預先確定這兩種相互抵銷的效果中的哪一種會占上風，但是很顯然地，在判斷給定的人口增長到底會增加或減少經濟福利時，這個答案是確定的。

讓我們再次回顧這些複雜而極其重要的考慮。首先，我們要注意到，我們所關心的不是一個國家的總產量；因為這樣的話，像中國或印度這樣擁有豐富資源和巨額國民所得的國家，將會是最富有的國家，而不是最貧窮的國家。決定性的因

素是全部人口的「平均每人」（per caput）產量。如果我們將此數額稱為「社會份額」（social share）（總產量除以總人口數），我們可以提出以下這些決定性的問題：人口成長對生產的社會份額有何影響呢？會使社會份額增加或減少呢？然而，這個問題的答案，取決於人口增長之後產量的增加，是否與這種人口成長成比例、大過這個比例或低於這個比例。在第一種情況下（如果忽略發明等這類對生產有某些偶然影響的因素），儘管人口增加了，但社會份額仍然維持於不變；在第二種情況下，社會份額會增加；在第三種情況下，會減少。用較熟悉的語詞來說，在第一種情況下，人口的增加，平均生活水準不受影響；在第二種情況下，生活水準提高了；在第三種情況下，生活水準降低了。很明顯地，無法預先確定這三種情況中的哪一種會發生，原則上所有這三種情況都有可能會發生。

　　如果出於我們討論的目的，而忽略了不令人感興趣的情況，即生產增加與人口增加成比例，那麼剩下的就是產量的增加超過或低於人口增加的比例這兩種可能性。如果人口成長的過程，帶來產量的增加超過人口增加的比例，那麼我們就會出現「人口不足」（underpopulation）的情況。在這個情況下，人口增加將對國家的經濟有利。另一方面，如果人口成長伴隨著較低比例產量的增長，因為持續的人口成長在經濟上不再是有利的，我們將面臨「人口過多」（overpopulation）的問題。在人口不足與人口過多的狀況之間的某個點，我們可以找到「最適的人口」（optimum population）。當一個國家達到最適人口的水準時，就必須要選擇是要「提高生活水準」（increase in the standard of living），還是要「增加人口」

（increase in population）。這兩者是互相排斥的。隨著人口的持續成長，每個國家遲早都必定會達到這一最適點；在其他條件都相同的情況下，當生產的社會份額小於人口較少時應有的社會份額時，就必須視為超過該點了。

上述的討論應該有助於糾正許多的誤解，例如：有人相信技術的進步和新土地的耕種，將會為更多人無限制地持續提供物資。當然，沒有人會否認增加產量的可能性仍然很大。但這與我們此處分析的問題完全無關。這裡最關心的問題是，如果產量並不總是伴隨著人口的增加而增加，人類是否會過上更好的生活。為什麼透過現有人口中的勞動和創造力，所獲致經濟空間的每一次擴大，都一定要立即被數以百萬計的新增的人口所填補，而不是用來增進地球上那些現有人口的福祉呢？

此處的要點是：把生產的社會份額之增加，視為不存在人口過多問題的證據，這是不合理的。因為如果人口沒有增加，社會份額的增加可能還會更大。這就是以下這種情況：造成社會份額增加的生產增加，不是人口增加的結果，而是技術和組織創新的結果。就其本身而言，平均生活水準的提高，並沒有因此而排除此處定義的一個國家可能遭受人口過剩的可能性。在過去的五十年中，許多歐洲國家生活水準的提高，並不能證明這些國家尚未超過最適人口點。接下來的內容，將有助於闡明這種關係。

在過去的一百年裡，生活水準的急劇上升，不應該掩蓋這樣一個事實：若考慮這段時期經濟體系生產力驚人的增長，則這種生活水準上升的幅度並沒有我們預期的那麼大。這裡有一個不相稱的現象，需要進一步解釋。這就是「進步與貧困」

（progress and poverty）之間的不相稱的現象，這種現象長期以來引起了各種信仰的社會主義者之關注，並促使他們在我們的經濟制度中的所謂基本缺陷中尋找原因。這種社會主義者根深柢固的抱怨是，在我們的經濟制度之下，「經濟學」（economics）摧毀了「技術」（technology）所獲得的東西。毫不奇怪的是，持有這種觀點的人正是技術人員，他們懷著軍人對外交官慣常有的那種憤慨和優越感來對待經濟學家。我們沒有篇幅來檢視社會主義者和技術人員的這種態度所立基的諸多的誤解。如果篇幅允許的話，我們可以提出一些要點，以開導技術人員，例如：效率百分之百的馬達，比效率百分之百的經濟制度更值得我們期望。無論如何，有一點是肯定的：生活水準落後於技術進步以及生產力的提高，不能用以下事實來解釋，即把人民應得的這種進步成果的一部分扣住，給了一些富裕的資本家。今天，幾乎所有嚴肅的社會主義者都放棄這一論點了，透過一個簡單的計算就可以反駁這種論點了。如果藉助於現有財富的嚴格均等分配這種做法，即使在這種做法不會使總生產受到損失這種過於有利的假設下，人口的平均所得也不會增加多少。那麼如何解釋這個表面上看似矛盾的現象呢？唯一剩下的解釋就是，技術進步主要是有助於更多數人的生存，而不是為了提升現有人口的生活水準。資本主義所造成的「不相稱」（disproportions）在很大程度上，看來是由於這一經濟制度必須同時往兩個方向，傳播其巨大的創造力，以促進福祉的這個事實。這兩個方向是：(1) 提高平均生活水準；以及 (2) 同時為大量新生人口提供生活的立足之地。很顯然地，我們不得不在「增加人口」（increase in population）和「提高

生活水準」（increase in the standard of living）之間做選擇，這個難題並非只是過去的。這個難題目前在日本、印度和埃及等這些國家也都特別嚴重。

若要在這裡詳細說明這些條件，可能需要講很多，必須把這些條件引入到「最適人口論」（theory of optimum population）。為了避免誤解，我們必須強調，該理論只是關於人口增長對於純粹物質和個人方面的影響而已。[14]因此，即使一個國家已經越過了人口的經濟最適點，出於非經濟的理由，仍然可以把人口的增長視為是可取的。但是，在諸多的可能性範圍內，對所存在的可能性，有一個清晰的認識，並相互比較，是很有用的。

總之，有三種可能性。第一種是透過「提高死亡率」（increasing the death rate），來抑制人口增長的速度，儘管有些人認為，我們從搖籃到墳墓所面對的現代衛生、接種疫苗和醫療保健都各有其缺點，但是很明顯地，這種方法不能成為有意識的人口政策之一部分。因為這些技術與適者生存的物競天擇相互衝突，從而削弱了我們對例如：未知的傳染病的自然

---

[14] 人口成長率下降的經濟後果：對於人口成長率可能放緩，而產生的悲觀情緒，在很大程度上肯定是由於未能仔細思考其間所涉及的關係所致。不過，我們應該要注意的是，人口成長的減速可能導致經濟結構的改變，這可能意味著個別部門的經濟損失和痛苦的調整。尤其是那些產出的需要缺乏彈性的企業，將無法依靠新市場的擴展。會受到這種影響的生產部門中主要是穀物生產，而更高類型的農產品（例如：肉類、奶製品等）的生產可能會從上述這類經濟結構的轉變當中受益。

抵抗力。這種傳染病與原子彈和細菌戰結合在一起，可能會很快速地消滅我們現代的大眾文明。但是沒有人眞的以爲我們會有意地決定增加死亡的人數。因此，如果我們想要抑制人口的增長，我們就必須在出生與死亡之間重建一個均衡，不是透過增加死亡率，而是透過「降低出生率」（lowering the birth rate）來實現，這種方法已經爲許多國家所廣泛使用了。我們已經知道，這種方法會帶來很大的風險和不利。在這些不利因素當中，必須包括這樣一個事實，即出生率下降會導致人口年齡結構變得偏向於老年人，這種發展並非在所有情況下都被視爲好的。當我們回顧開放給我們的各種選項時，這些危險和不利因素的全部意義就都變得顯而易見了。

如我們所已見到的那樣，有意地提高死亡率是辦不到的事情。剩下的只有透過降低出生率，來抑制人口的增加，或者透過允許人口無限制地增加，以使人口永遠維持在出生與死亡之間不均衡這樣的辦法。讓我們仔細思考後一方法究竟意味著什麼。這意味著由一些特殊的原因所引起的世界人口的增加，由於其異常的速度和程度，可以被認爲是歷史上獨一無二的這種現象，將會突然被視爲是人類的正常經驗。每一個有思想的人都會拒絕這種觀點，而會承認遲早有必要抑制我們最近目睹的這種人口的增長，並重新建立歷史認可的增長速度。那麼，爲什麼不早點，而要晚點呢？對於當前就採取行動的有力論據是，在現代的條件下，我們被迫爲人口的持續增長而付出了雙重的代價：平均生活水準極可能下降，以及由於更加極端的分工的結果，使我們的經濟制度變得僵硬與不穩定。最後這一結果，是我們以下要說明的。

第 5 節　分工的危險與極限

　　眾所周知，過度的分工會導致我們某些重要功能的萎縮。這有幾個原因。首先是，我們大部分睡醒的時間，都花在每天可以掙得麵包吃的工作上。迫使我們在狹窄的活動中度過這些時間，這不僅會導致身體某些肌肉的萎縮，同時也會導致身心功能的萎縮。高度專業化的人會失去充實自己人格的機會；他身心的發育都會變得不健全。來自非專業環境的鄉村青年，會迅速適應城市的生活。的確，到大城市的「小鎮男孩」（small town boy）生活變好了，這是一個普遍的名言。另一方面，到鄉村去的專業化工人很多時候反而會失敗。現代的人愈來愈少為自己提供東西。罐頭食品取代了以前家中自己製作的食品；成衣取代了以前母親或妻子縫製的衣服；留聲機、收音機和現在的電視，驅逐了曾是給齊聚家人聽的鋼琴演奏音樂、足球「迷」（fans）聚集在巨大的體育館，體驗曾經自己親身上場所帶來的快感。這種替代的生活方式甚至延伸到讓其他人透過報刊、廣播和電影等工具，來塑造我們的思想和觀點。如果相信來自某些城市的訊息，指出收養非婚生子女的需要超過供給，那麼我們就會見到人們甚至讓別人為他們撫養自己的孩子了。因此，隨著分工侵入到人類活動的一些新領域，它會愈來愈導向機械化、單調的統一化、社會和精神的集中化、人類的流水線生產 ⑮、去人格化、集體化。總而言之，這種無意義的

---

⑮　編譯者註：這是一種工業生產的方法，讓某一個人專注於處理某一個單一的工作，而非傳統的讓一個人從上游到下游完成整個產品。

工作可能會有一天造成那些受害大眾可怕的反抗。如果此時沒有鼓勵相反行動的跡象，如果沒有在出生率開始下降以前，使我們從這種發展的主要機制中掙脫出來，那麼我們可能就會輕易地想到，我們正移向阿道司・赫胥黎（Aldous Huxley）[16]在他的《美麗新世界》（*Brave New World*）[17]中，所呈現的那種令人震驚的可怕狀態。

　　過於徹底的分工，不僅會因為專業化的工作，使人類某些重要的機能沒有使用而受到損害，也在於其降低了專業化工作本身的人文內涵。因此，我們讓一個工人在大量生產的現代工廠中，日復一日地進行著相同的單調動作，生產某些東西的一部分，而他只是模糊或根本不知道其所生產東西的最終用途。無論如何，每個人都是為完全陌生的人生產物品，他們彼此之間沒有絲毫的利害關係。這可能會扼殺工作的樂趣和工匠技藝的驕傲。而且，當一個工作是由不認識的第三方所完成的，質量就有惡化的**趨勢**，因為透過廣告可以編造這些商品所沒有的

[16]　編譯者註：生於 1894～1963 年，是英格蘭的作家。通過他的小說和散文，赫胥黎充當了社會道德、標準和理想的批評家。赫胥黎是一個人文主義者，在他人生的最後階段，在一些學術圈被認為是現代思想的領導者，位居當時最傑出的知識分子的行列。

[17]　編譯者註：是赫胥黎於 1931 年創作，1932 年發表的反烏托邦作品，故事設定在公元 2540 年的倫敦。描述了與當今社會迥異的「文明社會」的一系列科技，如試管培植人類、睡眠學習、心理操控、建立嬰兒條件反射等。該小說影響甚大，與《一九八四》和《我們》並列為世界三大反烏托邦小說。以上請參見網站「維基百科，自由的百科全書」中「美麗新世界」的條目。

質量。但是，爲了避免我們誇大這些弊端，最好記住我們在這裡只是討論危險和趨勢。以下這個說法並不正確：專業化的工作總是比非專業化的工作更單調，尤其是因爲技術（自動化）的進步，使得那些可能在很大程度上最單調的動作都交給機器時，此一說法就更不正確了。如果我們認爲高度專業化的工人，必然會無法眞正的享受工作本身、意味深長的工作滿足感、職業的自豪感和質量的成就感，那我們也同樣犯了錯誤。透過適當的工廠組織和喚醒技術工職業的自豪感，我們可以做很多事情來恢復專業人員工作的眞正意義。過度專業化的問題主要是大型工業機構的問題，因此我們期望一些降低工業集中度的力量（這些力量的強度經常被低估），可以用來減輕此處所述的弊端。⑱

⑱ 巨大企業的諸多問題：巨大廠商及其勞工團隊、其工人宿舍、其非人性、其無自由等，這些無疑都是我們經濟制度中最容易引起擾亂的現象之一。因此，牢記以下幾點是很重要的：(1) 巨型公司並非總是工業機構中一種較高級的形式，就像摩天大樓並非在任何情況下都是一種高級建築形式一樣。請參見 W. Röpke, *Mass und Mitte*（蘇黎世，1950），頁 176～200。丹尼森（S. R. Dennison），〈大的問題〉（The Problem of Bigness），《劍橋期刊》（*The Cambridge Journal*）（1947 年 11 月）；(2) 與大規模生產相關的問題不會隨著社會主義的出現而消失。相反地，這些問題甚至會變得更加棘手，因爲那時那些最後殘留下來的自力更生、自發性和適合人性的生活方式等東西，都將被國家這個龐大的經濟機器所消滅。的確，社會主義社會的工人只有國家這個雇主可以選擇，所以他們

但是，與我們所提到的這些道德文化的危險相比，更爲直接和明顯的是那些由於專業方法，需要個人之間相互依賴而產生的危險。分工愈細緻且愈複雜，就愈難以達成協調一致，而這一複雜過程的每一次擾亂所產生的作用也就愈廣泛。一個簡單的例子就可說明這意味著什麼。

讓我們假設爲了製造軍用飛機而募款，並讓我們看看該行動對一個國家的經濟會產生什麼樣的影響。這個行動始於不同人的捐款，最後是以一些用金屬和木材建造的飛機爲目的，這

很可能會變得比現在更加依賴和更不自由的人。(3) 希望巨大企業能夠「人性化」（humanized），這並非是不可能的。我們可以做很多事情，來恢復工人在工作中表達自己的機會，並且可以讓他們能夠知道他們所做的事情對他們自己和對於社會所具有的意義和價值。請參見 W. Hellpach, *Gruppenfabrikation* (1922)；E. Rosenstock, *Werkstattaussiedlung* (1922)；O. Veit, *Die Tragik des technischen Zeitalters* (1935)；W. Röpke, Zur Renaissance des Berufsgedankens, *Soziale Praxis*（第 31 年，1922）；布里夫斯（G. Briefs），《無產階級》（*The Proletariat*）（紐約，1937）；洛卜克，《我們這個時代的社會危機》（*The Social Crisis of Our Time*）（芝加哥，1950）；W. Röpke, *Civitas Humana*（倫敦，1948）；海克（L. Hacker）、塞萊克曼（B. Selekman）等人，《新產業關係》（*The New Industrial Relations*）〔紐約，伊薩卡（Ithaca, N.Y.），1948〕。在這方面，有趣的是，由於電動機和內燃機大大削弱了大規模生產工廠的優勢，日本工業的小型獨立企業已有顯著發展的趨勢了。請參見 K. Akamatsu 和 Y. Koide 合著，《日本的工業和勞動的條件》（*Industrial and Labour Conditions in Japan*）（名古屋，1934）。

些東西是提供給最初為製造飛機而募款的國家來使用的。我們必須要問的問題是：公民們由於捐獻而必須放棄的所有那些財貨和勞務，是如何變成為飛機的呢？如果捐贈者放棄的所有物品都可以立即用於飛機的製造，那麼情況就很簡單了；除了把一組購買者（國家）替換為另一組購買者（捐贈者）以外，該國經濟不會發生任何的改變。但這種情況不可能出現，我們的探究可以把其排除。通常說來，捐贈者所需要放棄消費的是與木材和金屬完全不同的東西。

　　幾年前，在土耳其曾進行了我們剛才所描述的這樣一項捐款。該國人民在古爾邦節（Kurban-Bayram）[19]（回教的節慶）期間，放棄這種傳統羊肉宴的活動，把錢捐給國家，訂購軍用飛機。但是為什麼是放棄羊肉呢？土耳其政府無法用綿羊製造飛機，就好像基督教國家的政府無法用聖誕樹或復活節彩蛋製造飛機的道理一樣。

　　在這一點上，我們可以看一眼用於飛機製造的捐款所涉及到的複雜問題。讓我們假設我認捐的金額，迫使我放棄一束鮮花，或者搭一次計程車，或者到劇院裡享受一場歌劇。我犧牲的結果在某種程度上，擾亂了依賴我購買商品的市場。鮮花店裡的那束花枯萎了，計程車司機徒勞地等著我，劇院裡我的座位空著。當我放棄了消費，每個有關的行業人士都面臨了利

---

[19] 編譯者註：是伊斯蘭教的重要節日，在伊斯蘭曆每年的 12 月 10 日，是伊斯蘭世界前往麥加朝聖的日子。該節日是為了紀念先知亞伯拉罕忠實執行真主阿拉的命令，打算獻祭自己的兒子以實瑪利，不過在阿拉的寬免下，用羊羔代替的這個事件，因此又稱為宰牲節。

潤的下降。因爲花店的老闆、計程車司機、劇院等所有的人都因爲收入減少，而不得不放棄自己某些原先計畫的支出，所以這些損失還帶來了進一步的損失。在所有這些情況下，消費行爲的放棄似乎並未爲其他人的消費所取代。此外，我自己所承受的犧牲，在整個經濟中起了乘數的效果，直到最後，經過一連串迂迴曲折的過程，生產適應了購買力流量（flow of purchasing power）的變化爲止。這種擾亂首先會影響那些沒有其他用途的財貨和勞務。我們稱這類財貨和勞務具有「特殊的」（specific）性質。如果我們把整個生產過程與一棵樹的生物過程進行比較，就可以更清楚地看到此類擾亂的影響。有如樹液附著在樹上並滲透到葉子的末端一樣，生產也是從原料進展到成品，愈來愈遠離具有眾多替代用途的財貨，以便使自己創造出具有愈來愈「特殊的」（specific）性質的財貨。爲出售而剪的花，從字面上和比喻上來看，都代表了沒有其他用途的「葉子」（leaves）。如果購買力流量發生如我們所描述那樣的變化，這些「葉子」（leaves）一定會枯萎，無法被消費。最後生產終將重新調整到適應於需要的變化，但是這種重新調整需要時間，不可避免地會造成一定的經濟損失。

我們剛剛所分析的這個問題，可以稱爲「經濟轉變的一般問題」（general problem of economic transfer），其中與德國第一次世界大戰的賠償金相關的，爲人所廣泛討論之該國的「轉變問題」（transfer problem），就是一個特例。不論這種變化的原因是什麼，「購買力流量發生變動」（changes in the flow of purchasing power）的地方都會出現這類的情況。嗜好和時尚的變動、國家稅收和支出政策的變動、貨幣流通速度的

變動、收成情況的波動、或儲蓄和投資的波動、移民、人口的增減、物價的膨脹和緊縮、對外貿易的變遷、技術的進步、戰爭和革命等，其中的每一個都可能是分工結構受到愈來愈嚴重擾亂的根源。這些變動發生得愈突然，其所引起的擾亂幅度和嚴重性就愈大。

　　然而，也有若干這類的變動不應該被制止，如果我們反對其出現，就是與「一般的利益」（general interest）背道而馳。例如：如果消費者決定花較少的錢在酒上，花較多的錢在運動上；如果城市的人從花較多錢在黑麥麵包，變成花較多錢在白麵包，或者從花較多錢在一般的麵包，變爲花較多錢在蔬菜、水果、雞蛋、肉和奶酪上，或者從花較多錢在汽車，轉爲花較多錢在小船上，爲了受到這些變動所影響的酒精、黑麥、小麥和汽車生產商的利益，而反對這些需要的變動是不恰當的。因爲這樣就有利於某些私人，而不利於一般人，違背了我們爲消費而生產，而不是爲生產而消費這個基本的經濟眞理。如果我們抗拒來自於引入某一種或另一種「較便宜的方法」（cheaper methods），以便獲取財貨或勞務所產生的購買力流動和生產結構的變動，那麼這也證明我們同樣是默視一般人的利益。這樣一種便宜的生產，可以透過以下這兩種方式發生：技術和組織的進步及對外貿易，這兩種方式在原理和效果上基本上是相似的。故意採取某些措施，去摧毀那些可以減少我們不停地與稀少奮鬥的東西，拆除比舊的生產方法成本低的機器，禁止進口等，所有的這些無疑地都將有利於直接受影響的生產者。但是，把廉價而有效藥物的製造定爲非法，也符合醫生的利益，而禁止出版已故作者的廉價出版品以及反對外國作者的翻譯

本,也都符合在世作者的利益。

在最後指出的那些情況下,我們是想要把注意力集中在為某些生產者的利益,而反對符合一般大眾利益的減少財貨稀少性的那些努力。但是,我們可以再進一步考慮一下,在偽經濟學理論的經常偽裝的努力之下,為了生產者的自私利益,而「增加物品的稀少性」(increase the scarcity of commodities),並使大家相信這種稀少性的增加有利於一般經濟福利的增進。一個打破整條街區所有窗戶的小混混,可能不是被當地玻璃匠僱來做這個工作的,但他為這個玻璃匠的利益所做的事,卻有如他嚴重損害了大眾利益的事那樣都是確定的。在此一相同主題上,有一個有趣的變體是東普魯士(East Prussian)農民的事例,在多年以前,該農民一本正經地建議把德國的蔬菜生產最大程度地轉移到東普魯士去。這首先是因為,該地區的氣候惡劣,需要建造溫室,從而鼓勵了鋼鐵、玻璃和煤炭業;而其次,因為前往德國消費中心的較高運費,將會刺激鐵路業以及間接地刺激煤炭業的發展。基於同樣的推理,可以把整個世界的農業都遷移到北極附近廣闊的冰原地帶去,因此而制定出一份更長的有希望的發展清單。毋庸置疑,伴隨這位普魯士農民的提議而來的是要求德國大幅提高進口蔬菜的關稅。

我們上述所舉的東普魯士農民的提議,並非是一個小丑的想法,而只不過是我們每天都會遇到的特別顯著的一個思想例子而已。這種思想每天都以多種偽裝的形式出現,是每個現代國家經濟政策中最有影響力的暗流之一。由於這個理由,本書的作者只是勉強的舉出前述那個趣聞而已,就把它當成是玩笑

話吧！那些無知的人可能就會相信這個東普魯士農民的話！為
私人利益而作的維持或增加稀少的努力，被稱讚為有利於一般
利益的行為，肯定是多到足以證明這種擔憂是合理的。

　　率直地說，維持甚至增加生產者所提供的財貨或勞務的
稀少性，是符合個別生產者的利益。但是，由於每個合理的經
濟社會，都是以減少稀少性為目標的，因此在這裡，我們就有
一個在個人福利和大眾福利之間，在個人利益與公眾利益之
間，存在著無法調和的對立關係。這是一種反常的現象，這種
現象在一個自給自足，沒有交換的經濟中，完全不會存在的。
這是屬於分工的經濟社會所特有的現象；的確，我們可以合理
地把這種經濟稱之為「生產者的私人利益與一般福利之間存
在潛在的、持續的不調和」（latent and persistent disharmony
between the private interests of the producers and the general
welfare）的經濟。毫不誇張地說，這種不調和是我們自由社
會所遭受的最嚴重的缺陷之一。

　　但是，比這種不調和更令人擔憂的是，生產者的特殊利益
變得愈來愈容易超過一般的利益。造成這種情況的原因，在很
大程度上，是源自於心理因素。由於分工，在作為生產者的角
色時，我們每個人都希望使我們的財貨和勞務盡可能地比其他
財貨或勞務稀少而昂貴。基於同樣的原因，在作為消費者的角
色時，我們每個人都希望在自己所生產財貨之外的所有財貨都
是豐富而廉價的。但是，由於消費者的利益分散在無數的財貨
上，因此每個人在經濟事務上的判斷，取決於他作為生產者的
地位，多過於取決於他作為消費者的地位。在特定的情況下，
相對於分散的消費者利益來說，生產者利益的集中通常使其較

容易享受這些利益。因此，儘管從整體上來說，消費者的利益比所討論的那些生產者的利益更大、範圍更廣，但生產者卻很容易超越分散的，因而力量不起作用的消費者。藉助於僞經濟學理論，哄騙消費者接受他們自己的無能是一種正常和有益的事態，使生產者變得更容易把自己的利益放在消費者利益的前面。

　　還有一個與剛才提到的這個事情緊密相關的重要事實，它解釋了生產者剝削消費者的能力。在我們的經濟制度中，一般的利益是透過競爭這個機制而取得的。然而，在最近幾十年中，把競爭貶低爲一種對整體社會是自私自利的和有害的努力卻愈來愈成功。這種結果已經大大地削弱了對競爭心理上的支持。且競爭的攻擊者，更加成功地設法把競爭視爲「自由」（liberal）（從歐洲意義上來看）了，從而把它標記爲應該受到鄙視的對象。這種攻擊很容易忽略了這樣一個事實，那就是自由經濟的哲學（liberal economic philosophy）[20]確認了消費者

---

[20] 在美國，當代對「自由」（liberal）一詞的用法（或濫用），是指一種提倡增加政府對私人生活干預的哲學，這不應該與歐洲人對自由一詞的含義相混淆。歐洲人對自由主義的理解，仍然是其原始的「免於」（freedom from）政府嚴格控制的意義，洛卜克從頭到尾使用該語詞，就是這個意義。同時隱含於洛卜克「自由主義」（liberalism）的用法當中，經濟自由放任的舊式自由主義〔「古老的」（paleo）自由主義〕與新自由主義有顯著的區別。在建立可行的市場經濟所必須有的司法、競爭和貨幣框架上的新自由主義，國家的角色是得到承認和支持的。

與生產者之間潛在的不調和，且在競爭中看到了減輕這種不調和，因而維護了消費者的利益。夠辛辣地，站在競爭對立面的人，很明確地以畢竟歸根究柢是自由主義發揚了經濟利益「調和」（harmony）學說的說法，回答了這一個問題。因此，我們發現真正擁護不調和的人，他們的任務是企圖透過嘲笑減輕這種不調和弊端的「調和」論，其天真擁護者是過時的。「但是，只有透過有效和持續的競爭，來糾正這種不調和，我們的經濟制度方才得以保持活力。」（But our economic system can remain viable only if this disharmony is redressed by effective and continuous competition.）當然，我們不能忽視這樣一個事實，即競爭有時會導致生產結構發生代價昂貴的轉變，而我們必須權衡這種結構轉變的成本與整個社會的長期利益孰大孰小。無論如何，這些考慮都必須是任何建設性的經濟政策的基礎，這種經濟政策旨在最大程度地減少這種生產的轉變所造成的損失和不便之處，並在不妨礙調整過程本身的情況下，減輕所涉及的個人的困苦。

建立在高度分工基礎上的社會，有極端的敏感性，這意味一個部門的擾亂，將以雪崩式的方式，傳播到整個經濟社會（有如我們前面所舉的那個募款建造飛機的微小例子所示的那樣）。對這種敏感性的正確認識，有助於我們更充分地理解那些令人不安的現象，即「興旺」（boom）和「破產」（bust），或繁榮與蕭條的循環交替。對景氣循環變動的研究必須要從正確地認識以下這個事實開始：在一種像現代經濟制度這麼複雜和不同的機制當中，各變動部門之間的摩擦總是不可避免的。這個最複雜機制的不同部門之間無可避免地會相互

協調，有時會較好，有時會較差。我們現在可以了解 —— 且當我們熟悉貨幣擾亂的來源，以及與資本財的生產相關的特別複雜的問題時，我們就會更加了解 —— 這個經濟機制的變動部門之間的摩擦，為何會變得如此之大，以致於會造成稱為蕭條的整個經濟的崩潰。想想剛才所提的土耳其募款製造軍用飛機那個微小的例子，我們也可以了解為何會出現「生產過剩」（overproduction）與日益加劇的貧困同時出現的反常現象，以及為何蕭條會導致失業和「產能過剩」（excess capacity）。在生產結構和購買力流顯著相異的地方，經濟會受苦於剪下來的鮮花過多、空計程車過多、劇院的空位過多，以及其他的過多，甚至更嚴重的「未使用的產能」（unused capacity）過多的影響：貧困當中的過度富裕。

當我們考慮到蕭條對像中國這樣一個經濟尚未高度分工的國家所造成的影響時，西方蕭條的矛盾特徵就變得更加明顯了。對於前共產主義時代的中國農民來說，他們滿足於依賴土地而維持最低的生活水準，當人口增加的壓力導致農民平均持有土地減少時，「艱難的時刻」（hard times）就出現了。在這種情況下，明顯的補救措施是在可利用的土地上更辛苦地耕作愈來愈長的時間。中國農民是無法理解西方的失業現象的。如果有人告訴他，在某些國家，工作有時像乞求麵包一樣，成為令人稱羨的特權，而那些同時擁有兩份工作的人被可惡地貼上「參與夜襲之人」（moonlighters）的標籤時，他會認為這是一個相當糟糕的笑話。他把這樣的事情看做是荒誕的和不合理的，我們必須承認他並沒有大錯。然而，這些間歇性的荒謬行為，是我們為得到高度精細分工的超高生產力，所必須付出

的代價。分工愈細膩，這個經濟制度就愈無法抵抗內部和外部的擾亂，但反過來說，此一經濟制度的生產力也愈高。為了確保一個經濟能夠抵禦一切擾亂的均衡狀態，我們將不得不回到魯濱遜·克魯索式（Robinson Crusoe-type）原始的和貧困的經濟。如果拒絕這一選擇的話，那麼我們就必須要接受目前這個經濟制度，連同其敏感性和不穩定性也要接受。

這是我們所面臨的困境。但事實上，我們不再有選擇的自由了，這一切都已成定局，無法改變了。由於伴隨著分工廣泛和密集的發展，所帶來的生產力的成長，現在被新的數以百萬計靠分工而生存的人，聲稱為這是一項與生俱來的權利。我們已不能再回頭，已不能再使分工縮減，而置數百萬人的生計於不顧，從而危及我們的社會秩序了。這個事實儘管平淡無奇，但卻激發了許多經濟浪漫主義者和自給自足主義者的遐想。此外，這個事實應該讓我們對目前人口這樣的繼續成長下去感到憂慮，從而期待減緩人口的成長。當代所有發達國家經濟的不穩定，顯示我們的工業文明及其日益極端的分工，在這方面可能正在接近某種極限了。此外，當考慮到這種大量文明的政治後果時，很明顯的可以看出，我們社會的精神、道德基礎已變得愈來愈不適合於現有分工的程度了。

在一個獨特的世紀當中，人類只是一次嘗試太多了吧！我們不能太強調以下這個事實，亦即我們當前困難的主要緣由，要在已經帶來極度不健康的分工中去尋找，而無須在我們所有的那種經濟制度中去尋找。一個社會主義經濟即使被迫保持目前的分工程度，也無法在這方面改變任何東西。稍後我們將特別在第八章中，詳細探討這些問題。

第四章

貨幣與信用

「信用是當今價值與交換正常和適當的表現工具，這個事實已經把一個極不穩定的因素引介到當代所有的經濟制度當中了。現代的經濟制度似乎是在刀口上保持著平衡；一國的信用稍有過剩或不足，都會使平衡朝一個方向或另一個方向傾斜。可以說，這個制度時常都在調整，以反映它極小的變動，這就是何以它如此敏感的原因。」

——卡爾·蘭普雷希特（KARL LAMPRECHT）

第 1 節　貨幣為何物？

我們已經確知，貨幣對於一個建立在交換和密集分工基礎上的經濟制度來說，是個必不可或缺的工具。因此，沒有專門討論貨幣的章節，對現代經濟運作的任何探究都是不完整的。此外，可以確定的是，只要我們不清楚貨幣的特性，就無法理解我們經濟制度的運作。近年來經濟學之所以能取得如此顯著的進展，正是由於它加深了我們對這些特性的認識。[1]我們甚至

---

① 貨幣理論最近的演變：這種演變的特點是，愈來愈有結束貨幣理論與經濟思想主體之間分離的趨勢。貨幣理論愈來愈被合併到信用理論、資本理論、工資理論、利息理論、對外貿易理論，尤其是景氣循環理論當中了。人們愈來愈認識到以下這個事實：貨幣與所有經濟現象都有牢不可破的關聯，因此，為了要更準確地理解經濟過程的「真實」（real）性，從貨幣「抽離」（abstract）出來的精密分析，已不再足夠了。對初學者來說，關於該領域的代表性貢獻有：凱

可以更進一步地說，如果我們不關注貨幣在不同時代生活方式的發展所扮演的重要角色，就無法完全理解各民族和各文明的歷史。[2]

因斯（J. M. Keynes），《貨幣論》（*A Treatise on Money*）（倫敦，1930）；凱因斯，《就業、利息和貨幣的一般理論》（*The General Theory of Employment, Interest, and Money*）（倫敦，1936）；F. A. von Hayek (ed.), *Beiträge zur Geldtheorie*（維也納，1933）；海耶克（F. A. von Hayek），《價格與生產》（*Prices and Production*）（第二版；倫敦，1935）；馮·米塞斯，《貨幣與信用理論》（*The Theory of Money and Credit*）（紐哈芬，1953）；羅伯遜（D. H. Robertson），《銀行政策與物價水準》（*Banking Policy and the Price Level*）（第三版；倫敦，1932）；霍特里（R. G. Hawtrey），《貨幣與信用》（*Currency and Credit*）（第三版；倫敦，1931）；羅伯遜，《貨幣理論論文集》（*Essays in Monetary Theory*）（倫敦，1940）；Ch. Rist, *Histoire des doctrines relatives au crèdit et à la monnaie*（巴黎，1938）；哈拉姆（G. N. Halm），《貨幣理論》（*Monetary Theory*）（第二版；費城，1946）；哈拉姆，《貨幣與銀行經濟學》（*Economics of Money and Banking*）〔霍姆伍德（Homewood），III., 1956〕；L. Baudin, *La monnaie et la formation des prix*（第二版；巴黎，1947）。下列的著作適合於作為貨幣理論的導論：羅伯遜，《貨幣》（*Money*）（第六版；倫敦，1948）；F. Lutz, *Das Grundproblem der Geldverfassung*〔司徒加特（Stuttgart），1936〕；Luigi Federici, *La moneta e l'oro*（第二版；米蘭，1943）；Otto Veit, *Der Wert unseres Geldes*〔法蘭克福（Frankfurt am Main），1958〕。

[2] 貨幣對歷史的影響：認為貨幣制度的變化，對世界歷史產生積極

我們不知道貨幣在何時首次出現在人類歷史上。它應該
不是像電燈泡或打字機那樣的方式被發明出來的。最有可能發
生的是，在幾千年前的某一天，人們突然察覺到貨幣存在的這
一事實。我們能確定的只有以下這件事：一個東西要真正成為
貨幣，它必須像在今天一樣，在數千年前就已具備了這樣一個
基本的條件，那就是可以作為交換的工具，並可以接受作為支
付的工具。因此，我們可以理解，為何最早採用的貨幣形式都
是某種特別想要的物品，如果必要的話，這種物品可以使人們
得到「真正的」（real）滿足。早期的貨幣有時是鐵條、有時
是布條或皮革，最常見到的是家畜，在語言的遺跡中，拉丁語
「金錢」（pecunia）和英語中相當於德語中「牛」（Vieh）
的「費用」（fee）。從這些語言中，都可以找到這樣的證
據。由於許多顯著的理由，貴金屬最終成為貨幣的佼佼者。從
此啟開了對貨幣和貨幣史的研究。

我們已經熟悉了立基於貨幣的交換之後，經濟就出現了革
命性的改變。從那以後，交換被分離為兩種行為：一種是「賣
出」（selling）自己的物品，以收到一筆錢；另一種是付出一
筆錢來「購買」（buying）別人的物品。我們知道這兩種行為
中的每一種都是交換行為：以物品交換貨幣，和以貨幣交換物
品。取代了最初的物品交換物品，我們現在有了一串的交換：

影響的這種理論，可以稱之為歷史的貨幣解釋論。這個理論絕
不能草率地否定。請參見凱因斯，《貨幣論》，第三十章；M.
Herzfeld, Die Geschichte als Funktion der Geldbewegung, *Archiv für
Sozialwissenschaft*，卷 56，1926，頁 654 及其後相關的部分。

物品－貨幣－物品。同時，貨幣使兩個以上的人參與交換行爲成爲可能。在一個貨幣經濟中，交換過程的最終結果當然是物品對物品的交換，但是與實物交換經濟相反，該結果是通過幾個利用一般交換媒介的人，以迂迴的方式間接達成的。

　　如果把每一個帶給我們價值的物品或勞務都稱爲「財貨」（goods），那麼貨幣也是一種「財貨」（goods）。然而，它卻是一種非常特殊的財貨。我們之所以重視一種普通的財貨，那是因爲它能夠以某種方式最後滿足某一個慾望。可以這麼說，在滿足慾望的過程中，該財貨體現了其經濟的靈魂，達到了它存在的目的。總歸一句話，除了貨幣以外，所有其他的財貨都可以讓人獲得「眞正的」（real）滿足。從原料到加上包裝的巧克力這個產品，都經歷了許多的階段，並轉過許多人的手，但其最終的命運都是被吃掉。貨幣並非如此。如果提供眞正滿足的物品，從本質上和目的上來說是會消亡的，那麼貨幣從本質上來說卻不會消亡，因爲我們使用它，不是爲了實際的滿足，而是爲了「流通的」（circulatory）滿足。換句話說，我們不是從吃掉貨幣而獲得滿足，而是從使用貨幣，並使之原封不動地從手轉手流通開來，而獲得滿足。這並不意味著，貨幣無法提供眞正的滿足，因爲貨幣在某種程度之內也是由一些物質所構成的。人們可以收集硬幣、熔化硬幣或把它們貼在錶鍊上。如果一個人願意讓自己鋪張浪費的話，那麼他可以把鈔票當作壁紙。但是在這些情況下，貨幣立刻就不再是貨幣了。它變成了一種簡單的物品，僅是附加到巧克力棒、糖麵包和留聲機唱片上的混合體而已。對於貨幣的概念而言，其流通性是至關重要的，且與普通物品的（有限）流通方向相反。儘管巧

克力棒、唱片等總是為了被消費，而離開財貨流，但貨幣基本的特徵則是作為貨幣繼續在流通。

　　貨幣透過使我們從龐大的經濟財貨庫中，取得我們所想要的東西，從而完成了它的任務。在通常的情況下，我們透過自己對那些財貨生產的貢獻，而獲得此一權利。因此，貨幣被比作入場券，用以獲得「社會產品」（social product）（即當前財貨和勞務的存量）。如果我們願意的話，可以把貨幣比作對社會產品的一張「本票」（promissory note）。我們之所以能夠做這種比擬，條件是我們要能不忘記，貨幣既不意味著對財貨權利的質上或量上的決定，也不意味著對財貨存量的任何法律要求權。決定是否要、要什麼以及要多少財貨，總是要依從市場和價格結構的決定。以這樣的方式，貨幣對某物的「權利」（right），縮小到只是一個可能性。從純粹的法律觀點來看，如果法律賦予貨幣「所有公共和私人債務的法定償債」（legal tender for all debts, public and private）能力，則貨幣應僅被定義為是「清算債務的最終手段」（a final means of liquidating debts）而已。這樣的貨幣授予有義務付款的人（債務人），向有權獲得付款的人（債權人）承諾付款，從而免除其債務。③

---

③ 貨幣的法律性質：當政府賦予貨幣擁有者某些法律權利時，貨幣就具有一個完全的法律性質。這些權利當中，最值得注意的有以下幾點：

　(1) 把這種貨幣轉換為其他種類貨幣的權利。擁有這項權利的貨幣，稱為「臨時的」（provisional）貨幣（例如：第一次世界大戰之前，在金本位制國家流通的銀行券，與不可兌換的明確貨幣

（inconvertible definitive money）不同。

(2) 擁有人有權用其貨幣來償還債務，且債權人必須要接受。擁有此權利的貨幣是法定的貨幣，債權人必須接受債務人以此清償其所有的債務。可通過以下三種形式獲得此項權利：(i) 債務人有完全的權利，要求接受他的貨幣（全部的法定貨幣、通貨），以支付「所有公共和私人的債務」（all debts, public and private）；(ii) 債務人有在某一最高金額，用之〔有限法定貨幣、銀幣和五分鎳幣和便士等這些「次要硬幣」（minor coins）的輔幣〕以償還債務的權利；(iii) 僅有國庫必須接受的權利，例如：由美國財政部發行的金券，現在僅有聯邦儲備銀行持有，或 1923 年馬克穩定後德國的地租馬克（Rentenmark）。編譯者註：地租馬克是德國發行的一種貨幣。德國於 1873 年發行了第一套馬克，叫做金馬克。隨著第一次世界大戰的爆發，馬克取消了金本位，從此，「金馬克」變成了聞名的「紙馬克」（paper mark）。由於 1922 年及 1923 年惡性通貨膨脹，讓紙馬克變得一文不值，之後在 1923 年 11 月 15 日改發行地產抵押馬克，稱為地租馬克（Rentenmark）。

　　給不同種類的貨幣一種或若干種權利，代表國家為調節和穩定貨幣制度而採行的主要手段。但是，克納普（G. F. Knapp）在他著名的《貨幣國定論》（State Theory of Money）（倫敦，1924）中說，貨幣的法律性質構成了貨幣的起源和本質，這就是一種誇張的說法。一個簡單的事實就可以駁斥這種觀點，即在每個時代，包括我們這個時代，我們都發現在沒有當局批准的情況下，能夠成功運作的貨幣〔例如：德國在惡性通貨膨脹時期所使用的馬克，或在維也納鑄造並在阿比西尼亞（Abyssinia）使用了數十年的瑪麗亞·特蕾莎·泰勒銀幣（Maria Theresa thalers），

　　但是，如果我們在這些條件之下，把貨幣比為一張本票的話，就會立即得知有可能想像出一種無法提供任何真正的滿足，因此也就沒有材料價值的貨幣。但是，缺乏材料價值，並無法否定貨幣作為一般交易媒介的功能，只要貨幣保有「一般的可接受性」（general acceptability）這個基本的特質，就可以作為一般交易的媒介了〔馮‧維塞爾（F. von Wieser）④〕。一種東西即使不能提供真正的滿足，也不能排除其提供流通滿足的可能性。如果我們按照用貨幣單位可以購買的價值，來對貨幣價值進行評估的話，那麼沒有自身材料價值的貨幣，就和有自身材料價值的貨幣同樣具有「價值」（value）了。前一種情況下的貨幣價值，反映了那些我們可以用貨幣單位購買的財貨的價值。它不是從貨幣材料的價值中產生的，而是源於貨幣的流通和與財貨交換的這個功能。在這種情況下，貨幣具有一種「功能的」（functional）價值，但沒有材料的價值。貨幣的本質體現在一塊貴金屬（金屬主義）上的這種信念因而被駁倒了。什麼可以作為貨幣來流通的這個問題，最終取決於人

　　　　這些都是隨意選擇，用以進行交易的貨幣。〕對克納普理論最好的批評，請見艾立斯，《德國貨幣理論，1905-1933》（*German Monetary Theory, 1905-1933*）（麻薩諸塞州，劍橋，1934）；另見郎斯巴姆（A. Nussbaum），《法律上的貨幣》（*Money in the Law*）（第二版；布魯克林，紐約，1950）。

④ 編譯者註：馮‧維塞爾（1851 年 7 月 10 日至 1926 年 7 月 22 日）是奧地利經濟學派第一代的經濟學家。奧地利經濟學派是由孟格和龐巴衛克（Eugen von Böhm-Bawerk）一同開創的，並造就了許多著名的奧地利經濟學家，包括馮‧米塞斯、海耶克和熊彼德。

民對貨幣可以再用出去的信心。我們可以透過以下這兩種方式來增強這種信心：賦予貨幣自身的材料價值（硬幣），或者是讓貨幣成為法定貨幣（給不可兌現的紙幣固定的面值）。一般說來，有必要教育民眾接受不可兌現且沒有材料價值的紙幣。例如：在土耳其東部的一些省分，最近仍然幾乎不可能強迫農民接受政府發行的紙幣。一位土耳其官員對本書作者敘述說，他在一次考察的旅行中，用拳頭，而不是黃金，就成功地使鄉村馬車夫接受了紙幣（不可否認地，這是固定面值概念的一個有點粗疏的例子）。而在我們的情況中，戰爭取代了拳頭，戰爭使我們如此習慣於紙幣的使用，以致於我們幾乎無法想起可以用黃金兌換紙幣的時代了。的確，我們很難想像我們的父執輩把鈔票拿到銀行換回黃金，可以像買郵票那樣自然且容易。很顯然地，貨幣與珍貴材料的連結並非是必要的，儘管不排除這種關聯可能非常讓人想要。在正常的情況下，不需要用糖果來製作戲院的門票，除非擔心管理層會賣出比座位多的門票，在這種情況下，可以用糖果製成的門票來稍微安慰一下顧客。

從不可兌換紙幣的情況，我們可以特別清楚地看到，貨幣的性質是經濟活動的一種簡單，但卻是必不可少的輔助手段，就像玩撲克牌的籌碼一樣。從經濟的觀點來看，貨幣是一個快車不停的小站，是國家在最後結算時會消失的一個項目，它本身也不構成國家財富的組成部分。一個國家不會因其貨幣供給量的增加或減少，而變得富裕或貧窮，僅在這個國家處置的財貨供給量增加或減少時，才會變得富裕或貧窮。如果一國的貨幣供給增加或減少，而所供給的財貨維持不變，則以相同的貨幣單位可以購買到的財貨量在第一種情況（通貨膨脹）中會變

少，而在第二種情況下（通貨緊縮）會變多。如果一個人的鈔票在大火中被燒毀，他的損失可能非常巨大，但是對於國民經濟來說，除了紙張的價值和印刷成本這些可忽略的價值之外，並不構成損失。的確，這個不幸的人損失的金額，實際上會有利於其他的人，因為所有其他鈔票的購買力，相對於已燒掉鈔票都成比例的增加了。此時，所會發生的只是一種微小的通貨緊縮而已。

再進一步深究這個概念，我們會得知無論如何使用貨幣，我們的行為都會影響到整個國民經濟。如果我們使用了貨幣，那麼使用的方式就會影響財貨的生產方式，影響的程度隨所用的金額而變動。如果我們不把貨幣用出去，我們可以把它存到銀行，從而讓其他人得以購買原料和機器，也可以把其藏在自己家裡的櫥櫃中。在後一種情況下，貨幣的購買力不受影響，因而對社會所有其他能夠買到較便宜物品的人來說是有利的。無論我們怎麼做，都無法逃避因擁有貨幣，而強加給我們的那個責任。

貨幣是那些本質只能以其功能來解釋的物品之一。貨幣的本質在於其作為「一般交換媒介」（general medium of exchange）的這個功能。在這一點上，在超級通貨膨脹的一段時間裡，一旦廣大群眾充分體認到貨幣不再能發揮其原本應有的「功能」（functioning）時，他們將如何作出反應是至關重要的。貨幣對現代經濟社會來說是如此不可或缺，以致於在那些國家發行的通貨變得毫無價值的地方，正在進行的交易和商業活動，即使是處於很低水準的活動，也會引進一種替代的計算方法。這種代用的貨幣可以採用一些穩定的外國貨幣，例

如：第一次世界大戰後的通貨膨脹時期，美元、荷蘭盾等，在許多國家都取代了毫無價值的本國通貨。或者，也可能採取某種稀有物品來取代它，例如：香煙對那些在第二次世界大戰遭受嚴重破壞的歐洲國家中，提供了很大的貢獻。

　　只有貨幣才能透過使高度差異化的生產結構，不斷隨消費者慾望的轉變，而連續不斷的調整，從而滿足消費者變化多端的慾望。也只有貨幣才使合理的經濟計算變得可能，因為貨幣提供了一種比較生產和消費、利潤和成本的工具，並且正如我們已經知道的那樣，貨幣可以把所有經濟量化約為一個共同的標準。叔本華（Arthur Schopenhauer）⑤說：「貨幣本身就是絕對的財貨：並非僅是因為它具體地滿足了慾望，而且還因為它本身抽像地滿足了慾望。」正如陀思妥耶夫斯基（Dostoievsky）⑥曾經把貨幣表述為「鑄造的自由」（coined freedom）那樣。最後，貨幣為我們現代的信用制度奠定了基礎，沒有它的話，現代的經濟是難以想像的。但是，只有在貨幣作為一般交換的媒介，並滿足「健全」（healthy）貨幣要求的情況下，它才能提供這些多方面的貢獻。

　　當我們更仔細地考慮貨幣作為一般交換的媒介，所提供的貢獻時，我們要特別注意到貨幣的上述特質 —— 它使我們能夠把所有交換物品的價值，都用共同的單位來表示，以便相互比

⑤ 編譯者註：生在 1788～1860 年，是著名的德國哲學家，他是唯意志論主義的開創者。唯意志論主張一個人的意志是其行為和達成價值的必要和終極的基礎；其思想對近代的學術界、文化界影響極為深遠。

⑥ 編譯者註：生於 1821 年，逝世於 1881 年，是俄國的作家。

較這些物品⑦。這是當我們說貨幣的功能之一是作爲價值的一般衡量（general measure of value）標準時的意思。但是，我們不能把貨幣的這種功能與其作爲一般交換媒介這種功能視爲同等重要和同樣必要。更確切地說，由於貨幣在具體形式上是一般的交換媒介，因此，市場財貨的交換價值，不可避免地是以貨幣單位來表示。作爲一般交換媒介的貨幣，是由我們用來購買財貨的那些具體的鈔票或支票所構成的。另一方面，作爲價值衡量標準的貨幣，是一個抽象的記帳單位，元。

　　與貨幣的交換功能密切相關的是貨幣的另一功能，即作爲一般的支付工具。每次的貨幣付款都不必一定要涉及一次的交易；稅款、罰款、損害賠償的支付、貨幣的贈與和許多其他例子，都顯示貨幣也可以作爲單方面價值移轉的工具。但這之所以可能，也只因爲它是一般的交換媒介。

　　貨幣作爲交換功能的另一個結果是在資本交易中，它能夠成爲媒介，即讓債務人與債權人的關係得以出現，以及讓資本的所有權在人與人之間或集團與集團之間的轉移成爲可能的這個特質。

　　最後，貨幣作爲交換媒介的功能，還使其成爲一種適當的「資本儲蓄」（capital saving）和「資本移動」（capital movement）工具。或者換個稍微不同的方式來表述這個概念，即貨幣成爲穿越時空的價值載體〔馮・米塞斯（von Mises）⑧〕。

---

⑦ 編譯者註：這就是貨幣的計價功能。

⑧ 編譯者註：馮・米塞斯（1881～1973）是奧地利裔的美國人，也是知名的經濟學家、歷史學家及哲學家。他是現代自由主義運動的主要領

實際上，如今的貨幣 —— 除了在困難時期之外 —— 在很大程度

<hr />

導人，也是古典自由主義第一把交椅，還被譽爲是「奧地利學派的領導人」。米塞斯的理論影響了海耶克等許多知名的經濟學家，對二十世紀中期自由主義思潮有重大影響。奧地利學派極爲重視個人，而且強調自由，反對政府干預。對於共產政權和專制政權這些限制個人自由的集體主義論，當然極力的撻伐。因此，奧地利的社會主義者在學術上迫害他，成功地阻止他獲得維也納大學的教授職位。

米塞斯在 1921 年針對社會主義自身的問題，發表了《社會主義公有制中的經濟核算問題》，因此而一鳴驚人，兩年後他將這篇文章擴充爲《社會主義》一書。在該書中，他指出社會主義既然承諾取消財貨的私有產權和交換，就必定無法把資源分配到最有價值的地方。米塞斯預測說，社會主義將會走向極度的混亂，並將終結文明。

奧地利學派和社會主義者之間關於這一問題的論戰持續了不只十年，直到 1989 年社會主義徹底崩潰爲止。整個二十世紀二、三十年代，米塞斯一面駁斥社會主義者，一面與德國歷史學派論戰。他寫了一系列文章爲經濟學的演繹方法論辯護，沉重地打擊了德國的歷史學派，此後他稱這種演繹方法論爲「人的行爲學」（Praxeology）或者「行爲的邏輯」（logic of action）。

米塞斯在 1940 年到美國之後，把他先前完成的著作加以修訂和擴充，成爲 1949 年出版的《人的行爲：經濟學專論》（*Human Action: A Treatise on Economics*）一書。他在書中強力地主張，自由市場機制不但可以完全取代任何政府計畫的體制，更重要的是自由市場本身就是人類文明的根基。他的學生羅斯巴德（Murray Newton Rothbard）稱這本書是「米塞斯最偉大的成就，本世紀人類思想最傑出的作品，經濟學因此而融爲一個整體。」以上參見網站「維基百科，自由的百科全書」中「路德維希‧馮‧米塞斯」的條目。

上，已不再起到資本儲蓄的任何作用了，因為普通的人傾向於把那份不僅僅是流動的資金或不僅僅是單純的現金準備，投入到可以產生利潤的投資當中，也把他自己的儲蓄交給銀行。貨幣在作為資本移動工具的該功能，現在具有更大的作用。

　　一般說來，貨幣所有的功能，都是在某一國家的某一時間之內，由一個相同的貨幣制度所發揮出來的。的確，貨幣可否發揮所有的功能，可被視為是否是健全貨幣的標準之一。不過，也可能會發生以下這一種情況，就是不同的功能是透過不同的貨幣來達成的。在第一次世界大戰後，德國的通貨膨脹充分地說明了這種「功能分割」（division of functions）的過程。馬克變得愈沒有價值，它就愈不得不放棄更多的功能。馬克所放棄的第一個功能是作為資本儲蓄和資本移動的手段；接著，它不得不放棄其在資本交易中所扮演的中介功能。在1923 年，正值德國通貨膨脹最嚴重的時期，只有極其缺乏經濟洞察力的人，才會勸導別人儲存馬克鈔票或購買馬克證券。隨著愈來愈多的人轉向使用黃金或使用貨幣「指數」（index）來計價，它接下來放棄的是其價值衡量的功能。最後，政府本身也被迫以「金馬克」（gold marks）來徵稅⑨。因此，馬克愈來愈被限縮到僅僅是交換和支付的工具。大約在接近 1923 年 11月馬克成功的穩定下來時，甚至連這些最後的功能也失去了。

---

⑨ 編譯者註：這是指馬克不能作為稅的支付工具。

第 2 節　從牲畜到銀行券

　　如果我們仔細看看古幣的收藏品，可以很容易地理解到我們一直在談論的那些健全貨幣的重要特徵。首先讓我們印象深刻的是，以前曾在一國之內並存的那些種類繁多的鑄幣和鑄幣制度。鑄幣的名稱何其多，有達布隆（doubloons）⑩、大陸幣（continentals）、佛羅倫斯幣（florins）⑪、三便士硬幣（threepenny pieces）⑫、馬克（marks）、達卡鑄幣（ducats）⑬和路易金幣（gold louis）⑭。從這裡，可得出以下的結論：我們的祖先在這麼複雜繁多的制度之下，必須要計算再計算，其耐性必然經常受到考驗。很顯然地，一旦商業活動擴張到超出初步階段後，透過建立同一種貨幣制度來消除這種混亂，應該被列在貨幣政策的首要目標之內。因此，貨幣制度的統一是健全貨幣的主要條件之一：在同一經濟體系之內的所有貨幣單位，都應盡可能地以固定的比率相互兌換。儘管古代以來就已發現鑄幣制度了，且儘管對於我們這一代人而言，統一的貨幣制度

---

⑩ 編譯者註：古西班牙金幣。

⑪ 編譯者註：1252 年發行於佛羅倫斯的一種金幣。

⑫ 編譯者註：英國的舊硬幣，有三便士銅幣及三便士銀幣。

⑬ 編譯者註：中世紀流通歐洲各國的錢幣。

⑭ 編譯者註：法國大革命以前在該國流通的金幣。法國原來的法郎和里弗爾是銀幣，其價值在 1740 年縮水，需要更大面額的硬幣，因此法國鑄造了金幣，並以國王的名字路易（Louis）或金路易（louis d'or）來命名。

似乎是不言而喻的，但人們卻仍歷經了數千年的試驗，才發展出統一的貨幣制度，以終結這種計算上的混亂，並終結價格上不一致這種更令人討厭的現象。實際上，一國之內幣制的統一只是近代的一項成就。此外，由於金本位制度把所有國家統一在一個貨幣制度的架構之內，因此在十九世紀末和二十世紀初才成功地創造了與國內現行貨幣統一並行的「國際」（international）貨幣的統一。在我們這個時代放棄金本位制，意味著就貨幣統一的標準來看，這是個倒退，因為迄今為止，我們還未發現其他的國際貨幣制度。我們有一個特殊且很不愉快的長期掙扎的階段，以求達成國內貨幣的統一。在這個階段，我們企圖在一個貨幣制度當中，把固定比例的黃金和白銀結合起來使用〔複本位制（bimetallism）〕。⑮

---

⑮ 複本位制：當黃金和白銀都是本位貨幣時，維持貨幣本位的同質和貨幣穩定就成為一個棘手的問題，因為從最近一百年的經驗，我們知道這兩種金屬之間的價值關係波動很大。必須區分兩種情況：(i) 平行本位。當金幣和銀幣按其商品的價值同時流通，其間沒有一個固定的法定比例時，就是這種類型的本位。在這種情況下，貨幣制度的統一被破壞了；在一個國家之內，有兩種本位貨幣，它們之間就出現了一種兌換關係（貨幣之間的兌換率），這種兌換關係會隨著市場條件的變動而波動，正好與不同國家貨幣之間匯率的波動完全相同。即使在兩種金屬之間建立一個官定的比率，也不會消除這個制度的不便，除非政府真正努力，強制實行這個比率。一直到在十九世紀初，並行本位都在全世界普遍使用。最後，由於商業活動的擴張，導致了對這種分裂本位的改革建議，(ii) 雙重本位（替代本位）。在這

　　若仔細考慮那些鑄幣的收藏品，可能還告訴我們其他一些事情，甚至是更重要的事情。許多銀幣會發出微紅光彩，這表示它有很濃的銅合金在內。不需要很大的想像力就能知道，過去幾個世紀的鑄幣貶值（以及隨之而來的貨幣貶值）；實際上，鑄幣貶值是我們這個時代通貨膨脹的歷史原型。過去的這些經驗清楚地顯示了，對穩健貨幣的另一個要求，即「價值的穩定」（stability of value）的重要性，以及在建立價值穩定的歷史過程中，所需付出的艱苦和反覆努力的重要性。在這種情況下，十九世紀所引入的金本位制，也是使貨幣建立在堅實基礎上的一個最重要的因素。同樣地，正是我們這個時代，戰

種情況下，黃金和白銀變成本位金屬，它們之間的兌換率在法律上是固定不變的，比如 1：15½。如果在金屬市場當中，這種價值關係發生變動，從變得較貴的金屬所鑄造的貨幣就會從流通中消失〔格雷欣法則（Gresham's law）：「劣幣驅逐良幣」（bad money drives out goods）〕。在雙重本位制之下，由變得較便宜的金屬所鑄造的硬幣，將成為優勢的交易媒介。之所以如此，是因為大眾可以透過把價格較低的金屬（十九世紀末的白銀）拿到鑄幣廠，把其換成銀幣來獲利。這是因為作為商品的白銀，其「價值下跌了」（under-valued），但是銀幣的面值（nominal value）與價值提高（編譯者註：此處應該是指相對於銀來說）的金幣一樣都不變。如果白銀價格大幅下跌，將會自動變成銀本位，因為只有白銀才會被鑄成貨幣。這種結果可以透過廢除白銀的自由鑄幣權，並把其限制在輔幣的鑄造來阻止。那麼，黃金就會重新確立為本位貨幣。事實上，這標誌著十九世紀貨幣本位演變的最後階段。

爭和革命的毀滅，破壞了此一成就。現在，維持貨幣穩定又再次成為頭等重大的經濟問題。

然而，還有一個從檢視硬幣收藏品看不出來的事實，但由於我們自身痛苦的經驗，讓我們對此事實已非常熟悉了。儘管口袋裡裝滿硬幣的人，也曾為貨幣制度的混亂和貨幣的貶值，導致貨幣不統一和不穩定而困擾，但不言而喻的是：他們可以「自由」（freedom）地把貨幣兌換成貨物或其他種類的貨幣。當然，在早期也有一些事例，例如：像法國國王菲利普（King Philip the Fair of France）⑯那樣不擇手段的統治者，他在十三世紀末與教皇的權力鬥爭中，宣布禁止貨幣和信用狀的出口，從而引入了我們目前所說的外匯管制。但是，我們沒有發現任何關於伊拉斯姆斯（Erasmus）、路德（Luther）或歌德（Goethe）等人，到義大利旅行時，遇到任何兌換貨幣困難的記錄。限制自由兌換本國貨幣與外國貨幣的做法，實際上是我們這個時代的發明，我們沒有理由為使控制交換成為一種正常的做法，而為剝奪貨幣兌換的自由感到自豪，這種自由在我們祖先的眼中是屬於貨幣的本質。此外，我們還發現，在某些國家甚至貨幣交換財貨的自由也受到配給條例所限制，以致於購買某些類別的物品，除非持有特殊的購買許可，否則錢變得一文不值。集體主義的蘇俄已經使這些限制變成一個永久的制度，這證明了在集體主義經濟（collectivist economy）中，貨

---

⑯ 編譯者註：是 1285～1318 年法國的國王，因其英俊的外表，而被暱稱為美男子（Fair）。

幣完全改變其角色，且無論如何都不再等同於「鑄幣的自由」
（coined freedom）了。

如果我們在心裡牢記著，健全貨幣的三個最重要的條件，
是統一、價值的穩定和流通的自由，那麼我們可以把貨幣史視
為一部貨幣災難史：貶值、冒險實驗、不斷反覆違反這三個條
件的歷史。從這個角度來回顧貨幣史，至少可以獲得有價值的
見解。有趣的事實是，對貨幣演變研究的另一個有利之處，是
發現從最早時期到今天，貨幣已變得愈來愈抽象，也愈來愈
「失值」（aenemic）⑰了。

荷馬（Homer）⑱用來計算阿基里斯（Achilles）⑲盾之價值的
那頭牲畜，顯然是一種非常具體的貨幣。即使在人類開始使用
某種重量的貴金屬作為貨幣的時代，貨幣的純粹物質面仍然是
首要的考慮。這種包括稱量貴金屬〔根據克納普（G. F. Knapp⑳）

⑰ 編譯者註：aenemic 的原意是貧血的，此處是指貨幣材質的價值愈來
　愈低於其面值。為簡化起見，筆者將之譯為失值。

⑱ 編譯者註：約生於西元前八世紀，相傳為古希臘的吟遊詩人，生於小
　亞細亞，創作了史詩《伊利亞特》和《奧德賽》，兩者統稱《荷馬史
　詩》。

⑲ 編譯者註：阿基里斯是古希臘神話和文學中的英雄人物，參與了特洛
　伊戰爭，被稱為「希臘第一勇士」。

⑳ 編譯者註：克納普（1842～1926）是一位德國經濟學家，他在 1905
　年發表了《貨幣國定論》，主張貨幣的價值來自於政府的發行，而不
　是經由交換關係自發地出現的。
　　《貨幣國定論》一出版，就在學術界和政界引起轟動。受傳統貨

的說法，叫做「稱量支付」（weight payment）〕的原始付款
方式之所以被銘記，是因為許多當代貨幣一詞原本無非就是重
量的代名詞，就好像英文的「磅」（pound）和義大利文的「里
拉」（lira），也包括德文的「馬克」（mark）和南斯拉夫文
的「第納爾」（dinar，是從拉丁文 denarius 而來的）[21]那樣。貨
幣與其純粹物質內容趨向於一個更完全分離的發展，並未就此
結束。那些曾經在最後一刻不得不買火車票的人，都會體驗到
「稱量支付」（payment by weight）這種方法所帶來的一些困
難。這些困難在古代邁出了巨大的一步之後就消失了。這些困
難首先在公元前二千年消失於克里特島（Crete）[22]，接著在小亞

幣理論的影響，當時各國紛紛討論其貨幣制度應當採取哪一種最優的
金屬本位制度。而克納普卻打破了這種長期奉行的傳統，認為我們在
理論上並不必然需要金屬本位，貨幣事實上無需與具有內在價值的物
品聯繫在一起。該書被普遍認為代表德國貨幣理論史上的一個里程
碑，開啟了德國貨幣理論鼎盛的時期。而從現在來看，該書也無疑成
為了貨幣思想史上的里程碑。

這本開創性的著作與傳統的古典和新古典貨幣理論針鋒相對。傳
統理論認為，貨幣是由一種商品（通常為黃金、白銀）構成（或擔保）
的，如此一來，該商品的交換價值或購買力便決定了貨幣的交換價值
或購買力，這是合乎邏輯的必然結果。與此截然不同的是，該書卻認
為貨幣是與其材質價值無關的國家的產物，因而對「紙幣」的存在成
功地做出了理論上的解釋。

以上參見 Georg Friedrich Knapp, *Wikipedia, the free encyclopedia*。
[21] 編譯者註：阿爾及利亞、伊拉克和南斯拉夫的貨幣單位。
[22] 編譯者註：是希臘最大且人口最多的島嶼。

細亞（Asia Minor）㉓也消失了。當他們引入了統一重量的貴金屬，並在上面蓋了官方的印記，以保證其重量和成色時，使幣制向前跨了一大步之後，這些困難就已經都消失了。

有了這個保證的印記，便產生了一種使人們可以不透過稱量，而是簡單地透過數數來付款的貨幣。這種全值的（fully-valued）貨幣（通貨）的交換價值，仍然與其材料的價值相同。但是下一階段的發展是發行代幣（token money）或輔幣（subsidiary coin），即材料價值僅占其交換價值一小部分的貨幣。這標誌著往貨幣失值方向的進一步發展；實際上，在當今大多數文明國家中，人們知道的鑄幣就只是這些。然而，這些失值的鑄幣僅用於少量金額的交易；到目前為止，在所有文明國家中，交易的大部分是透過性質上不耐用的紙幣來支付的，也就是蓋印的紙張。

在最初的時候，紙幣還具有一定物質層面的意義，也就是說，它是存放某一數量貴金屬的收據。而且，這種早期的紙幣具有 100% 的準備金，隨時可以將其兌換為貴金屬。它原來是一種流通的要求權（a circulating claim）。某人把一定數量的貴金屬存入銀行，委託銀行代為保管，銀行開立一張收據〔銀行券或稱紙幣（bank note）〕㉔給這個委託人。銀行很快就注意到了「大數法則」（law of great numbers）對其不斷成長

㉓ 編譯者註：又名安納托利亞（Anatolia）或西亞美尼亞，是亞洲西南部的一個半島，位於黑海和地中海之間，現今屬於土耳其。

㉔ 編譯者註：此處所謂的銀行券就是銀行發行的紙幣或鈔票。為行文的流暢起見，以下將之與銀行鈔票交互使用。

的業務量的影響：其存款和提款在很大程度上會相互抵銷。他們注意到一個甚至更為重要的事實，那就是銀行券開始被當作貨幣的形式在流通，這得益於人們相信這些銀行券可以兌換成貴金屬。因此，銀行券的準備金似乎沒有必要達到 100%。即使維持紙幣的完全可兌換性，某一比率的準備金也足以使銀行應付日常業務所預期的兌換要求了，該比率後來在大多數國家是以某種形式的法律將之固定。當然，這意味著發行銀行所發行鈔票的金額，比其準備要兌換的貴金屬多很多，同時也可以發行比其承諾要支付的多很多的鈔票。當發行銀行利用這些鈔票授以商業信用時〔這主要是以購買預先扣除利息（貼現）的本票〕，這些額外的銀行鈔票就進入流通了。當發行銀行使用這些多餘的鈔票來提供信用時，它成功地耍了一個直到今天許多人都還無法理解的戲法：它所提供的信用不是來自以前的儲蓄，而是來自發行額外的鈔票（創造信用）。㉕

㉕ 發鈔銀行的功能：早期發鈔銀行的問題——後來是存款銀行的問題，在於它既是一家銀行，又是一家貨幣發行的機構，並且它結合了信用創造和貨幣創造。一百多年來銀行史顯示，由此而產生的危險情況是那些受託制定銀行政策的人所最關心的。從這一歷史經驗中，已經明確地確立了以下幾個原則：

(1) 發行鈔票的中央銀行應該是一個國營企業，或至少應受政府的嚴格控制（政府獨占的原則）。

(2) 幾種方法可用來達成限制銀行發行鈔票的數量（規定法定準備、確定可發行的最大銀行券數量、對銀行券徵稅等）。

(3) 應當嚴格管制銀行券的發行，並嚴格規定信用運作的性質。應用

　　如此而流通的銀行券是源自於信用的運作，因此代表了
貨幣體系和信用體系的結合。只要這些鈔票仍然可以兌現〔完
全的金本位（full gold standard），或黃金流通本位（gold
circulation standard）〕㉖，它們就與具體的貨幣材料保持了

最後一項原則的實際結果是，把發行銀行的信用授予，限制在商
業和工業的短期業務的信用，以及限制在這些業務的特定種類
（貼現業務）。對於一直是有相當大爭論主題的這些限制的研
究，將使我們深入信用理論領域。請參考馮・米塞斯，《貨幣與
信用理論》，同前面貨幣理論最近的演變那個註；Argentarius,
Die Notenbank (1922)；F. Somary, *Bankpolitik*（第三版；1934）；
霍特里（R. G. Hawtrey），《中央銀行業務的技巧》（*The Art of
Central Banking*）（倫敦，1932）；凱因斯，同前面貨幣對歷史
的影響的註；維克托・摩根（Victor Morgan），《中央銀行業務
的理論與實際，1797-1913》（*The Theory and Practice of Central
Banking, 1797-1913*）（劍橋，1943）；Otto Veit, *Der Wert
unseres Geldes*，同前面貨幣理論最近的演變那個註。

㉖ 金本位：在 1914 年以前大多數國家所採用的金本位制度之下，各種
各樣的安排導致貨幣和黃金之間的聯繫如此緊密，以致於貨幣的材料
價值和名目價值是相同的，並且各類貨幣都可以自由兌換爲黃金。這
種連結機制使得貨幣在任何時候都可以換爲黃金，而黃金則可以在不
變且幾乎相同的價格下換爲貨幣。這種可兌換性的維持，是當時政府
當局做以下規定的目的，即自由鑄造黃金、貨幣當局有以固定價格買
賣黃金的義務以及自由進出口黃金。在這種制度之下，所有財貨的價
格都可以變動，而黃金的價格卻保持不變；黃金成爲「貨幣宇宙的北
極星」（pole star of the monetary universe）。金本位制之不可估量

某種間接的聯繫。但是，當可兌換性僅限於某些類型的支付
（例如：只限於對外國的支付）時，以及禁止金幣在國內流通
〔金塊本位（gold bullion standard）〕[27]，這種聯繫就變得愈來

的優勢，在於它穩定了幣值，並使其免受政府的肆意妄爲所影響。儘
管有些貨幣改革家們提出一些有希望的改革承諾，但迄今爲止尙未發
現與之相當的制度。與此相關的，金本位制還有一個更大的優點，亦
即它把所有使用該制度的國家，聯合成一個實質上統一的貨幣制度，
而成爲事實上的世界貨幣。請參看洛卜克，《國際秩序和經濟整合》
（多德雷赫特，荷蘭，1959）。

[27] 金塊本位：金塊本位有別於完全金本位（黃金流通制度），是廢除了
黃金自由鑄造權，金幣不再是法定貨幣的一種制度。貨幣與黃金的連
結機制，僅限於維持貨幣與中央基金的黃金（central fund of gold）
之間一個穩定的比例。從該基金當中，黃金像以前一樣以固定價格
出售，但僅限於有限的特定目的，而且不是以金幣的形式出售，而
是以金塊的形式出售。然而，國庫必須繼續按照它所開的固定價格
購進黃金。金塊制度的一個變體是黃金匯兌本位（gold exchange
standard），在這個制度之下，中央基金可以由外匯，而不是由黃金
組成的，或者是在黃金之外還有另外的其他東西所組成。然而，這是
一種非常值得懷疑的替代制度，正如直到1931年爲止，該制度的經
驗所顯示的那樣，它很容易導致國際性的通貨膨脹。金塊本位也可以
恰當地描述爲是一個「黃金」（gold）本位，因爲它還保留了與黃金
的連結機制，維持了黃金的固定價格，避免了任意規定貨幣供給量，
且自動穩定了匯率。與眞正的黃金本位相比，它具有節省黃金的好
處，但是爲了確保此一好處，卻以一些嚴重的不便爲代價。最重要的
是，該制度的自動性被嚴重地削弱了，更把我們帶向紙幣本位。請

愈弱了。隨著任何形式的可兌換性都廢止〔紙幣本位（paper standard）〕之後，銀行鈔票就已經與貴金屬完全分離了。在第一次世界大戰之前，經濟發達國家普遍採行完全金本位制度；隨後，金塊或金匯兌本位居於優勢的地位。而如今，我們所看到的是，幾乎在各地都流行著不同形式的紙幣本位。

第 3 節　貨幣與銀行體系

即使紙幣是抽象的、不耐用的，我們都不能把它們視爲是貨幣發展「失値」（aenemia）的最後階段。畢竟，紙幣還是「現金」（cash）。它是一種看得見的具體的通貨。現在大家都知道的是，在經濟最發達的國家中，大多數商業交易並非使用實際的現金，而是使用銀行存款轉帳的方式完成的。這類交易的參與者都保有銀行的存款，他們可以利用這些存款開立支票。以這種方式處置其銀行存款時，他們使用的就是稱爲「信用貨幣」（credit money）的一種變種貨幣（銀行票

參考 F. Machlup, *Die Goldkernwährung* (1924)；布郎（W. A. Brown, Jr.），《重新詮釋國際金本位，1914-1934》（*The International Gold Standard Reinterpreted, 1914-1934*）（紐約，1940）；X. Zolotas, *L'étalon-or en théorie et en pratique*（巴黎，1933）；格雷戈里（T. E. Gregory），《黃金、失業和資本主義》（*Gold, Unemployment, and Capitalism*）（倫敦，1933）；洛卜克，《國際秩序與經濟整合》，同上註；Luigi Federici, *La moneta e l'oro*，同貨幣理論最近的演變那個註。

據、支票或活期存款）。以這種方式，當今最占優勢的交易媒介，貨幣已經有其最抽象的表現形式了。即使是簡單的籌碼，好像也已經從賭桌上的金錢消失了——人們只用「計分數」（keep track of the score）的方式。如果在「銀行系統」（the banking system）的總標題之下，我們既包括了發行貨幣的銀行，又包括處理活期存款的銀行（商業銀行），那麼，很明顯的是，在經濟先進的國家中，貨幣體系與銀行體系是密切相關的。從此，貨幣與信用組成了不可分割的一體。

我們也發現，與發行銀行券相關聯的那種信用擴張的相同順序，也發生在活期存款的場合。儘管活期存款屬於銀行的債務，銀行必須按需要而隨時付款〔因此而名為「活期存款」（demand deposit）〕，但是就活期存款作為貨幣流通的程度而言，銀行感覺自己沒有義務要為這些存款維持 100% 的現金準備。為了提供必要的最低流動性（以保有應付預期現金需要的能力），銀行認為只要把現金供應量維持於未償付活期存款總額的某一比率，比如說 10% 就足夠了。銀行可以把剩餘的 90% 貸放出去，在此過程中可以賺取足夠的錢，以便免費管理存款，甚至還可以對這些存款支付少量的利息。從此以後，銀行管理的全部技巧就是在流動性和獲利性這兩個相反的原則之間進行調節，其總體目標就是維持最低的流動性和最大的獲利性。微小的計算誤差可以透過所謂的「貨幣市場」（money market）來糾正。因此，整個系統真正地「微妙調整到反映出其剛好能夠支持的最小增量」。至此，我們可以看出銀行業對整個貨幣體系的重要影響。在上述的發展之前，只有現金的流通。此後，活期存款與產生這些相同存款的大部分現金同時流

通。活期存款或支票貨幣的流通，簡而言之，就相當於「創造」（creation）了額外的貨幣供給。

我們可以從另一個角度來觀察現代銀行體系如何影響貨幣的供給。舉例來說，一個商人不僅可以透過在銀行存入的現金，他也可以向銀行貸款，以開立活期存款（支票帳戶）。因此，透過在現金準備和未償還活期存款之間遵循 1：10 的比例，可以借出 90% 的實際通貨，銀行可以透過授予信用，而創造新的支票帳戶（活期存款），這個額度大過於存入銀行金額的 9 倍。很明顯地，在這種情況之下，這個銀行按照與發行銀行相同的程序，不僅可以用先前的儲蓄來授信，而且還可以透過所創造的信用，以獲得的額外資源來授信。一個銀行可以創造信用到什麼程度？這取決於銀行的流動性需求，即取決於該銀行為滿足把支票轉換為實際現金，而必須保持的準備金數額的大小。這種對於保持流動性的關注是任何銀行為安全都無法忽視的，這或多或少都有效地限制了銀行創造信用的能力。銀行流動性的要求隨著以下各項的波動而定：大眾對銀行信心的強弱、隨銀行支付給定期客戶以外的人的款項（薪資以及支付給零售商、農民的小額款項等）大小，以及與各個銀行帳戶周轉率的大小。但更重要的是，銀行流動性所遭受的波動——以及信貸總量所遭受的波動——在很大程度上，與「繁榮和蕭條的循環性波動」（cyclical fluctuations of prosperity and depression）相吻合。在經濟擴張時期，信用供給增加，銀行的流動性按比例降低（信用擴張）；而於蕭條時期，銀行為求較大的流動性，在此過程中，不得不收縮信用（通貨緊縮）。

徹底了解上述的關係是非常重要的，因為若無此種了解，

我們就無法充分了解目前困擾我們經濟制度的危險和問題。因此，應該不遺餘力地探究這些關係。[28]做這個工作的一種方法是設想一個經濟社會，其中所有付款都在不使用實際通貨的情況下進行。很顯然地，在這種情況下，銀行創造信用的能力將不再受到任何的限制。不用現金的交易制度擴展愈廣泛，銀行「創造」（manufacture）信用的能力就愈大。再者，我們可以把銀行與劇院的衣帽間做比較。在這兩種情況下，我們都存入一些東西。在銀行，我們存入通貨，而在衣帽間，我們存放帽子；在這兩種情況下，我們都換取一張收據，該收據讓我們有權取回存放的物品。但是，衣帽間的員工不能指望那位戲迷把收據看得與帽子一樣好，因而不拿收據來取回帽子，然而那間銀行卻可以放心地假設其客戶實際上會把其收據（即伸張其

---

[28] 信用貨幣的由來：有關此一問題最重要的進一步資料來源是：L. A. Hahn, *Volkswirtchaftliche Theorie des Bankkredits*（第三版；1930）；L. A. Hahn, *Geld und Kredit*〔法蘭克福（Frankfurt am Main），1960〕；F. A. von Hayek, *Geldtheorie und Konjunkturtheorie*（維也納，1929）；凱因斯，《貨幣論》（倫敦，1930），同貨幣理論最近的演變中的註；Hans Neisser, *Der Tauschwert des Geldes* (1928)；菲利普斯（C. A. Philipps），《銀行信用》（*Bank Credit*）（紐約，1920）；克里克（W. F. Crick），〈銀行存款的起源〉（The Genesis of Bank Deposits），《經濟期刊》（1927 年 6 月）；Hans Gestrich, *Kredit und Sparen*（第二版；Godesberg, 1948）。與信用創造有關的問題，請參見 F. Lutz, *Das Grundproblem der Geldverfassung*，同金塊本位中的註。

存款的權利）看得與其存款一樣好。因此，銀行是一家機構，發現持有的現金可以少於其承諾支付的現金，並賺取其間的差額，萬一情況變糟了，則其經常承諾要支付的現金會超過其實際上能夠支付的金額。的確，這是現代銀行的重要特徵之一，光靠它所能支付的現金無法同時償還其所欠的所有債務〔「銀行擠兌」（run on the bank）〕。

當一個國家的整個銀行體系遭到像1933年美國那樣的擠兌時，這是非常嚴重的事情。因為那時，整個建立在習慣和信任基礎上的這種非物質的巧妙貨幣體系突然崩潰了，而大眾對擁有實質現金的渴望爆發了。然後發生的事情就是信用體系突然全部崩潰，而回到貨幣演進的前期階段。在這個漫長的倒退中，貨幣甚至可能從紙幣階段退回到有十足價值的鑄幣，或者更為劇烈的是退回到未鑄造的貴金屬片。在三十年代，許多國家經歷了此類貨幣的危機，其後果到現在仍然可以感受得到。

商業銀行所謂的「信用創造」（creation of credit）之所以可能，只是因為短期信用的流通等同於貨幣的流通。那麼，創造信用就是創造貨幣。透過再次把支票（或活期存款）與銀行券進行比較，並回顧有關鈔票發行問題的歷史性討論，可以更清楚地理解這種神祕的、看似邪惡的現象。從這種回顧中，浮現出兩個重要的事實：(1) 可以根據需要而特別印製銀行券；(2) 商業銀行所具有的創造信用的能力，在這方面，與發鈔銀行僅在程度上有所不同，而在種類上無不同。當然，沒有人會反駁第一點。而對於第二點的真實性如何，只需要回顧一下，透過一張支票把活期存款從一個人轉移到另一個人，只要交易雙方都對銀行償付的能力有信心，就會使這筆存款完全與貨幣

一樣地流通。

　　支票帳戶可視爲是存在銀行帳簿上，並等待提領的貨幣；因此，對這些帳戶開立支票和匯票，只是經由這些工具，使這種帳面的貨幣進入流通而已。根據大數法則，存款和取款相互抵銷，以及活期存款的流通僅限於銀行系統客戶圈，銀行不需要爲此類存款保留 100% 的準備。相反地，正如我們所知道的那樣，即使該銀行的存款人隨時要調用這些資金，銀行仍可以把其存入的部分資金貸放出去。因此，銀行券和活期存款這兩者非常相似。兩者都有一個共同點，它們都是銀行對自己所開出的流通要求權，它們也都是可以使銀行在一定程度上，創造出相當於其現金儲備若干倍的貨幣。它們之間唯一的差別只是在一般的流通上，活期存款的可接受性比銀行券要低，但這只是程度上的差異，而不是種類上的差異。

　　因爲銀行券是實際的貨幣，且理論上可以無限量的發行，所以應該對鈔票的發行權力進行某種法律的控制，對於這個事實，很少會有人爭辯。因爲在幾乎所有的國家，即使鈔票不再能兌換金銀，但都具有完全的無限法償，因此對發鈔權進行某種控制這一點就更加有必要了。但有趣的是，銀行隨意發行鈔票，從而增加貨幣供給量的能力，這個問題曾經引起過爭議，就像今天是否商業銀行的授信能力要更加受限也引起爭議一樣。

　　可以確定的是，銀行券的發行一直都被視爲對社會充滿危險的一項事業。發鈔銀行的歷史是一部漫長而痛苦的歷史，到處都散布著破產的銀行，更令人沮喪的是，還留下一些崩壞的貨幣制度之遺跡。英國經濟學家李嘉圖（Ricardo）在

一百五十年前就說過：「從來沒有一家擁有無限發鈔權力的銀行，不濫用這種權力。」因此，人們愈來愈確信銀行鈔票的發行應受到一定的限制。但是限制應該設在何處呢？在這一點上，一百年前，通貨學派（Currency School）和銀行學派（Banking School）這兩學派之間就發生了非常激烈的爭論。它們之間的分歧，即使過去了一個世紀，也絲毫沒失去它們的意義。

　　銀行學派關於信用創造這個現象的觀點可以概括如下：銀行券和活期存款是相似的，因為它們都是與銀行業有關的現象──因此被稱為「銀行學派」（Banking School）──但這兩者都不會對貨幣體系產生任何積極的影響。在這個學派嚴格的論點中，只要鈔票只透過銀行業務（即透過短期信用交易）進入流通，貨幣體系就會保持井然有序的狀態。在這種情況下，限制紙幣發行的任何法律障礙都是有害的；相反地，不受限制的發行權對於維持通貨供給的彈性，以及按商業需要的波動，而調整這種供給是絕對有必要的。這種調整將自動進行，因為隨著一般經濟活動的興衰，對發鈔銀行信用的需要也會上升或下降。因此，在增加或減少鈔票數量方面，發鈔銀行的地位完全是被動的，因為鈔票的發行量是取決於商業團體對貨幣和信用的需要，而不是取決於發行銀行的意願。通貨數量的變動不是造成生產面發生事故、或是價格水準的變動、或是循環性的波動、或外匯匯率的變動等的原因，而是其結果。銀行任何改變貨幣量，以使其高於或低於企業界需要的企圖都會失敗；如果發行的鈔票過多，多餘的部分會回流到銀行，而如果發行的數額不足，則企業界將求助於其他的流通工具。

　　與銀行學派相反，通貨學派認爲銀行鈔票是一種貨幣現象，而不是一種信用現象。因此，認爲銀行鈔票的發行應像其他任何種類的貨幣一樣受到謹愼的監督。與銀行學派相反，該學派在邏輯上辯稱，銀行信用的總和是受到發鈔銀行政策的影響，該政策決定了信用條件，尤其是利率的高低。發行紙幣應與其他任何創造貨幣的方式一樣，而且發鈔銀行的運作，在性質上，無法防止過度的創造信用〔信用膨脹（credit inflation）〕，也無法防止信用不足〔信用緊縮（credit deflation）〕。因此，銀行券的發行需要嚴格的法律監督。雖然說是這樣，然而通貨學派卻忘記了，活期存款可能與銀行券一樣，都是信用膨脹或信用緊縮的來源。結果，當著名的《一八四四年的英格蘭銀行法》（English Bank Act of 1844）[29]對銀行券的發行所加的嚴格限制，未能解決信用創造中的問題時，這個學派的信徒受到了很大的衝擊。的確，對鈔票發行所加的這些限制，有助於刺激活期存款（支票）制度的成長。在過去的一百年中，活期存款在商業交易中的重要性增長得愈快，就愈清楚地顯示出，僅對發鈔銀行的監管，不足以克服信用創造所伴隨而來的極度困難的問題。對發鈔銀行的控制，必須輔之以對活期存款制度的監管。

---

[29] 編譯者註：這是英國國會在首相羅伯特・皮爾（Robert Peel）任內通過的一項法令，因此又稱爲《一八八四年的皮爾條例》（the Peel Banking Act of 1844）。該法令限制了英格蘭各大銀行的權利，把印鈔權收歸中央集權式的英格蘭銀行所有。（以上請參考網址：www.wikiwand.com/zh-tw/1844 年銀行特許狀法令。）

　　儘管現在學院派的經濟學家都一致地認為，商業銀行能夠，而且也確實在創造信用，但仍有許多注重實務的人，以懷疑的態度看待這樣的「理論」（theories）。在銀行界，還是有人以自己的經驗，指出信用創造理論完全站不住腳。這種懷疑論可以部分歸因於對信用創造過程的誇大或不完整的描述。我們必須要避免誇大我們所說的事例，因為在本章的前面部分已經指出了信用創造過程的局限性。我們還必須考慮個別銀行家的錯覺使其看待上述的過程，與經濟學家把銀行體系看做一體來研究是完全不同的。因此，個別銀行不能無限制地持續放款，因為它所必須維持的現金準備，明確地限制了其可貸資金的額度。如果甲銀行認為 10% 的準備是足夠的，那麼它只能貸出其所收存現金的 90%。但是，信用擴張的過程並非到此結束，因為這 90% 通常會成為乙銀行最初的存款，然後乙銀行又可以再貸出這筆存款的 90%，依此類推。當這一過程**繼續**發展下去，就會發現整個銀行體系最終的貸款總額是原始存入現金量的 9 倍 $[9/10 + 9/10*9/10 + 9/10*9/10*9/10 + ... + (9/10)^n]$。我們知道這個〔菲利普斯（Philipps）所稱的〕「銀行體系之謎」（enigma of the banking system），在於某一給定數額的現金作為巨大信用和存款的基礎，儘管對個別銀行來說，顯然不是這樣。由於剛才所提到的複雜過程的性質，我們就不可能區分出哪些是真正最初的現金存款和哪些是透過信用創造而產生的衍生存款。因此，我們很容易地就可以知道為什麼個別銀行家會如此激烈地否認信用創造的過程，而此一過程對我們來說卻是不言而喻的。這種否認免除了個別銀行創造額外信用的「罪惡感」（guilt）（或好歹是免除了其責任）。現

在，當我們說一個銀行必須留意其現金準備時，我們只不過說它必須維持流動性。銀行所想要或所被要求的流動程度，為其創造信用的能力設定了一個外部的限制，當然，前提是實際的通貨不會完全為單一銀行手中的活期存款（支票存款）所取代。

　　從以上的分析，我們可以得出兩個結論。第一是，一個國家活期存款的總額並不代表純粹的儲蓄，其中很大一部分是來自於銀行信用創造的結果。在考慮任何經濟問題時，絕不能忽略這一點。第二是，貨幣和信用構成了一個實體，其複雜性對經濟穩定和貨幣穩定的達成造成了許多巨大的困難。一個銀行不是一個普通的營業性的企業。它不僅是為妥善保管我們存放貨幣財產的衣帽間，或是出租假面舞會服裝的商店，而是一個對貨幣流通，進而對整個經濟過程，都產生深遠影響的企業。因此，即使是最頑固的歐洲自由主義者，也從未出現過把這種企業的控制交給銀行自身的想法。因此，我們要再重複一遍：凡是不了解銀行體系所扮演角色的人，就無法了解現代經濟制度的運作。

第 4 節　　通貨膨脹與通貨緊縮

　　前面對信用創造和由此過程所生出問題的描述，已經顯示了確保經濟制度中貨幣的穩定是多麼重要。我們也了解了要阻止這種摧毀穩定的那些貨幣病態（通貨膨脹與通貨緊縮）有多麼困難。讓我們盡可能地以實際的例子出發，來闡明這個問題的性質。讓我們假設，在 1913 年時，一位牙醫和他的患者打賭，說他準備鑲牙的黃金價格將跟隨當時已經上漲的一般物價

而上漲。牙醫當然會輸掉其賭注；只要快速瀏覽一下他以前購買黃金的資料，就會告訴他所要知道的事情。因為那個簡單而巧妙結合的金本位機制，透過把貨幣單位定義為固定重量的黃金，以這樣一種聰明的方法，把黃金與貨幣緊密聯繫在一起，儘管其他所有物品的價格都在波動，但黃金的價格仍可保持穩定。

　　作者認識的一位女士曾講述過一個對比鮮明，但同樣具有啟發性的經驗。她向作者展示了一條華麗的鍛銀腰帶，這是她在上世紀[30]末，與丈夫在訪問印度時購得的。她自豪地解釋說，她獲得了一筆非常划算的交易，因為當地珠寶商對其銀腰帶所要求的銀幣盧比，並未高於，甚至是少於，腰帶所含銀的重量。這不等於是說她未付代價，而獲得了這個精美的手藝品嗎？實際上，這位女士對自己討價還價能力的滿意還為時過早，因為在她訪問印度時，純銀本位（pure silver standard）已為非純銀本位（blocked silver standard）所取代了。當印度政府停止自由鑄造銀幣時，鑄幣形式的銀比未鑄幣形式的銀要稀少；切斷了貨幣與白銀聯繫起來的紐帶，相當於金本位的紐帶被切斷一樣，導致盧比銀幣的鑄幣價值大大超過白銀本身的價值。盧比成為一種金屬銀行券，其稀少不是由白銀的生產所決定的，而是由發行的政府所決定的。為了強調這個故事的寓意，我們僅需要想像以下這項交易就可以了，它要求購物卡的購買者支付一定數量的紙幣，這些紙幣的數量必須等於購物卡的價值。

　　現在再舉第三個例子，這個例子把我們從金本位和非純銀

[30] 編譯者註：即十九世紀。

本位帶到了「紙幣」（paper money）。超過四分之一世紀以前，發生了一項令人震驚和巧妙的犯罪，結果形成了一個很有趣的民事訴訟的慣例。一群國際騙子成功地使倫敦一家著名的印製郵票和鈔票的華德路父子（Waterlow & Sons）公司㉛，相信他們是葡萄牙中央銀行的代表，前來訂製大量的葡萄牙銀行券。這筆訂單按時交貨了，這群騙子也拿到了這些鈔票。當這個詐騙的行為最終被發現時，葡萄牙銀行（Bank of Portugal）把其流通中的所有鈔票都收回（其真偽自然沒有問題），並換了新發行的鈔票。由於事實證明不可能抓到罪犯，葡萄牙銀行就對華德路父子公司提起了訴訟，要求該公司補償因印製假鈔而造成的損失。英格蘭法院不一會兒便發現該案極為複雜難解，為進行裁決，必須要有最厲害的貨幣理論專家的證詞，才能判決。擺在法官面前的問題是：葡萄牙銀行所遭受的實際損失到底有多大？如果騙子所訂的是郵票，而不是鈔票，那麼很顯然地葡萄牙政府的損失將等於郵票的總價值。然而，若是鈔票，就無法進行這種簡單的計算了。在困擾專家的眾多問題當中，以下這個問題與我們的研究特別有關：即使這些騙子沒有訂製假鈔，葡萄牙銀行是否會發行相同數量的鈔票？如果不會，則由於引入假鈔而導致的貨幣供給量的增加，對葡萄牙來說是好事，抑或是壞事？這個問題的答案取決於假鈔的流通是

㉛ 編譯者註：華德路父子公司是一家負責印製全球主要貨幣、郵票、股票和債券證書的英國公司。該公司位於英格蘭的倫敦、沃特福德和鄧斯特布爾，成立於 1810 年，而在 1961 年被德拉羅（De La Rue）印鈔公司所收購。

否擾亂了葡萄牙的經濟秩序；換言之，這將取決於那些多增加的鈔票是否有助於避免若無這些鈔票將會發生的通貨緊縮，或者是否會導致通貨膨脹。如果是第一種情況的話，則那些騙子就在無意中幫了葡萄牙的忙。事實上，這些和其他的考慮，確實影響了英格蘭最高法院的判決，只判給葡萄牙銀行所索賠損失的一小部分。㉜

這三個例證含有哪些教益呢？它們至少指出了以下這三個原則的真實性：(1) 貨幣的價值由其相對稀少性所決定；(2) 貨幣政策最重要的任務就是調節這種稀少性，使貨幣價值盡可能地保持穩定；(3) 這個任務可以透過不同的方式來達成。在金本位（或有自由鑄造全值硬幣權的銀本位）之下，貨幣的稀少性由本位金屬的稀少性來決定的。反過來說，本位金屬的稀少性主要是受到給定時期內所生產金屬量的影響。這種關係是所謂的「束縛貨幣本位」（tied monetary standards）的特徵，在該本位之下，貨幣與某一貴金屬牢固地連結起來，而貨幣數量的調整則是貴金屬數量的函數，並反映了貴金屬數量的變化。在「非」（blocked）純銀本位之下，貨幣的數量與貴金屬的數量是無關的，而是受政府任意的法令〔「自由或管理本位」（free or manipulated standard）〕所控制的，在紙幣本位之下，「更是如此」（a fortiori）。到底貨幣數量的控制應受制於金銀生產的自動力量，或是受制於政府有意識的法令，是那些受託制定貨幣政策的人所面臨的主要問題之一；而貨幣

㉜ 請參見基希（C. H. Kisch），《葡萄牙銀行券案例》（*The Portuguese Bank Note Case*）（倫敦，1932）。

制度的選擇就決定於這個問題的答案了。（在歐洲）一個相信經濟法則，而不相信依靠政府任意而爲的自由主義者，通常會選擇束縛式的或自動式的本位制度。而一位樂於接受政府的任意決定，勝過於自然經濟力量的集體主義者，會較喜歡不受束縛的或管理本位制度。然而，由於把貨幣與貴金屬聯繫起來，意味著對貨幣數量的控制要比政府任意的控制所預期的要嚴格得多，因此，我們發現，自相矛盾的是，至少在貨幣問題上，（歐洲）自由主義者竟然要求一個比集體主義者要嚴格的紀律。

　　的確，不足爲奇的是，這些自由主義者如此重視維持貨幣數量的有效和積極的控制，因此至少在這種情況下，他們不想聽任其自然。十九世紀初英格蘭的自由主義者，也是通貨學派主要擁護者的歐弗史東爵士（Lord Overstone）[33]，在貨幣和財貨之間做出了清晰而引人注目的區分。他指出，自由主義者希望在競爭的經濟中，把適用於財貨製造的廉價而豐富的生產原理，應用到貨幣的製造上，這是沒有意義的。相反地，對貨幣至關重要的是嚴格控制其數量。儘管自由主義者在財貨生產上堅守由私人發動和自由競爭，但他也知道，貨幣數量的審慎控制不能期望從這些對生產財貨有利的條件當中取得。相反地，需要有一套經過審慎考慮，而由政府制定和監督的貨幣控制制度。「如果在財貨生產上最重要的踏板是加速器，在貨幣生產中最重要的踏板就是煞車器。」確保這種煞車器不受政府的任意而爲，且不受尋求「寬鬆貨幣」（easy money）的政黨和團

---

[33] 編譯者註：是十九世紀英國的銀行家和政治家。

體的壓力所影響，而自動地運作，一直是金本位制度的主要功能之一。自由主義者應該喜歡黃金的自動剎車，甚過於作爲管理貨幣受託人的政府一時的興致，這是可以理解的。

　　對管理貨幣本位（manipulated monetary standard）的這種不信任，並非只是自由主義哲學引導的結果。在整個貨幣史的進程中，幾乎都證明了這種不信任是正確的。因爲隨著貨幣的日益無形化——到了信用貨幣的形式時，就達到無形化的極致了——對貨幣數量進行任意和隨意管制的危險也相應地變大了。當然，即使作爲貨幣本位的金屬，其價值有時也會出現很大的波動，這是事實。但是，與採用管理本位制以來所出現的幣值波動相比，這些變化是微不足道的，而管理本位制是以政客和政府不可預測的一時興致，取代了自然的和經濟的法則。是紙幣本位第一次教會了我們「通貨膨脹」（inflation）一詞的含義。的確，因爲有關的政府都無法，甚至可能也不願意把貨幣數量保持在一定限度之內，我們很難舉出一種終歸不會貶值的紙幣本位。

　　我們現在應該清楚了，貨幣的流通量對「貨幣的購買力」（purchasing power of money）有決定性的影響，貨幣供給量的增加會降低其購買力（通貨膨脹），貨幣供給量的減少會提高其購買力（通貨緊縮）。從長期來看，通貨膨脹的危險始終比通貨緊縮要來得大。因爲通貨膨脹的直接結果通常很受歡迎，故其誘惑幾乎是無處不在的。在近代的歷史上，從沒發生過政客爲了要對通貨膨脹負責，而被謀殺的案例。相反地，卻至少有幾次政客被要求需對造成通貨緊縮而負責的案

例〔例如：在捷克斯洛伐克（Czechoslovakia）㉞和日本〕。這個例子足以說明，為何在發行貨幣這個事情上，傾向於「太多」（too much）的方向任意而為，比傾向於「太少」（too little）的要多。的確，我們所記錄的每種貨幣，在其歷史上的某個時候都是通貨膨脹這個疾病的犧牲品，通貨膨脹疾病即使不是致命的，也會留下貶值的永久疤痕。如果我們把一張現代鈔票和與其等價的金幣並排，我們就可以確定一百年後這張鈔票——即使是最穩（hardest）和最好的鈔票——也會遭到貶值的恥辱，而這枚金幣仍將享有與二千五百年前呂底亞國王克羅伊索斯（King Croesus of Lydia）㉟時代的金塊相同的價值。那些把金本位說成是愚蠢制度的編造的最精闢的理論，所有對人類瘋狂挖掘黃金的諷刺作品，以及為創造無金貨幣（gold-less money）的巧妙設計，都永遠無法改變一個真正了不起的事實，那就是數千年以來，人們一直把黃金視為是價值最高、最可靠，也是最安全的財富。人們可以隨心所欲地抗議這一點，但此一事實仍然存在。正是這個堅固的事實，使金本位得以繼續成為所有貨幣制度中最好和最有用的。

到目前為止，我們的研究或許已足以證明以下這個「貨幣數量或貨幣稀少性的理論」（quantity or scarcity theory of

㉞ 編譯者註：又可翻為捷克斯拉夫，是一個存在於 1918 年至 1992 年的中東歐國家；1992 年，捷克斯洛伐克以和平、不流血的方式獨立成捷克共和國及斯洛伐克共和國。

㉟ 編譯者註：克羅伊索斯是呂底亞的最後一位國王，在位時間約為西元前 560 到 546 年，以其巨額財富而聞名。

money）了，亦即貨幣的價值或購買力主要取決於貨幣數量與
財貨數量的比例。因此，我們會發現造成通貨膨脹和通貨緊縮
疾病典型症狀的那些貨幣購買力突然的變化，是由於貨幣（包
括信用貨幣）的數量顯著增加或減少所引起的。因此，有秩序
的貨幣制度最重要前提就是對貨幣數量的調節，以使貨幣制度
免於受到不斷出現的通貨膨脹所影響。

　　我們之所以需要在像此刻這樣的時候強調這些考慮，是
因為現今我們通過一系列的貨幣計畫，其目的在於消除這個時
代通貨緊縮此一可怕的現象。[36]我們重申，從長期來看，通貨膨
脹，如今特別是信用貨幣所潛伏的通貨膨脹，是最大且最迫在

---

[36] 貨幣本位改革的一些方案：毫無疑問地，在很大程度上，可以透過貨
幣制度的改革，來實現我們經濟制度的改革。但是為避免這種改革以
災難告終，我們必須謹慎行事。遺憾的是，這類改革方案中最輕率的
就是那些得到最熱烈支持的方案。這些方案的激進主義和近乎宗教的
狂熱吸引著人們，這種宗教的狂熱體現在這些方案承諾透過貨幣制度
的改革，在經濟和社會上拯救這個世界這一點上。所有這些「貨幣
的救贖」（monetary redemption）理論當中，最著名的可能是西爾維
奧・格賽爾（Silvio Gesell）的《印記貨幣理論》（*Theory of Stamp
Money*），所有這些理論都傾向於通貨膨脹的結局。請參考 F. Haber,
Geld (Geldreformer), *Handwörterbuch der Staatswissenschaften*（第四
版），卷 4；蓋茨凱爾（H. T. N. Gaitskell），〈四個貨幣的異端論〉
（Four Monetary Heretics），收在《每個人都想知道的關於貨幣的事
情》（*What Everybody Wants to Know about Money*）〔科爾（Cole）
編輯，倫敦，1933〕。L. Federici，同貨幣理論最近的演變那個註。

眉睫的危險。的確，保持貨幣稀少的有效性，很可以作為判斷和理解任何貨幣制度表現是否良好的標準。貨幣與貴金屬的聯繫、中央銀行對法定準備的要求、對發鈔銀行運作的嚴格控制等，所有這些措施的最終目的都是為了維持貨幣的稀少。如今，幾十年來，世界一直努力於尋找最有效的方法，來遏止現代銀行體系的信用創造能力這個更為嚴峻的問題。此外，長期說來，經濟中貨幣稀少程度的大小，還決定了國內外貨幣之間的交換關係（匯率）。[37]

_____

[37] 匯率理論：為了充分闡明匯率理論，我們需要一本專書，這樣才能對所涉及之複雜的相互關係有所了解。永遠不要忘記，匯率最重要的決定因素之一，就是本國貨幣在國內的購買力與外國貨幣在其國內購買力的相比〔購買力平價理論（theory of purchasing power parities）〕。還有，所涉及的關係愈是肉眼可見的，也就是說購買力比率的變動愈大，則這個因素在匯率的最終決定中就愈會超過其他的因素。在德國通貨膨脹期間，即使是購買力平價理論的最粗略形式，也比透過以「國際收支赤字」（balance of payments deficit）來解釋馬克匯率的下降更為正確。換句話說：馬克匯率下降主要是因為德國國家銀行（Reichsbank）過度印鈔票，導致德國境內馬克激烈的貶值所致。與該主要因素相比，其他因素都是無關緊要的了。在平常時期的情況下，所討論的這個問題所涉及的相互關係要複雜得多。請參閱哈伯勒（G. Haberler），《國際貿易理論》（*The Theory of International Trade*）（倫敦，1936）；惠爾（B. Whale），《國際貿易》（*International Trade*）（第二版；倫敦，1934；一本很精彩地介紹該主題的小書）；馬克盧普（F. Machlup），〈外匯理論〉（The Theory of Foreign Exchanges），《經濟學刊》，1934 年 11

　　回想起第一次世界大戰後通貨膨脹所造成的絕望，隨後又經歷第二次世界大戰後的同樣災難，我們這一代人不需要關於貨幣制度最嚴重的疾病是那種由政府預算赤字所引起的通貨膨脹這一個事實的教導了。1920～1923 年間德國的通貨膨脹提供了一個說明當政府試圖透過欺騙性和不負責任的濫印鈔票，來彌補預算赤字所發生情況的可怕例子。德國這種始於「赤字融通」（deficit financing），而終於一系列價格上漲的災難性事情，導致了某些人的致富，而其他人則變得絕望、貧困，並嚴重地破壞了整個經濟和社會的結構。但是，由政府預算赤字所引起的膨脹性貨幣的創造，未必會造成第一次世界大戰後，那種「開放性通貨膨脹」[38]（open inflation）所造成的經濟和社會的混亂。從 1933 年開始，國家社會主義的德國證明了，一個政府可以毅然決然地把其國家置於統制經濟的經濟緊縮衣當中，以便把開放性通貨膨脹轉變為「抑制性通貨膨脹」（repressed inflation）。採行配給制，嚴格地控制工資、消費、資本投資、利率，以及目的在限制自由使用不斷增加購買力的一些措施，可能在一段不確定的時期之內，成功地遏制物價、工資、匯率、股票價格等這些通貨膨脹的壓力。

月：H. v. Stackleberg, Die Theorie des Wechselkurses bei vollständiger Konkurrenz, *Jahrbücher für Nationalökonomie u. Statistik*，卷 161。

[38] 編譯者註：所謂開放性通貨膨脹是指在市場機制充分運行和政府對物價不加控制的情況下，所表現出來的通貨膨脹。由於市場機制較為完善，且沒有政府的直接干預，貨幣的多少直接影響著物價水準的漲跌。

　　由於希特勒已經展示了，一個政府可以透過統制經濟來消除通貨膨脹的程度和持續的時間，所以我們可以好好地問自己，從現在開始是否有任何一個政府當在處置強制性機制時，不會走向希特勒時代的道路。通貨膨脹壓力愈大，需要管制經濟來抑制它的對抗壓力就愈大。出於同樣的原因，如果要有效地抑制通貨膨脹持續上升的壓力，管制經濟就必須訴諸於更加全面和殘酷的控制。這在邏輯上導致了這樣一個問題，即如果沒有極權主義的奴隸制（第三帝國 ㉟ 就是這種令人憎惡的例子），這樣的統制經濟是否可能實現。

　　德國的經驗需要我們更仔細地討論這種抑制性通貨膨脹的特殊現象。正如我們所說過的那樣，從根本上來說，這個事實就是政府首先引起通貨膨脹，然後透過實施現在熟悉的戰時配給、固定價格，連同一些必要的強制措施，以抑制通貨膨脹對價格和匯率的影響。隨著通貨膨脹的壓力迫使價格、成本和匯率上漲時，統制經濟全面和精心設計的機制，便力圖透過警察國家的那些對策，來壓制這種上升的動向。那麼，我們可以把抑制性通貨膨脹視為一種刻意維護的強制性和虛擬性的價值體系，從經濟上來講，這種刻意維護的價值體系是一件不倫不類的事情。統制制度是集體經濟體制必然的特徵，在社會主義控制的地方（蘇聯、國家社會主義的德國、奧地利、英國、瑞典和其他一些歐洲國家）都遇到過。在德國經濟的徹底瓦解中，這種抑制性通貨膨脹所導致的深刻悲劇性表現出來了。只有透

㉟ 編譯者註：1933～1945 年間希特勒統治下的德國。

過全面的經濟和幣制的改革，以恢復反映實際而非虛構供需關係的自由價格體系之際（1948 年夏季），才得以遏制這個解體的過程。抑制性通貨膨脹政策的延長，意味著一切經濟價值都變得愈來愈虛假，這有雙重意義：(1) 官定的價格愈來愈無法與實際的稀少性關係相應；(2) 交易愈來愈不根據這些官定的價格來完成。伴隨著把經濟分割為「官定市場（official market）」和「黑市（black market）」的一切價值關係的扭曲，以及市場指令與行政當局指令之間的對抗，最終將導致大混亂，也將導致無論是集體主義式的，還是市場式的經濟秩序都不存在的情況。

　　因此，我們看到，抑制性通貨膨脹比開放性通貨膨脹更糟糕，因為在抑制性通貨膨脹之下，最終貨幣不僅失去了其作為交換手段和價值度量的功能（就像在開放性通貨膨脹的最後階段那樣），而且甚至也會失去其作為刺激生產和分配最大數量財貨所起的更大的作用。抑制性通貨膨脹不可避免會陷入一條混亂和癱瘓的道路。通貨膨脹所引起的價格提高得愈多，政府當局就愈感到要被迫使用其強制性的機制。但是，強制性的價格體系愈是虛假，經濟混亂和大眾的不滿就愈大，政府的權威或民主的主張就愈讓人感到陳腐。如果抑制性通貨膨脹沒有及時遏止，它將從自身的勢頭中吸取力量，使經濟活動加速消失，甚至可能導致國家本身的瓦解。這種現代的經濟病是所有最嚴重的疾病之一；它有雙倍的弊害，因為它往往只有在很嚴

重時才會被識破。[40]

　　在 1962 年的今天，自由世界的大多數已開發工業國家都已經克服了特別有害的抑制性通貨膨脹，但是在許多不發達的國家並非如此，特別是抑制性通貨膨脹爲其經濟制度不可或缺之一部分的共產主義國家，就更非如此。當然，這並不意味著可以認爲通貨膨脹已經被消除了。通貨膨脹已經呈現出「爬行式」（creeping）[41]，而不是迄今爲止我們所想像的那種

---

[40] 通貨膨脹的病症及其治療：有關該主題的大量文獻有以下各種：布雷夏尼—圖羅尼（C. Bresciani-Turroni），《通貨膨脹的經濟學：戰後德國貨幣貶值的研究》（*The Economics of Inflation: a Study of Currency Depreciation in Post-War Germany*）（紐約，1940）；弗蘭克・格雷厄姆（Frank D. Graham），《惡性通貨膨脹中的交易、價格和生產：德國，1920-1923》（*Exchange, Prices, and Production in Hyper-Inflation: Germany, 1920-1923*）（普林斯頓，1930）；哈格里夫斯（E. L. Hargreaves），《恢復中的貨幣本位》（*Restoring Currency Standards*）（倫敦，1926）；凱莫勒（E. W. Kemmerer），《現代貨幣的改革》（*Modern Currency Reforms*）（倫敦，1928）；J. Rueff, *L'ordre social*（巴黎，1947）。而關於「抑制性通貨膨脹」（repressed inflation）的文獻有 W. Röpke, Offene und zurückgestaute Inflation, *Kyklos*，卷 1 期 1，1947；洛卜克，〈抑制性通貨膨脹〉（Repressed Inflation），*Kyklos*，卷 1 期 3；盧茲（F. A. Lutz），〈德國貨幣的改革與德國經濟的復甦〉（The German Currency Reform and the Revival of the German Economy），《經濟學刊》，1949 年 5 月。

[41] 編譯者註：所謂爬行式通貨膨脹（creeping inflation）又稱爲溫和式

明顯可區分的形式，對於這種形式的抑制性通貨膨脹進行分析並不是一件容易的事情。這種「爬行式通貨膨脹」（creeping inflation）㊷有兩種特別值得注意的類型，即所謂的「工資性通貨膨脹」（wage inflation）和所謂的「輸入性通貨膨脹」（imported inflation）。㊸

所謂的工資性通貨膨脹是指源自於勞動市場的通貨膨脹，其形式是在那些由強大的工會所控制的勞動市場中，採取了工資上漲的形式，這種上漲勢頭如此之快、如此之高，以致於財貨與貨幣之間的比率被擾亂了。結果是一方面需要過度擴張，

的通貨膨脹（mild inflation），是指當物價每年上漲幅度低於 3% 時的通貨膨脹。這種溫和式的通貨膨脹使消費者預期物價會繼續上漲，這將促進目前的需要，以抑制未來更高的物價。

㊷ 當今的「爬行式通貨膨脹」（Creeping Inflation）：關於這種現象的更廣泛的論述，請參閱拙著，《人道的經濟社會》（芝加哥，1960），第四章。對該問題有出色論述的著作有：哈伯勒，《通貨膨脹，其原因和解決方法》（*Inflation, Its Causes and Cures*）（華盛頓特區，1960）；亨利·哈茲利特（Henry Hazlitt），《通膨、美元、貨幣的一課經濟學》（*What You Should Know About Inflation*）（紐約，1960；中文譯本：經濟新潮社，2009）。

㊸ 輸入性通貨膨脹：這種現象在 1956 年的拙著，Das Dilemma der importierten Inflation〔重印於拙著 *Gegen die Brandung*（第二版；蘇黎世，1959）〕一文中，首次論述並提出這個名詞。另請參閱上註中，提到的拙著《人道的經濟社會》頁 199 及其後相關的章節中，專門討論通貨膨脹的部分。

另一方面是造成價格上漲之成本的提高。不過，在兩種情況下，通貨膨脹的程度只可能在貨幣當局和財政當局允許之相應貨幣供給增加範圍之內。如果不讓這種貨幣供給增加，工資和（或）物價上漲將使國內某些部分的產出銷售不出去，從而導致失業。但是，當一個國家的政府和中央銀行認為儘管工資上漲，自己仍然有義務維持充分就業時，他們隨後所做的一些選擇，往往會促成通貨膨脹。也可能決定在失業與通貨膨脹當中採取一個折衷，美國一段時間以來的情況就是這樣的。在這種情況下，失業和經濟停滯也會與即使是溫和式的物價上漲相結合，而同時持續下去。工會的力量在美國與在其力量程度不明的歐洲，已經造成了嚴重而長期的工資膨脹，考慮到在這種失業和經濟停滯的政策中所隱含的風險，為了避免對國際收支產生不利的影響，政府和中央銀行（聯邦儲備系統）不得不更進一步緊縮貨幣，否則他們一般是不敢這樣做的。

接著，我們可以說一說，像西德那樣國際收支持續有盈餘（即，不論產生這些支付的交易是什麼，來自國外的支付多過於其對國外的支付）的一個國家，其「輸入性通貨膨脹」（imported inflation）。由於出超是以外國貨幣或黃金的淨收益形式表現的，而中央銀行〔德意志聯邦銀行（Deutsche Bundesbank）〕不得不把這些外幣或黃金轉換為本國貨幣，因此其最終結果是擴大本國貨幣的供給量。因為貨幣數量的增加，並沒有為財貨數量的增加所抵銷 —— 出超的本身是由於一部分國內產品的出口，並沒有任何相應財貨的進口 —— 這種「收支帳盈餘的貨幣化」（monetization of the balance of payments surplus）成為物價、工資、投資、

消費者需要的膨脹性增加，以及勞動嚴重的短缺〔過度就業（over-employment）〕的推動因素。在這種情況下的通貨膨脹，不是國內貨幣當局的「過錯」（fault），而是外來的，是「輸入性的」（imported）。矛盾的是，導致這種輸入性通貨膨脹的國際收支盈餘的根源，在於這樣一個事實，亦即在受影響的國家（在我們的例子中是德國），透過更嚴格的貨幣和財政紀律，來控制溫和性的通貨膨脹的努力比其他地方更成功。此外，在西德這樣的特殊例子中，收支盈餘出現的部分原因，在於戰爭和占領之後的幾年當中，生產和分配技術的進步以及與歐洲市場重新建立聯繫的結果，促使德國經濟的競爭力不斷增強所致。其結果是，直到 1961 年 3 月馬克重新估價之前，相對於其他國家來說，德國的物品都仍然是「較便宜的」（cheap）。應對這種特別致命的通貨膨脹，其唯一有效的糾正方法，是改變匯率這種外科手術：為了防止其國內購買力的下降，德國馬克的國際購買力就提高了。

第 5 節　貨幣的購買力及其衡量方法

　　上一節中隱含了許多我們至少需要說明白的非常複雜的問題。甚至貨幣的購買力──也稱為「貨幣的價值」（value of money）──這個概念，也是一個有問題的概念。相對於普通的財貨，表示普通財貨價格的貨幣這種財貨本身沒有價格，至少在其作為貨幣流通的範圍之內是這樣的。在這個範圍之外，邏輯上說來，它不能被用作貨幣，因此它在通貨市場上出售時的價格，是以其他支付範圍的貨幣單位（匯率）表示的，所代

表的不是被視為貨幣的貨幣價格，而是被視為貨物的貨幣價格。作為貨幣「價值」（value）的指標，兌換率因而對我們來說毫無用處，它只不過是 1 美元可以得到 100 美分這一事實而已。為了幫助解決這個問題，我們必須求助於另一個概念，亦即貨幣的購買力是物價水準高低的函數；或者換句話說，它反映了財貨和貨幣相互交換的平均比率。如果物價上漲，貨幣的購買力就會下降；如果物價下跌，貨幣的購買力就會上升。然而，個別物品的價格每一次上漲，並不等同於貨幣的購買力下降。貨幣購買力的真正下降，只有在所有物品價格平均上漲，即「一般物價水準」（general price level）上漲的情況下才會發生。否則，我們所需要處理的只是提高某些物品的價格，而不是貨幣的貶值。因此，貨幣的購買力只能以一個貨幣單位可以購買到的財貨和勞務的平均數量來衡量。

但是，如下面的實例所顯示的，這樣的定義對我們沒有太大的幫助。碰巧的是，我們古代的先人給我們留下了一個有趣的訊息，那就是在雅典（Athens）衛城（Acropolis）神殿的入口處的建築，花費了 2,000 多個塔冷貲（talents）[44]金幣。這到底是貴，還是便宜呢？當然，在我們這個時代中，塔冷貲已不能用在交易上了，但根據它的含金量，我們可以確定，2,000 個塔冷貲是大約相當於 400 萬金元。但是否這 2,000 個塔冷貲的購買力就等於 400 萬金元的購買力嗎？我們必須承認，我們對此一無所知。在古代雅典，麵包和雞蛋可能比今天在紐約或

[44] 編譯者註：古希臘、羅馬等國的重量或貨幣單位。

倫敦要便宜得多；另一方面，有些東西可能比今天要貴，有些甚至可能是無限昂貴的，因為這些東西在古代根本就不存在，所以所有的黃金都無法買到。諸如收音機、電話、電和一些我們現代人眼中很有價值的其他東西都是。由於需要的構成已經完全改變了，因此我們無法把當時的貨幣購買力與我們這個時代的貨幣購買力進行比較。此外，除非我們知道我們所說的平均的「一群」（bundle）財貨當中，每個項目的相對重要性，而且也知道不同項目的這種相對重要性如何隨著歲月的流逝而變動，否則就無法進行購買力的比較。因此，購買力的「歷史比較」（historical comparisons）或多或少都是推測的東西。同時，由於各種物品的相對重要性，不僅隨時間而變動，也因國家而異，所以貨幣價值的比較，不僅在時間上，且在空間上，都極其困難。沒錯，我們聽到過關於昂貴的國家和廉價的國家這種論調，並且不可否認的是，一個旅行者擁有相同的錢，在某個國家可能比在另一個國家要富裕。但是，只有經過認真的評定，我們才能接受四個德國馬克與一美元具有相同的購買力的這種直截了當的主張。⑤許多在某個國家比在另一個國家/地區度過了較長的時間，且其偏好程度不同的人，可能理所當然地會質疑這種平價的有效性，這再次證明了所有這些平均購買力的計算是多麼的不可靠。

　　在類似的測量當中，可以看到這種平均估計法極度成問題的特徵。每個滑雪者都知道，把降雪量描述為深度是多少吋的

---

⑤ 在 1962 年時，官定的匯率是四馬克等於一美元。

氣象數據，通常是不可靠的；狂風或烈日都可能把他最喜歡山坡地的積雪全都弄掉。宣布平均降雪量的做法，也並非完全沒有任何用處。但是，如果我們真的想確定平均降雪量是多少，那麼我們最終應該要測量所有不同位置積雪的深度，並將這些為數眾多的積雪量化約成一個平均數。但即便如此，我們也無法知道每個滑雪者都特別想知道的一件事，那就是雖然有些斜坡可能有很多雪覆蓋，但也會有其他完全沒有雪覆蓋的。顯然不可能測量所有各個地方的降雪量，但還有另一種可能的方法。在考慮了特定高度覆蓋面積的降雪量後，我們可以滿足於只測量五十個地方的降雪量，並用這些局部的測量來估計平均的降雪量。換句話說，我們先得到一些個別測量的數字，然後按重要性「加權」（weigh）計算出結果。這正是我們嘗試估算平均物價水準（及與該平均物價差異）的方法：我們透過所謂的「指數」（index numbers），來確定物價水準。⑯但是，我們現在知道了，所有這樣的計算都存在著某些武斷性。我們可

---

⑯ 購買力的衡量：指數的構建是透過選擇五十種或五十種以上代表性商品的價格，並把各物的價格乘以一個與其經濟重要性相對應的係數（加權指數）；把如此獲得的數值加在一起。被選作「基期」（base）的那一年（比如說 1913 年）的平均物價等於 100；其後物價的變動就以基期平均值（100）的百分比來表示。關於這種計算方法的問題方面的評論，請參閱 G. Haberler, *Der Sinn der Indexzahlen* (1927)。（編譯者註：正文本註是放在該段的「但是，我們現在知道了，所有這樣的計算都存在著某些武斷性。」這句話的後面，但是從以上所述的內容來看，該註應該放在此處較合適。）

以補充說明的就是，這種武斷性的作用是有限的，因為貨幣價值的變化愈大，這種武斷性的作用就愈不重要。例如：在德國通貨膨脹期間，最粗略的指數仍然得以達到目的。反過來說，貨幣價值的變動，只有在變動很大時，才能明確地決定。

如果貨幣購買力的概念有問題的話，那麼我們已經提到的貨幣的購買力和貨幣數量之間那種假設的聯繫也同樣會有問題。我們必須補充說明的是，該理論至少有某些很有問題之處，但這並未減損貨幣數量學說的基本真理。[47]由於在此甚至連數量學說中較令人懷疑的地方，幾乎都不可能做出一個簡短的描述，因此我們只得滿足於以下三個重要的觀察。首先，我們應該注意到，貨幣數量並非購買力的唯一決定因素。顯然，如果貨幣數量保持不變，而提供出售的財貨數量卻變動了，則貨幣的購買力也會隨之變動。其次，很明顯地，決定購買力的不只是貨幣的數量，只有在給定時間之內，實際支用的那部分才決定購買力。如果貨幣花費的速度（流通速度）增快了，則對貨幣購買力的影響就會與貨幣數量增加，而流通速度不變所造成的影響相同。[48]第三，應特別注意的一個事實是，購買力的變

---

[47] 貨幣數量學說：我們對匯率理論的那些評述，同樣可適用於貨幣數量學說。若仔細斟酌，該學說有很多是有問題的，但是其基本真理是沒有爭論的餘地；而且貨幣價值的波動愈大，其適用性也愈大。有關此學說的延伸討論，請參閱本章貨幣理論最近的演變那個註所列的參考書目。

[48] 貨幣的流通速度：這個概念是立基於以下這樣的事實，即在一定的時期之內，同一塊錢可以一次又一次地使用來購買不同的商品。在此

處，我們再次可以觀察到貨幣與財貨之間本質上的不同：一條麵包只能吃一次，但只要一塊錢仍在流通中，它就可以反覆用作交換媒介。貨幣在手中傳遞地愈快，或者同一句話，在我們口袋裡的留存時間愈短，在給定的時間內，這一塊錢可以購買的東西就愈多。貨幣的這種流通速度（或其倒數，平均留存的時間）受到種種因素的影響，比如所得支付之間的平均間隔、支付方式、經濟社會的差異程度、耐久財占總產量的比例、記帳的習慣和其他各種因素。流通速度是大眾對貨幣穩定性是否有信心之特別敏感的指標。因此，在通貨膨脹時，該速度會突然明顯地變動。流通速度的提高會加劇貨幣數量增加對貨幣價值的影響，反之亦然，流通速度的減緩，可能會抵銷貨幣數量增加的影響。在第一次世界大戰後，德國惡性通貨膨脹的期間，特別容易了解這一貨幣法則的運作。我們可以觀察到，在該次通貨膨脹的第一階段，貨幣貶值的比例小於貨幣數量增加的比例。原因是，大眾對馬克未來升值的期望，因此較不願意花錢；由於這因素與其他原因（逃稅和普遍的政治不安），大眾增加對現金的持有量；大眾「囤積」（hoarded）了貨幣。但是，在通貨膨脹達到頂峰時，貨幣貶值的比例遠遠超過了貨幣數量增加的比例。這個現象發生的理由是，大眾對馬克信心完全崩潰之後，銀行券流通率大幅地提高，普遍追求「實質價值」（real values），以及因為惡性通貨膨脹，而必須縮短所有付款時間的間隔。流通速度極大幅度的加速，從而使貨幣供給增加的通貨膨脹效應成倍地增加。有趣的是，雖然流通中的馬克紙幣之價值達到了天文數字，但以美元匯率計算之貨幣供給的黃金價值卻持續下降，最終只有幾百萬而已，這清楚地說明了貨幣貶值的速度快於其數量增加的速度。關於與貨幣流通速度有關的難題，請參閱 M. W. Holtrop, *De Omloopssnelheid van het geld*（阿姆斯特丹，1928）。盧茲，〈貨

化愈大，貨幣數量與購買力之間聯繫的可疑性就愈少。貨幣貶值程度愈大，對其原因的分析就愈容易。在德國（1920～1923 年）巨幅的通貨膨脹時，即使把馬克貶值僅歸因於貨幣供給量巨大增加這種最粗略的數量學說，也比那些試圖將之歸咎於其他因素的解釋更加符合事實，尤其是比那些將之歸因於德國當時不利的（unfavorable）國際收支更是好得太多了。

幣流通速度的分析和存款的創造理論〉，《經濟學刊》，1939 年 5 月；艾立斯（H. S. Ellis），〈流通速度理論中的一些基本原理〉（Some Fundamentals in the Theory of Velocity），《經濟學季刊》（*Quarterly Journal of Economics*），1938 年 5 月；L. Federici，同貨幣本位改革的一些方案中的註，第五章。

第五章

財貨的世界和生產的流量

「世界就像堆積如山的財貨一樣，有整堆的貨物。這些貨物要通過勤奮工作，才能買到它們。」[1]

—— 弗里德里希‧馮‧洛高（FRIEDRICH VON LOGAU）（1604～1655）[2]

第 1 節　社會的產出與國民所得

現在，我們已經討論過分工的結構，並發現貨幣是分工必不可少的輔助物，讓我們再進一步更仔細地檢視，在這些基礎上所展開的過程，亦即討論財貨如何供給與分配。

同時，我們也要強調，「經濟財」（economic goods）這個概念必須從非常廣泛的意義上來理解；也就是說，它包括所有可以滿足慾望手段的東西。在我們的經濟制度中，這些財貨通常必須要付出代價才能得到。因此，這個概念不僅包括了物質的財貨，還包括了各種各樣的勞務（律師的諮詢、醫師的檢查、學者的演講、歌唱家的音樂會）以及最後可以被分組到「權利和關係」（rights and relationships）這個鬆散的名稱〔使用住宅的權利、專利和版權、醫生的執業權、公司的「商譽」（goodwill）等〕底下的這一類。價格並非總是足以作為表徵經濟財的標準。對於那些為確保內部和外部安全（例如：

---

① 德文原始的詩句如下：「世界就像垃圾堆一樣，貨物堆積如山，這些貨物是為了工作才出售的，它們可以透過勞動來購買。」

② 編譯者註：是巴洛克時代的德國詩人和諷刺詩的作家。

防止流行病）而採取的措施，以滿足集體需要的集體物品尤其是如此。這些財貨是政府所「生產」（produces），並按照集體經濟制度來分配的。因此，儘管公務員所做的工作沒有「市場」（market）的價值，但它也是一種經濟財。的確，正是由於這種情況，如我們先前所討論的（第二章純配給制那個註），我們不能總是確定這樣的「財貨」（goods）可以解決一般的需要。

　　具體地考慮在給定時間內（比如說，一年），一國所生產財貨和勞務的總產量，這個方法在幾個方面的計算被證明是有用的。我們可以把年總產量，稱為「社會的產出」〔social product，或國民生產毛額（GNP）〕，這是我們今後經常會使用的一個有用的抽象概念。在此，需要指出的是，可用財貨的總數與可消費財貨的總數並不相同。國民生產毛額的很大一部分，並非由消費財所組成的，而是由生產財（資本）所構成的，這些財貨用於維護生產設備（更新、替換）以及擴展生產設備（資本的擴張、淨投資、累積）。為了確定國民生產淨額（即構成國民經濟實際增加的財貨和勞務的供給，且這部分供給是超出維持生產設備完整所需要的供給），我們必須從總產出（生產毛額）當中扣除那些作為替換所使用的財貨和勞務。我們可以稱這種扣除為「營業的成本」（the costs of doing business）。任何一個曾經計算過所得稅的人，都會知道這意味著什麼。一個經濟若保留的部分沒有達到這個必要的程度，必會「吃掉」（eat）其資本；它必須「吃自己的老本過日子」（feed on its own substance）。它所生產的機器設備會一點一點地損毀，而陷入年久失修的狀態，因此，未來的國民產出會

愈來愈小。事實上，這就是兩次世界大戰期間和之後許多國家所所發生的情況。

　　正如我們把扣除營業成本之後，所剩下的可以支配的所得稱爲個人所得一樣，我們也可以如此把全國所有人的可支配所得加總視爲國民所得（national income）。如果該國民所得用財貨，而不是用貨幣來表示，則與國民淨產出相同。因此，可以透過對總產出統計的研究來求算國民所得。然而，實際上，習慣上是以另一種方式來計算國民所得，即透過把個人所得加在一起來計算，此一事實引起了若干有益的考慮。例如：學生的父母每月給他們的零用錢是否算在國民所得當中呢？顯然不是，因爲可以納進國民所得中的只是那些實際生產的財貨、勞務和各種公用事業所產生的所得。這些所得是對實質財貨總額〔原始所得（original income）〕相應增加的一種貨幣的反映。很顯然地，我們不能在總所得中包括那些僅是從原始所得移轉而來的所得〔引申所得（derived income）〕。否則，我們會犯重複計算相同東西的錯誤。出於同樣的原因，如果把家庭傭人和政府職員的所得納入國民所得當中，我們就不會重複計算同一個東西，因爲這些所得來自於無形財貨的「生產」（production），從這些財貨已經得到報酬的這個事實，可以證明對它們的需要。③以上這些討論都強調了如果我們想掌

③ 國民所得和國民財富：國民所得的計算充其量也只不過是個不確定的程序；國民財富的計算甚至更不確定。首先必須要強調，我們缺乏任何眞正準確的方法，來評估那些在國民財富中沒有市場的項目。應該以什麼樣的數字，來估定街道和運河的價值呢？按建築成本來估定其

握經濟學的本質，就必須對「財貨」（goods）和「生產的」
（productive）等這些概念進行廣泛的解釋。

第2節　生產的本質

在財貨分類的眾多項目中，有一個是優先於所有其他項目
的。經濟財的基本特徵，是那個我們現在已經熟悉的意義中的
稀少性。對於那些不能透過生產增加的財貨來說，這種稀少性
是直接顯現的。這類財貨是那些古代大師的畫作或稀有的葡萄
酒。當我們考慮到稀少財貨包括土地（儘管學究們可能堅決地
認爲可以透過築堤，從海中奪取土地，可以增加土地的數量）
等這些重要且不可替代的項目時，我們就會清楚地了解到這類
稀少財貨的眞正意義了。還有一類最重要的生產財就是所有人

價值是不正確的，因爲這些東西對社會的最終價值，可能與那些原始
成本毫無相關。但是，這裡還有一個更根本的，也是一個很有啟發性
的困難。如果，由於某種自然災害，而導致一個國家的水供應突然急
劇地減少，那麼即使按實際價值計算，該國遭受了一次水的損失，水
仍將計爲國家財富中的一項。這幾個觀察可能有助於顯示國民財富
的計算沒有太大的價值。請參考科林·克拉克（Colin Clark），《國
民所得和支出》（*National Income and Outlay*）（倫敦，1937）；
科林·克拉克，《經濟進步的條件》（*The Conditions of Economic
Progress*）（第二版；倫敦，1950）；希克斯（J. R. Hicks），《社會
的架構》（*The Social Framework*）（第二版；牛津，1952）；另見
以下總體經濟學那個註所列的那些文獻。

的勞動力。當然，這類財貨不可能是普通意義上的「被生產出來的」（produced）。與這些直接且無法改變的稀少財貨不同的是，有大量財貨可以透過生產來增加，正如我們已經知道的那樣，這類財貨並非不具有稀少性，但其透過生產來增加的這個重要性，就值得我們仔細研究了。

如果必須從廣義上來理解「財貨」（goods）的概念，那麼生產的概念也必須要如此。我們必須要特別強調這一點，因為外行人總是很快地就把不能有助於立即生產有形財貨的活動，尤其是貿易和運輸這一類的，都歸類為非生產性的活動。為了明確地闡明這一點，讓我們考慮以下這個問題：生產絕非物質的新創造，而僅僅是一種「財貨」（goods）的創造，就像消費絕非物質的消耗，而只是一種「財貨」（goods）的消耗。生產不能添加絲毫的東西到現有的物質數量當中，而只能對物質進行轉換，使之得以滿足特定的慾望。因此，所有生產實際上都只是物質的轉變、加工（refinement）和組合，這不只適用於所謂的初級產品（農業、漁業、林業、採礦等），也適用於工商業的生產。如果不是為了把在不合適的地方所發現的原料，運送到合適的地方——換句話說，改變其位置，那麼採礦的目的到底是什麼呢？因此，從廣義上來詮釋，生產是使經濟財可供使用的過程；其本質是經濟的，而不是技術的。鐵路的「生產」（produces）就像商人、旅館老闆、店員、演員的生產一樣。即使是一個投機者，就其在履行經濟上有用的功能來講，也是一個生產者，不應與僅僅是利用機會，獲取不勞

而獲的非生產性個人相混淆。④

　　我們用下面的例子，來說明這些考慮。我們已經知道，煤

----

④ 投機：投機一詞具有令人不舒服的含義，以致於大多數人很難把其
　 與任何有用的功能聯繫在一起。然而，爲了要正確地評估投機的作
　 用，我們只需要反思一個事實，亦即鑑於未來的不確定性，每個經
　 濟行爲中都存在著投機因素。每項事業都涉及到風險的承擔和賭博
　 的元素，而一個商人其實也只不過就是一個權衡可能性的專家。某
　 些人以從事計算未來風險爲職業的這一事實，僅說明了分工的有用
　 性。就像商人使製造業者免除特定交易的功能那樣，投機者也使商人
　 得以免除他投機的風險。關於這一點，請參見 W. Röpke, Spekulation
　 一文，*Handwörterbuch der Staatswissenschaften*（第四版）；奈特，
　 《風險，不確定性和利潤》（*Risk, Uncertainty, and Profit*）（紐約，
　 波士頓，1921）。上述的文獻還檢視了投機是徒勞的，甚至是有害
　 的情況（正如普遍認爲的那樣，所有投機活動都是有害的）。經由確
　 保爲投機者提供盡可能少的參與寄生商業行爲的機會，可以有效地控
　 制投機行爲。因此，透過重建自由經濟比透過警察干預，可以更有效
　 地對付所有統制經濟所普遍存在的黑市的弊端。我們必須對城市房地
　 產的投機持特別嚴肅的態度。經由有目的的城市規劃、前瞻性的土
　 地政策、稅收和採取某些法律的措施，可以遏制這類型的投機。在
　 這裡，我們碰到了我們將在另一處討論之地租的特殊特性（第七章
　 第 3 節及其後的部分）。請參閱 H. Sieber, Die Bodenspekulation und
　 ihre Bekämpfungsmöglichkeiten, *Wirtschaft und Recht*，1957 年，第
　 2 期。關於證券交易的投機，請參閱 A Hunold, *Die schweizerischen
　 Effektenbörsen*（蘇黎世，1949）；赫斯特（F. W. Hirst），《證券交
　 易》（*The Stock Exchange*）（倫敦，1949）。

炭的生產從根本上來說，只不過就是改變其位置而已。只要未
被挖到地面上來的煤炭，對西維吉尼亞州（West Virginian）⑤居
民就毫無用處。被挖到地面上的西維吉尼亞州的煤炭，在運輸
到匹茲堡（Pittsburgh）⑥之前，對匹茲堡的居民也是毫無用途
的。煤的垂直移動和水平移動之間有什麼神祕的差別呢？爲了
滿足一種慾望，一個財貨不僅本身必須存在，而且還必須存在
於需要它的地方。此外，還必須在需要它的時候，在那個地方
存在。作爲消費者，我們通常還希望「財貨」（goods）滿足
許多其他的要求：我們希望有範圍廣泛的財貨可供選擇；我們
希望不必成爲鑑賞家，所買到財貨的品質就是我們所信任的；
我們愈來愈重視提供客戶的便利性、優雅的店面、周到的服
務、漂亮的包裝、送貨到家的服務以及許多其他方面的東西。
所有這些事情，製造商當然也都可以做到，而事實上，也經常
是這樣做的（例如：由製鞋廠經營的鞋店）。然而，在這些情
況下，和在其他情況一樣，分工的原理已經證明了其價值：大
多數此類附屬的工序，最好也是由專門從事該項目的企業來
經營。貿易、運輸和投機提供這些中間「勞務」（service）的
功能。它們表面上的獨立自主的特性，不能混淆這樣一個事
實，即它們實際上是在「生產」（producing）效用和勞務，
沒有這些效用和勞務，物質財貨對我們來說幾乎無或毫無價
值。的確，這類企業的「生產性」（productive）並不亞於那

---

⑤ 編譯者註：該州與賓州接壤，它以山脈和連綿起伏的丘陵、具有歷史
意義的煤礦和伐木業而聞名。

⑥ 編譯者註：位於賓州，是美國的鋼鐵城。

些生產物質財貨的企業。對工廠價格和零售價格之間的差額
〔「零售價格飆漲」（retail markup）〕感到憤憤不平，與抱
怨在工廠內加價，使產品的「製造價格飆漲」（manufacturing
markup），一樣的不合理。這並不排除在這兩種情況下都可
能會出現可避免的成本和浪費的做法，但這些缺陷大部分都可
以透過或多或少的競爭，而有效地消除。如果說近年來，在許
多經濟部門中，零售價格飆漲的現象顯著地增加，這只不過表
示了我們愈來愈重視這些輔助性的活動而已。

　　因為有人不斷地把商業的分銷功能與生產本身進行對比，
使上述的論點產生了很大的混淆。這種對比肯定不是錯誤的，
但不能忘記，財貨分銷與生產同等重要，因為財貨的分銷所代
表的是一種與眾不同的功能，且獨立於其他的功能，因而得到
報酬。遺憾的是，「分銷」（distribution）這個字也被用於另
一種意義上，亦即在所得分配上，這是指透過所得的形成，個
人對社會產品所主張份額的分配。透過商業而進行的財貨分銷
是生產的一部分，但是由於商人透過分銷功能所獲得的所得，
和所有其他生產者一樣，商人也參與了所得形成和所得分配的
過程。由於我們在這裡所討論的是兩個完全不同的事物，因此
似乎最好對這兩種不同的分配使用不同的表達方式，並以別的
字來稱呼財貨分銷這個較不抽象的概念。⑦

---

⑦ 生產和分銷：一個由 Franz Oppenheimer 在他的 *Theorie der reinen
　und politischen Oekonomie*（柏林，1910）一書中最先提出的建議，是
　值得考慮的。那就是我們在文中說明技術的意義時，所使用「生產」
　（production）與「分銷」（distribution）的表達方式。這樣，「生

第 3 節　整體的經濟過程

　　現在，我們已經整理好了幾乎所有要了解「經濟過程」
（economic process）的各個部分所需要的資料。接下來，經
由做出若干簡化的假設，尤其是社會的分工和價格體系是經濟
制度的主要特徵，以及我們關注的「閉鎖性的經濟」（closed
economy）（即沒有對外貿易的經濟）這些假設，我們可以從
以下角度來描述全體經濟的運作情況。首先是，從廣義的角
度來描述，生產活動盡可能地提供了最大數量和最多種類的財
貨。接著我們假設，這個總產出就在若干市場上交換，並經由
價格的形成（財貨的流通）來決定其價值。價格的形成又透過
所得的形成，來決定每個人應分配到的總產出的份額。最後，
這些份額由各個經濟單位使用或消費掉。到目前為止，我們所
做的就是按照合乎邏輯的順序，列出經濟過程的若干部分，這
並不意味著各部分在時間上是連續發生的。例如：我們並不是
說，在一定的時間之內，財貨被生產出來了，然後再經由流通
和分配的方式，把財貨分配給接受者，最後被消費掉。實際
上，所有這些活動都是同時發生的。因此，經濟過程是一個同
時發生的過程，在其內，所有的部分都緊密地相互聯繫著，並
相互制約著。這個網絡——這是對理論經濟學理解上的一個主
要的困難所在——在隨後的分析過程中會變得更加清楚。

　　為了簡化我們的討論，到目前為止，我們已經承認了若干

產」不僅適用於物質財貨的生產（初級產品的生產、製造業產品的生
產），同時也適用於商業、運輸業和其他的活動。

假設。其中的第一個假設是，在一定時間之內，這個經濟的總產出（國民生產毛額）等於這個經濟的總供給。這自然是由於我們假設所有的產出都進入到市場。但是，由於生產者彼此相互購買對方的產品，因此國民生產毛額（即總供應量）在均衡狀態下，必須也等於總需要。如果不是這樣，且其間的差距達到了可觀的程度，則我們就面臨被稱爲整個經濟擾亂的危機。此外，在所討論的期間，這個經濟的國民生產毛額始終等於該經濟的總所得，這是不言而喻的。一開始，我們可以把後者定義爲各種貨幣所得的總和，這些所得只有透過「一般商店」（general store）可接受的「憑證」（vouchers）去交換，才能轉換爲實質財貨；換句話說，所得是透過市場需要，而轉換爲財貨的。因此，我們必須區分所得的形成和所得的使用。但是在這裡，我們必須再次考慮到一種雙重擾亂的可能性。首先是，所得的支出（使用）可能會被延緩，因爲有些賺取所得者在花用其貨幣之前，可能會猶豫一段很長的時間（貨幣流通速度的減慢、囤積、通貨緊縮）。其次，所得的支出可能與產出的實際組成不符合。在這種情況下，生產者是在錯誤的目的下生產的。在這一點上，有必要把注意力集中在可以使用所得的三種方式上：(1) 直接使用於獲取（消費）的財貨；(2) 用於獲取維護生產設備（更換設備）的生產者財貨；(3) 用於擴大生產設備（資本的累積），以取得生產者財貨。在均衡狀態下，對不同種類的所得用途的這種劃分，必須符合國民產出的組合。否則，我們就又不得不考慮不均衡狀態（危機）的出現。但是我們把這個問題保留到一個專章再來討論。

　　上述的分析中最有用的結論之一，就是讓我們必須要小

心，不要把經濟過程中的任何部分都視爲是自主的和既定的。
這個過程的所有組成部分，供給和需要、生產者和消費者、生
產和購買力、所得的形成和使用等，都結合在一起，且都相互
依存。對於初學者來說，沒有什麼比用具體的術語來顯現整個
過程更難了；沒有什麼比向他說清楚這個過程更難了，且出於
同樣的原因，沒有什麼比對這個過程的了解更重要了。⑧

---

⑧ 經濟過程：爲了進一步闡明正文中所討論之相互的經濟關係，可以用
下圖來加以說明。請參考布雷夏尼—圖羅尼，《有思想者的經濟政
策》（*Economic Policy for the Thinking Man*）〔倫敦，1950（編譯者
註：原書寫 1952 年，但應該是 1950 年才對。）〕，第二章。另請參
閱希克斯，《社會的架構》，同國民所得和國民財富那個註的引文以
及下一個總體經濟學的註所列舉的文獻。

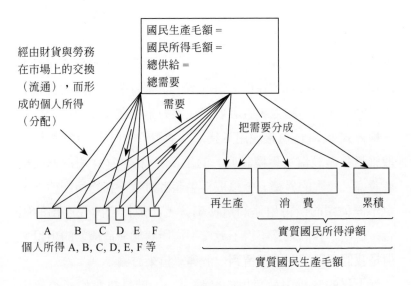

圖 1

　　透過經濟的一些總量，來分析整個經濟的過程，現在稱為總體經濟學，與個體經濟學理論形成對比。後者將在下一章「市場與價格」（Markets and Prices）中討論，這與經濟學本身一樣古老。對總體經濟學的高度重視是近幾十年來經濟思想的一大特色，主要是大蕭條（1929～1933年）的經歷所引起的結果。總體經濟學一些概念的不斷完善以及獨立的國民所得理論的興起，同時也伴隨著愈來愈成功地利用統計方法，來衡量一年中全球經濟走向的實況。這類計算的有用性是不容否認的。但是，新技術的使用也存在著一些明顯的危險。只有當我們注意到這種分析的局限性時，才能避免這些危險。⑨

　　到目前為止，在經濟過程的分析中，我們都假設了一個「閉鎖性的經濟」（closed economy）；也就是說，我們有意地忽略了國內經濟與世界其他地區之間的實際關係。如果現在

---

⑨　總體經濟學：從該領域的大量文獻中，可以提出以下著作：Wilhelm Krelle, *Volkswirtschaftliche Gesamtrechnung*（出版日期不詳）；Erich Schneider, *Einführung in die Wirtschaftstheorie, I. Teil, Theorie des Wirtschaftskreislaufs*（第八版；1960）；Werner Hofmann, *Die volkswirtschaftliche Gesamtrechnung* (1954)；埃迪、皮科克（C. Edey-A. T. Peacock），《國民所得與社會會計》（*National Income and Social Accounting*）（倫敦，1954）。總體經濟學有一種特別模型，是美國經濟學家瓦西里‧梁鐵夫（Wassily Leontief）所發展出的「投入產出」（input-output）的分析〔《美國經濟的結構》（*The Structure of the American Economy*）（紐約，1953）〕，這種分析是用來測量物品在生產過程中的流入和流出量。

放寬這一假設，我們就會發現國內經濟與世界經濟是透過大量的財貨和勞務的交易和活動，以及給國外相應數量的支付，並從國外獲得收入，而與世界經濟連結在一起的。使用一種有點像公司資產負債表的方式，把一國的各種對外貿易和支付歸類到幾個主要項目下，就可以清楚地看出來這種關係，也可以對這種關係進行統計的測量。一國的「國際收支平衡」（balance of payments）表是這樣建構的，把（以本國貨幣計算的）從國外得來的收入，以正號表示，放在表的貸方，並把對國外的支付，以負號表示，放在表的借方。這種國際收支平衡表的主要類別有：（一）顯示收益淨總額的儲蓄帳（＋ 或 －），有以下幾個細項：(1) 商品帳的淨總收益〔「有形貿易的餘額」（balance of [visible] trade）〕，(2) 勞務帳（旅遊、運輸、保險、銀行服務、版權支付等），(3) 投資所得帳（從國外獲得或支付給國外的股息和利息），(4) 片面的移轉（收入或支付）；（二）投資帳，顯示外國人在本國以及本國居民在其他國家的投資總額；（三）現金帳，顯示一國所持有外匯和 / 或黃金的增或減。這產生了以下這個表，其中的加號或減號指出了相關的交易應分派到國際收支表的貸方或借方（正或負）。

（一）儲蓄帳

　1. 有形的貿易差額

　　(1) 商品的出口（＋）

　　(2) 商品的進口（－）

　2. 勞務帳

　　(1) 本國居民為外國人所提供的勞務，也稱為「無形的出口」（invisible exports）（＋）

(2)外國人爲本國居民所提供的勞務，也稱爲「無形的

進口」（invisible imports）（－）

3.投資所得帳

(1)從國外獲得的股息和利息（＋）

(2)支付給國外的股息和利息（－）

4.片面的移轉（援助和捐贈）

（二）投資帳

1.資本輸入（＋）

2.資本輸出（－）

（三）現金帳

1.準備的增加（－）

2.準備的減少（＋）

很顯然地，以上任一類項目的淨盈餘，可能都會被另一類（或多類）的淨赤字所抵銷。因此，在 1959 年瑞士的國際收支平衡表中，（有形的）貿易平衡表中的巨額淨赤字，被儲蓄帳中其他項目的更大淨盈餘所抵銷，因此該帳整體上顯示爲巨額的盈餘（+7.58 億瑞士法郎）。此一巨額的盈餘又被投資帳的淨借方（資本輸出超過資本輸入）和瑞士貨幣準備的增加所抵銷。1960 年西德的國際收支平衡表情況則不一樣，儲蓄帳和投資帳均有大量淨盈餘。儲蓄帳之所以是「正的（有盈餘的）」（active），是因爲（有形的）貿易平衡表有巨額的盈餘，足以抵銷勞務帳巨額的赤字。投資帳產生淨盈餘，因爲資本的輸入大幅超過了資本的輸出。來自儲蓄帳和投資帳的淨盈餘，又被現金帳的借方所抵銷，也就是說，爲德國貨幣準備的相應大幅增加〔近 80 億馬克（約合 20 億美元）〕所抵銷。

德國貨幣準備的增長，反映了前面所說（第四章第 4 節最後一段）的「輸入性通貨膨脹」（imported inflation）。

很明顯地，在評估國際收支平衡狀況時，要特別小心。正如我們所知道的那樣，這幾個帳戶中各個項目的「正（有盈餘）」（activity）或「負（有赤字）」（passivity）沒有多大的意義，重要的是由全部帳戶的總和所產生的淨額。但是在此，要作判斷時，也需要審慎以對。[10]即使說「正的（有盈餘的）或負的（有赤字的）（passive）國際收支平衡」，也會引起困難，因爲這樣的平衡，就像公司的資產負債表一樣，總是在貸方和借方金額的和必然等於零的這個意義上，保持著平衡。〔因爲每個貸方，必然會有一個抵銷的借方，「反之亦然」（vice versa）。〕

國際收支平衡之爲正的或負的，僅在於我們從國際收支平衡中抽出作爲一種計算工具的那部分，並省略掉某些帳戶（抵銷的帳戶），以便把注意力集中在其他帳戶的處理之下才有意義。通常，現金帳在決定國際收支是正的或是負的時是被忽略的。當除了現金帳以外的所有帳之和產生淨盈餘時，稱之爲正的（或有盈餘的）；反之，則除現金帳以外的所有帳之和產生淨赤字時，稱之爲負的（或有赤字的）。或者，也可以只把注

---

[10] 國際收支的平衡：關於進一步的討論和文獻，請參閱拙著《國際秩序與經濟整合》一書，同第二章資本主義和帝國主義那個註的引書，頁 194 及其後相關的部分。另請參見我的文章 Zahlungsbilanz und Nationalreichtum，收在 W. Röpke, *Gegen die Brandung*（第二版；蘇黎世，1959）一書，頁 306 及其後相關的部分。

意力集中在現金帳上，當貨幣準備增加時，稱之為國際收支平衡是正的，而在貨幣準備減少時，稱之為國際收支平衡是負的。但是即使在這裡，正的國際收支平衡也未必就是好事，而負的國際收支平衡未必就是壞事。的確，正的國際收支平衡可能對經濟構成一種威脅，如本書 1962 年版所舉的西德和其他歐洲國家的輸入性通貨膨脹的例子就是這樣。相反地，某一期間和某一數額的負國際收支平衡可能有助於使國際收支的失衡恢復為均衡。

在任何情況下，正的國際收支平衡都不是一個國家的富裕和資本豐富的證明，負的國際收支平衡也都不是一個經濟社會的貧困和資本不足的證明。國際收支平衡的正或負，僅涉及一個經濟的外部均衡（外部均衡主要取決於貨幣因素），而不涉及一國所處置的商品和實質資本的數量。因為西德的物價相對上較低，故其國際收支平衡多年來一直都有盈餘，但西德的收入並未因此而增加任何一分錢。美國主要由於工會的工資政策，使其物價相對上較高，因而其國際收支平衡多年來一直都是赤字。但是如今的美國，比過去世界各國遭受「美元短缺」（dollar shortage）之苦的時候要富裕得多。法國也是如此，雖然第四共和（Fourth Republic）[11]的金融不景氣，使其遭受負的國際收支平衡之苦，但也並非貧窮和資不抵債。法國並非僅僅在一夜之間，就因為戴高樂政府[12]改變了法郎的國際價值，

---

⑪ 編譯者註：1946～1958 年這段期間。

⑫ 編譯者註：1958 年，戴高樂成立法蘭西第五共和國並當選第一任總統，1965 年成功連任，直至 1969 年才因選舉失利辭去總統的職務。

結束了通貨膨脹，從而使國際收支赤字轉變為盈餘，而變得富有，並具有償付能力。

第 4 節　生產要素

　　由於生產行為與交換（流通）行為之間的密切關係，證明了我們把經濟過程視為一個由許多部分組成的整體是有道理的。在這一點上，西里西亞[13]詩人洛高（Logau）[14]在三百年前偶然間發現了一個留待現代理論來闡明的經濟真理，這個真理就是我們選作本章的格言中所寫的：生產，歸根究柢，只不過是一種與大自然不斷的交換，透過該交換，我們尋求在最有利的條件下，以我們的努力交換生產出來的東西。在這種交換中，邊際效用的概念與較狹義和較常用意義的交換一樣可以貼切地適用。[15]相反地，可以這麼說，交換只不過就是生產，亦即經

---

[13] 編譯者註：西里西亞（Silesia）是中歐的一個歷史地區，大部分位於波蘭、捷克、斯洛伐克以及德國等地區。

[14] 編譯者註：弗里德里希‧馮‧洛高（Friedrich von Logau, 1605～1655年）是巴洛克時代的德國詩人和諷刺詩的作家。

[15] 世界，「這家店」（this shop）：後來的理論家中，其中一位最重要的曾寫道：「這個自然界原本就是一個大市場，其中有一套固定的價格，或有一套自動的機制。你需要炭、鐵、水果以及肉嗎？你可得到所想要的一切東西，但是你得到櫃檯去付錢。不過，你得遵從廣告上的付款條件和價格。」〔M. Pantaleoni, *Du caractère logique des différences d'opinions qui séparent les économistes*（日內瓦，1897，頁34）〕。

由付出相應的犧牲，而生產出的財貨。生產和交換的相似之處在於，兩者都需要一定的支出才能獲得一種財貨：的確，社會分工的全部意義就在於此，這容許我們每個人選擇最經濟的方式，來獲得所需的財貨。這就是許多人很難理解的分工之全部祕密，尤其是國際分工的奧祕。

那麼，生產中的支出又包括些什麼呢？如果進一步研究，我們會發現所有這些支出最終都可以追溯到三類無法進一步細分的生產要素：勞動、土地和資本。

在這三類生產要素中，勞動所需要的解釋最少。我們不需為勞動下定義，因為每個人都清楚勞動是生產中真正在活動，並支配其他的生產要素。勞動這個生產要素是如此重要，以致於很容易理解為何人們不斷重複地將之視為是唯一的生產要素和唯一的生產成本。在任何情況下，我們都必須要牢記，「勞動」（labor）這個概念在某種意義上大到足以包含人所有的活動，包括智力的以及體力的、指導的和被指導的。因此，企業家的活動必然也包括在其中。進一步推論，勞動這個生產要素又分為許多次類別，每個次類別都有其自己的市場、自己的工資等級、自己的特殊功能。而且，這些個別的勞動市場不一定彼此會保持緊密的聯繫。⑯

---

⑯ 勞動市場的異質性：如眾所周知的那樣，某一種勞動（或受過專業訓練者）可能有短缺，而另一種勞動卻同時存在著供過於求。從這一類（勞動）轉到另一類勞動是極其困難的，對於已經受過某種專業訓練的人更是困難。因此，若干類勞動形成了一些群體，這些群體之間的競爭或多或少都會受挫〔在卡尼斯的《政治經濟學的一些主要原理》

　　同樣地，要理解土地（或一般的大自然）作為一種生產要素的意義，也沒有什麼困難。土地在生產中的作用，其特點為，它可用作一個位置（參見第三章，第二個註），同時也是一個蘊藏著原料和能源的寶庫。用來開發主要的有機生產（農業、林業、漁業）和主要的無機生產（採礦）的地下潛在能源和原料，構成了人類財貨供給的最終和最基本的來源。與勞動這個生產要素一樣，土地也不是一個同質的大類別，而是（按其位置或所蘊含原料的不同）分成無數的小類。土地的位置特別重要，因為與其他生產要素相比，土地是無法移動的：事實上，人必須永遠要遷就於土地（Mohammed must, in truth, always go to the mountain）。

　　勞動和土地都是容易理解的東西，它們的重要性不言而喻，且它們在生產中的作用很明確。如眾所周知的，它們是必不可少的，它們代表了生產的最終要素，是無法再進一步化約為任何的要素。但是我們稱為資本的這個生產要素是什麼呢？這裡就開始有些困難了。

　　讓我們從一種非常簡單的情況開始，在這種情況當中，資本將發揮穀物生產的作用。當我們說資本的此用途時，是指除了土地和勞動之外，我們還需要資本，這是什麼意思呢？具體地說，我們要求以下的東西：工具、耕作的牲畜、種子、肥料、農舍、機器，最後是在播種和收穫之間的那段時間內所要

　　（倫敦，1874）一書中，使用「非競爭性的群體」（noncompeting groups）這樣的名詞〕。

消費的糧食供給（生活基金）。這是表達以下事實的一種迂迴方式，亦即人類不僅赤手空拳耕種土地，還需要用各種輔助工具。但是，把這些輔助工具視爲第三種獨立生產要素的理由是什麼？難道不能把所有這些物品都歸入勞動和土地嗎？例如：一付犁含有木材和鐵，其製造需要花費一定的勞動量。然而，事實是犁還包含第三種構成要素，這種要素儘管不是立即可見，但卻可以經由演繹的過程來確定其存在。讓我們假設這個農民自己製造了這付犁，結果他將不得不把一部分生產糧食的時間用於生產犁。對於這個農民而言，這將導致其消費財目前的供給量減少。只要他從事犁的製造，他要麼要吃得較少，要麼他要依賴以前儲存的糧食來生活。如果他做後一種選擇，他仍然必須要減少與他目前這類糧食存量相應的消費量。然而，與原始的耕種方式相比，犁將導致收穫量大幅增加，因此消費的這種節制，將來會有回報。所以，我們看到犁的製造不僅需要土地和勞動結合的勞務，還進一步需要另一種必要條件，即某種形式的消費節制。只有在未來透過犁獲得的產量超過當前這種犧牲時，這個農民才會自己製造這付犁。在那之前，由於他的工作和消費的節制，農民不得不等待報償。如果我們稍微更接近現實，並假設農民不是自己製造犁，而是向一個鐵匠訂製，我們就會得出相同的結果。這時，農民是節制本來要用來購買消費品的錢，以之支付給鐵匠的。

經由這種放棄當前的享樂，以支持未來，即透過「等待」（waiting），資本獲得了不同於其他生產要素的性質，因此這種要素不能歸爲土地，也不能歸爲勞動。由於只能在一個限度之內，減少目前的供給，以增加未來的供給，因此資本這項

生產要素一直都是稀少的。這是最重要的一點，必須要牢記這一點。如果不是因爲這個事實，那麼很難理解爲什麼世界上所有的鐮刀沒在很久以前就爲收割機所取代、各種縫衣針沒有爲縫紉機取代、各種自行車未爲汽車取代，以及各種電車沒被地鐵所取代。因此，就像我們必須爲奶油或絲線付出代價一樣，我們必須要爲這種稀少的「東西」（something）付出代價，這個價格無非就是利息。

「等待」（waiting），這種資本生產要素的基本元素，可能採取一些不同的形式。就（購買的）犁的那種情況來說，所採取的形式是很清楚的。農民已經把用於當前消費的錢，「投入」（put）到犁當中，因此這個農民必須等待，直到透過犁所獲得的額外收益足以抵銷他的投資額爲止。建造房屋時也要遵循相同的原理，房東必須等待，直到他的房租總額足以抵銷他建造房屋的成本爲止。無論哪一種情況，我們都必須要處理與資本（固定資本）投資有關的那種「等待」（waiting）問題。這項「資本投資」（investment of capital）的目的是提供在未來多個生產期內使用的生產工具。但是這個農民還必須要考慮另一種等待。在土地的耕作和播種，以及收穫物的銷售之間，要拖好幾個月的時間：在秋季，有勞動、種子和肥料的支出，只有在農作物出售後的次年夏天才能收回。同時，這個農民及其家人必須生活，因此他必須保留一些消費品或某個款項的貨幣，以便購買此類消費品。同樣地，這裡也涉及到一個等待的期間，但是在此例的等待的性質不同於我們在第一個實例中所觀察的等待。這個農民不僅必須要等待（在生產期間內）生產過程中所使用的勞動、原料和輔助設備的報償，

還必須要等待該過程中所需消費品「生活基金」（subsistence fund）的報償。這種等待涉及到使用所謂的「營運資本」（working capital）〔「流動資本」（circulating capital）〕。固定資本與營運資本的關係，同絞肉機與放入絞肉機的肉關係一樣。

當然，「等待」（waiting）未必一定都要生產者本人親自為之。實際上，透過一筆借款，他可以把等待的負擔，轉移到另一個人身上，這另一個人則可得到利息的報償。根據所涉及的「等待」（waiting）的種類，由此而獲得的信用可以是用於投資的信用，也可以是用於營業的信用。獲得這種信用的可能性，顯然不會改變下面這一事實，即對於由此而來的資本來說，會有某些人必須要忍一段「等待」（waiting）的時間，亦即暫停消費的時間，無論資本提供是發生在國民經濟的某一部門，或者發生於──國際資本移轉的情況──世界經濟某一部門都一樣。

從上述這種充分的解釋中，現在我們可以看出資本之所以從其他兩種生產要素當中劃分出來，是因為它有一些獨特性。正是這些獨特性，使得對資本的分析成為經濟學中最棘手的問題之一。[17]這棘手的一部分是源自於下列這種情況，即資本的數

---

[17] 資本的理論：在這裡，我們所討論的問題是上個世紀經濟學家們所首要關切，且目前再次成為一個充滿爭議的中心議題。在有關該主題的最新著作當中，應注意的有以下幾本：海耶克，《價格與生產》（*Prices and Production*）（第二版；倫敦，1949）；W. Eucken, *Kapitaltheoretische Untersuchungen* (1934)；R. v. Strigl, *Kapital und*

量會因爲人爲的決策和經濟考慮這些因素而發生變動，這是資本與土地及勞動不同之處。資本的數量在稱爲資本形成的過程中增加，並因資本的消耗而減少。⑱此處應該要注意的是，在任

Produktion（維也納，1934）；希克斯，《價值與資本》（*Value and Capital*）（倫敦，1939）。

⑱ 資本的形成和資本的消耗：資本的形成可以遵循以下這幾種方式（W. Röpke, *Die Theorie der Kapitalbildung*, 1929）：

(1) 在一個自然經濟中的資本形成，也稱爲直接的資本形成。在這裡，資本不依靠貨幣的迂迴繞行而形成的。例如：自己耕種的農夫。在自然經濟中，資本形成的類似例子是農民，他拒絕出售自己的幼畜，而是把牠們養大，以增加他自己的牲畜數量。因此，即使在當代的貨幣經濟中，這種方法也繼續在農業領域發揮著重要的作用。然而，對於其餘部門當中，目前的資本形成是間接發生的，即透過繞道貨幣而行的。

(2) 在一個貨幣經濟中的資本形成：

 (i) 經由儲蓄而來的資本形成，即自願撥出部分所得，並交由資本市場處置。這是自由世界中資本形成的主要方法。

 (ii) 企業家的資本形成，這發生於把公司內部經營活動所產生的利潤，用於購買新設備時〔「自籌資金」（self-financing），公司儲蓄〕。

 (iii)透過財政政策而來的資本形成，例如：政府可以把稅收轉移到工廠建設、鐵路建設等方面。與上述相比，這種資本形成模式涉及到強制性的因素〔「強制性的財政儲蓄」（fiscal forced saving）〕。

 (iv)銀行的資本形成，這是銀行創造信用能力的結果。所涉及的過

何一個給定的時刻，這個經濟都有某一個固定的資本量可供使用；這個數量可以在特定的時期之內增加，但只能在某些限度之內增加。當然，有一種方法可以擴展這些限制，即透過信用擴張，來強制增加資本的數量。但是，透過這種激進的方法來增加資本，通常要以隨後的危機作為代價。[19]

　　最後，我們必須簡短地談一談資本的另一方面，這一方面使資本主義制度的反對者——社會主義者——對資本非常反感，而我們也不能對這一方面避而不談。在這一方面，資本不僅是一種基本的生產要素，而且在當下，它也是一種私人所得的來源，對於這種私人所得似乎沒有提供任何勞務與之交換。但是，這兩個概念必須嚴格區分。當我們說資本是一種必不可

　　　　程如下：當銀行體系向商人提供額外的信用貸款，以便用於建造工廠時，對財貨的總體需要就會增加，但供給卻沒有相應的增加。其結果是可以察覺到物價或多或少的上漲。而這會迫使消費者抑制其消費。像 (iii) 一樣，會發生對於資本形成所必須的消費限制，但與之不同的是，這種限制是發生在「後的」（from behind），而且是強制性的〔「貨幣的強制儲蓄」（monetary forced saving）〕。隨著現代銀行體系的發展，這種資本形成已經變得極為重要了。

[19] 信用擴張為危機的一個原因：信用擴張是對經濟的一種危害行為，經濟在最初的繁榮之後，隨後就會出現危機和蕭條的報復，這是所有景氣循環理論的基本部分。因此，在上一次世界經濟大蕭條（1929～1932）之前，若干經濟進步國家的信用規模就急劇擴大。對於該課題，將留到專章（第八章）再進一步來討論。

少的生產要素時，並不表示我們對誰應該擁有這一生產要素的問題上持有任何立場。對於第一點是沒有爭議的，而圍繞資本所有權這個問題的爭論卻常年爭議不斷。自然地，即使是在社會主義國家，也不能沒有資本作爲生產要素，因爲在社會主義國家就像在任何其他國家一樣，都必須要進行節約，耗損的機器才得以更新，新機器也才能建造出來。俄羅斯的「五年計畫」（Five Year Plan）如果不是以這種社會主義的方法，來大規模地創造資本，就什麼也做不到。社會主義經濟之所以不同於資本主義經濟，不在於如何使用資本這個方面，而在於在社會主義國家，資本是屬於國家所有這一方面。但是，我們決不能僅僅因爲我們能夠證明即使在社會主義國家中資本也是必要的，就認爲我們可以駁斥社會主義了。所有嚴肅的社會主義者都承認資本是必要的；他們所要求的只是資本是屬於「社會」（community）的。這個要求是否合理，我們將保留到另一個地方再來討論。

第 5 節　生產要素的結合

在當前的條件下，經常會發現這三種生產要素在每種生產方式中都相互結合。在這方面，特別重要的是，在相當大的程度上，用一種生產要素可以替代另一種生產要素（生產要素的替代）。舉例來說，在農業的耕種上，在一塊固定的土地上，可以結合較少的勞動和資本（粗耕的農業），或結合較多的勞動和資本（精耕的農業）。又，勞動和資本也可相互替代；我們可以選擇把許多工作或是由體力勞動來做，或是給機器做。

每個購買洗衣機的家庭主婦，都是用資本代替勞動。在決定是否要購買洗衣機之前，她都必須仔細的思考是否要買洗衣機。有兩種動機會影響她的決定，其中的一種已經引起我們的注意了。我們發現，只有在有足夠的機會使用該部機器時，才會有理由去購買它。在計算她的衣物是否數量大到可以充分使用這部洗衣機時，這位家庭主婦在不知不覺中採用了一個具有重要意義的一般原理，這個原理通常稱爲大規模生產的法則。以家庭洗衣爲例，我們可以對此法則解釋如下。使用洗衣機的成本可分爲兩大類：其中一類成本是隨著洗衣量（電、水、所需的照料、肥皂）而增減，另一類則是全部一次支付固定金額的成本（購買洗衣機費用的利息和分期攤還的金額）。要洗的衣服愈多（生產的量愈多），每件衣物的洗滌成本就愈小，因爲有愈多的生產單位分擔這筆固定成本。[20]因此，最後一件的洗滌費

---

[20] 大量生產的法則：該法則所涉及的關係，可以大致闡明如下：如果讓 k 代表每單位產出的生產成本，p 代表產量，g 代表固定（一般）成本，而 s 代表變動（特殊）成本，以下等式就成立了：$k=s+g/p$。

　　但是，由於不管產出有多少，每單位產出的變動成本都保持不變，因此隨著產量（p）的增加，單位成本（k）必然不斷地下降，因爲在這種情況下，g/p 的商數變得愈來愈小。因此，單位成本漸近地接近於變動成本。實際上所涉及的關係要比此複雜得多。（每單位產出）的變動成本保持不變的這個假設很難實現；實際上，我們發現變動成本更常具有略微下降的特徵。我們必須特別注意，大量生產法則是不能夠無限制地應用的。在某些情況下，遲早會出現若干對該法則的使用發揮有效限制的情況。以上面那個洗衣機爲例，很顯然地，

如果洗衣量不斷地增加，原來的洗衣機就不夠用了，因此必須要購買
一臺新的較大的洗衣機。但是這臺機器的容量顯然是大過於普通家
庭所要洗衣物的容量，因此，在這種情況下，也還存在著一個最適
值。只有透過技術的研究，才能確定各種大小不同的機器中，每一
種的最適值在何處。一般而言，這個最適值可能比大多數人所想像的
要小。此外，隨著洗衣量的增加，還會出現其他的困難，從而會提
高成本。其中最主要的是管理的協調和監督會愈來愈繁瑣，以及在
營運上，也愈來愈要求更加的統一。關於這些問題，請參見羅賓森
（J. Robinson），《競爭產業的結構》（*The Structure of Competitive
Industry*）（倫敦，1935）；科林・克拉克，《經濟進步的條件》，
同國民所得和國民財富那個註的引文。

　　至於其餘部分，我們必須要小心不要把大量生產法則與報酬遞減
法則相混淆。人們普遍認為，工業是歸屬於報酬遞增法則，而農業則
歸屬於報酬遞減法則，這種看法忽略了我們在這裡是在對比兩個完全
不同東西的這個事實。最近（成本）理論的討論，在這些現象所涉及
的那些極其複雜之相互關係中，占有一席之地。希望對這些問題有透
徹了解的讀者，可以參考威克思帝德，《政治經濟學的常識》，卷2
（倫敦，1933），頁 527 及其後相關的部分。另請參見 F. X. Weiss 的
文章，Abnehmender Ertrag, *Handwörterbuch der Staatswissenschaften*
（第四版）；O. Morgenstern, Offene Probleme der Kosten-und
Ertragstheorie, *Zeitschrift für Nationökonomie*，1931年3月；克拉克（J.
M. Clark），《間接成本的經濟學研究》（*Studies in the Economics
of Overhead Costs*）（芝加哥，1923）；E. Schneider, *Theorie der
Produktion*（維也納，1934）；H. v. Stackelberg, *Grundlagen einer
reinen Kostentheorie*（維也納，1932）。

是最便宜的，從鐵路的觀點來看，就好像最後一位搭上火車的乘客是最便宜的一樣。因此，購買洗衣機的主要考慮因素是家庭是否能夠定期地有足夠數量的髒衣服。為此目的，而故意弄髒衣服，雖然是一種無害的家庭運動，但卻不是一個理想的持家之道。如果那些個別人都能以同樣的人為方式，努力把大規模生產制度擴展到整個經濟社會，那麼這就很好。

　　在決定是否要購買洗衣機時，我們的這位家庭主婦還要得到另一個考慮因素的指導，即這兩種生產要素的價格之間的關係。與資本相比，只要勞動成本較低的情況（也就是說工資低，而利率高），買洗衣機就是不經濟的。如果這些條件反過來的話，就值得使用洗衣機。這解釋了為何在美國，無論是家庭、工業、或其他任何地方，機器的使用都比歐洲要多得多，為何在歐洲，機器的使用要比亞洲多。基於同樣的理由，在美國的農業部門，相對於土地和資本來說，勞動的使用比歐洲要少得多。在大多數亞洲國家，勞動是要素中最便宜的，土地和資本則是最貴的；在美國，勞動是最貴的要素，而土地和資本則是最便宜的。在中國，人力如此便宜，因而成為公共交通工具的重要動力來源（人力車的車夫）。以下這個問題，無需再進一步解釋了，即在所有這些情況下，各種生產要素之間的價格關係：在一個特定的時間當中，「最稀少的」（scarcest）生產要素，也是最貴的，正是因為最貴，所以也就必須要最節省地使用。如果社會主義經濟希望經濟地使用各種生產要素，就必須以類似的考慮作為指導。在此揭示了一個最重要的原理，該原理不僅讓我們能夠理解生產要素的價格（勞動的工資、土地的地租和利息）是如何形成的，而且這個原理也指出

了，在一個給定的國家當中，生產因素的最適組合是由該國特
有的經濟結構所決定的。我們再次看到，在技術上令人印象深
刻的東西，未必一定是經濟上最好的東西。

　　我們現在已經很清楚了，生產的組織者──在工業中被稱
為企業家──的主要任務之一，是不斷地尋找最有利的生產要
素的組合。由於所有的生產者都傾向於以此為目標，他們也就
都共同致力於生產要素價格的形成了。在任何特定的時刻，最
適的組合都受到以下事實的決定性影響：任何一種要素的數量
都不可能持續地增加，而最後不會導致收益的下降。當我們在
農業中談到「報酬遞減法則」（law of diminishing returns）
時，就是指這個過程。這意味著，如果我們在給定面積的土
地上，使用愈來愈多的勞動和資本，那麼最初收益率的增加 [21]
會超過比例，但之後，收益率就會下降。這是一個每個人都可
以透過對一些種番茄的菜園施以較多的人造肥料進行實驗，而
驗證的事實。從剛剛說明的意義上說，該法則通常適用於整個
的生產，亦即把一種生產要素的新增量，連續添加到固定數量
的其他要素上，收益的增加首先會超過要素增加的比例，然後
會轉為低於要素增加的比例。這是一個如此普遍且無可爭議的
原理，以致於連廚師每天都在使用該原理。把第一份鹽放入給
定量的馬鈴薯中，會大大提升其味道，而後續的分量，其效
用就愈來愈弱了。廚師知道馬鈴薯和鹽有一個最適的組合。
因此，我們得出了以下這個重要的原理；無論哪個類型的生

---

[21]　編譯者註：應該是指相對於要素投入的增加。

產，要素都必須彼此保持一個和諧的關係，因為否則的話，一種要素的收益將與其他要素的收益不成比例。僱用一名速記員當然可以使普通辦公室受益，但如果該辦公室的經理再僱用一個速記員，他很快就會發現到她絕不像第一個速記員那樣不可或缺，第三個速記員的價值就更低了，等等。他們的生產力下降了，很明顯地，最後僱用的那位速記員的生產力——這種被稱為勞動這類生產要素的「邊際生產力」（marginal productivity）——既不會高於，也不會低於她的工資。

第六章

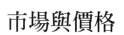

市場與價格

「那些支持加強獨占每一項建議的國會議員，肯定不僅會獲得了解交易的聲譽，還會在一群爲數眾多和有錢的人中，非常受歡迎且有影響力。如果他反對這些建議，則即使他是公認的最廉潔、地位最崇高的，或是有最了不起公共服務成績的人，都不能保護他免於受最聲名狼藉的辱罵和誹謗、人身的攻擊，有時甚至也不能免於受到眞正的危險，這些都是來自於那些狂怒和失望的獨占者無禮的暴行。」

——亞當·史密斯

第 1 節　自由價格使市場供需相等

在前面的章節中，我們已經對非社會主義經濟制度的機制，分析到我們可以了解以下這個問題的程度了，即爲何不同貨物市場上的價格形成是指導和調節整個經濟活動的過程，這個過程是每個經濟問題都不可避免地會涉及到的。現在我們的工作是從簡單到複雜一步步地研究此一過程。

我們最好的做法是從在某一特定的時間，市場價格由供給與需要關係決定的這個法則開始。這樣做能使我們最接近問題的核心。該法則指出，供給增加和需要減少都會造成價格下跌，而供給減少和需要增加則都會導致價格上漲。我們也可以用下面這一句話來表達這種簡單而熟悉的關係：價格與需要呈同向的變動，而與供給呈反向的變動。然而，我們並沒有道盡供給、需要和價格所有的相互關係。重要的是要注意，不僅是價格取決於供給與需要；相反地，供給與需要也取決於價格。

這種相互的關係，也是我們大家所熟悉的。我們也可以說，供給①隨價格而同向變動，需要②則隨價格而反向變動。

從這兩個觀點，我們可以得出第三點，即需要、供給與價格是相互依賴的。奠基於這些相互依賴之價格形成的機制，所發揮的作用最簡單的形式為：當供給、需要不等時，價格就會上漲或下跌，直到在價格相反的作用下，供、需達到均衡為止。③這樣產生的價格叫「均衡價格」（equilibrium price），只要市場情況不改變，均衡價格就不會變動。這個價格的特點是，凡是準備接受它的賣家或買家，都能在市場中如願以償。在價格達到這個水準之前，它都會持續波動。「均衡價格是出清市場的價格」（The equilibrium price is that price which clears the market）。這是整個經濟原理中最重要且最基本的原理之一；我們應該將之牢記於心，不可須臾忘卻。④

---

① 編譯者註：此處原書用供給（supply），而不是用供給量（quantity supplied），但嚴格說來，應該是指供給量才對，後面若遇到相同的情況，則用供給（量）來表示。

② 編譯者註：此處原書用需要（demand），而不是用需要量（quantity demanded），但嚴格說來，應該是指需要量才對，後面若遇到相同的情況，則用需要（量）來表示。

③ 編譯者註：此處所謂相反的作用，應該是指價格的變動對需要量與供給量的變動有相反的作用。

④ 供給、需要和價格的相互作用：在自由市場上，價格只有在達到供需相等時才會穩定下來。隨之而來的是，離開這個均衡點的每一個變動，都會以價格在均衡點附近擺動的方式，而影響供給或需要。以最

簡單的圖解方式來表示此一機制，將有助於我們理解其間的關係：

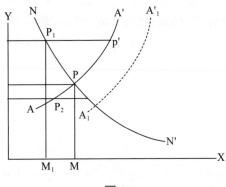

圖 2

　　在這個圖形中，財貨的單位數量標示在 X 軸，而貨幣單位則標示在 Y 軸。稱為需要曲線的 NN'，表示在不同的可能價格之下，某種財貨的需要量。當然，該曲線是任意繪製的，但是它表示當價格上漲時，需要量趨於下降，而當價格下跌時，需要量趨於上升。相應地，稱為供給曲線的 AA'，表示供給量隨著價格的上漲而增加，隨著價格的下降而減少。如果我們令 P 表示兩條曲線相交之點，那麼根據我們的基本公理，均衡價格為 PM。我們可以使用一種間接的幾何證明，來確定這個命題的真實性。在這種證明中，我們假設價格較 PM 高（例如：高到 P_1M_1）。從圖形中可以立刻清楚地看出，這個價格是無法維持住的，因為在這個價格之下，會出現供過於需〔P_1p'（編譯者註：原書為 P_1P_1，但對照圖 2 看來，應該是 P_1p' 才對。）〕，這會把價格壓低，直到它跌回 P 點為止。如果我們假設價格低於 P 點（例如：在 P_2）的情況，同樣的原理也適用。因此，從長期來看，除了 PM 這個價格之外，其他價格都無法維持住。

　　上面的圖應該牢記於心，因為它提供了供、需以及價格同時相互作用的一種簡單而準確的說明。此外，它特別明確地指出，絕不應把供給與需要視為與價格無關。相反地，在其他條件不變的情況下，每個價格都與特定的供需總量有關。這就是我們在正文中所稱的供給表和需要表。條件變化（例如：需要面的時尚變化，供給面的技術進步），當然都會導致供給表與需要表的變動。在這種情況下，必將引起供給曲線或需要曲線的移動。假定相關的市場是燈泡的市場，並進一步假設新的製造方法降低了這些燈泡的成本。我們會發現新的供給曲線必將取代舊的曲線（例如：A_1A_1'）。新的均衡價格會低於舊的。

　　這裡選擇的說明方法，可以回溯到阿弗瑞德·馬夏爾（Alfred Marshall）。他的《經濟學原理》（第八版；倫敦，1922）對於全面研究我們此處概述的相互關係是不可或缺的。另見：韓德森（H. D. Henderson），《供給與需要》（*Supply and Demand*）（紐約，1922）；E. Barone, *Principi di economia politica*（第一版；羅馬，1908）；喬治·斯蒂格勒（George J. Stigler），《價格理論》（*The Theory of Price*）（第二版；紐約，1953）；H. von Stackleberg, *Grundlagen der theoretischen Volkswirtschaftslehre*（伯恩，1948）；W. Krelle, *Preistheorie* (1961)。馬夏爾的研究，讓我們看見了在仔細分析市場均衡理論時，所會遇到的理論上的困難。這些困難當中的一個，也許是最大的一個，給馬夏爾本人帶來了不小的麻煩，甚至在最近一段時間，這仍然是經濟學家們所強烈關注的一個問題。這個困難是在考慮「時間」（time）時會出現的——時間是在經濟分析中很容易被忽視的一個因素。當考慮到時間因素之後，我們會發現雖然在短期可能產生一組結果，但在長期可能產生另一組非常不同的結果。正如汽車的例子所示，短期需要的增加，會使價格上升，但是長期需要的增

　　從上述這個基本的原理，我們自然可以得到這樣一個結果：「供給」（supply）和「需要」（demand）這兩個名詞，必須在一個相對的意義上使用。一種財貨不只是被提供或被需要而已，而是在某一價格之下，被提供或被需要。如果價格變動，則供給與需要的關係也將隨之而變動。但是，這並不意味著供給與需要只取決於價格。不言而喻，即使價格保持不變，假如（比如說）技術改進導致其生產成本降低，則該財貨的供給也會增多；同樣地，即使價格保持不變，該財貨的需要也會隨其受到購買大眾的青睞而增加。供給（量）確實會隨價格的上漲而增加，需要（量）則隨價格的下跌而增加，但同時出現這兩種情況時，其水準也會發生變動。我們通常把這種變動稱為供給表與需要表（或供給曲線與需要曲線）的變動。因此，供給（量）增加可能來自於價格的上漲（供給曲線保持不變），或來自於供給曲線的移動（價格保持不變），或兩者同時變動的結果；反過來說，價格下跌，或供給曲線的移動，或兩者同時發生，都可能會導致供給（量）減少。這同樣適用於需要（量）的增加或減少。因此，所有這些陳述都有雙重含義，我們不應視而不見。我們的第一個基本原理僅適用於供給曲線與需要曲線不變的情況。假如這兩者發生變動，均衡價格就會發生變動。如果要探索造成這種變動的原因，我們就要一方面分析影響購買大眾對每一種財貨估價的因素，另一方面也

加可能會導致價格下跌，因為按大規模生產的法則，這會造成供給曲線向右移動。

要分析影響供給的各式各樣的因素。這會使我們陷入複雜的境地，在此只能對這種複雜性稍作提示而已。

到此為止，我們所揭示的這種種基本關係，可用政府透過法令，以驚人的方法建立一個不同於均衡價格的價格這種情況作為例子，來加以說明。關於此，我們現在所最熟悉的一個例子是「最高限價」（ceiling price）政策。在兩次世界大戰期間，該政策試圖規定一個低於均衡價格的價格。在戰時，由於通貨膨脹，基本生活必需品的價格都上漲，當然這也是因為供給減少，而需要增加所致。在這種狀況下，以下這種可以理解，但膚淺的觀點就盛行了：為了終結消費者被任意剝削的這種弊害，只需要政府用法令，實施一個最高價格制度就可以解決了。其結果是價格自由形成的調節功能被阻卻，引發了我們現在所熟悉的連鎖反應，其中未被滿足的需要這一部分，首先產生了排隊搶購，最後產生了配給的現象。同時，供給這一方面也出現了擾亂，於是人們就透過強制干預生產（強制交貨、強制種植作物等）來緩解這些擾亂。這些實驗給未來帶來的教訓是：價格形成的機制是我們這個經濟制度更大機制中如此重要的一環，以致於不能隨意改動它，若改動了，我們最終就會被迫走向一條純粹社會主義的道路。

與最高價格制度（system of maximum prices）相對應的是，第一次大戰後所實施的最低價格制度（system of minimum prices）的經驗。正如戰爭期間財貨的稀少，導致透過設定最高限價來保護「消費者」（consumers）的努力一樣，大蕭條期間許多類別的財貨存在著過剩，因此透過建立和執行最低價格，以確保「生產者」（producers）免受價格進

一步急劇下滑的影響。不過,接踵而來的人為的高價,阻止了經由供需的調整,以讓市場出清的結果。為了處理這些人為高價所產生的過剩,政府除了以很高的代價〔物價穩定措施(valorization)、平價政策(parity price policy)〕收購並儲存起來之外,別無他法。這其中,還有其他一些悲慘的事情。正如巴西咖啡的物價穩定措施所維持的高價,不僅阻礙了生產適應市場情況而調整,而且在政府提供的高價刺激之下,實際上造成了生產的擴大。倉庫裡面堆積的貨愈多,成本也就愈加增大,在這種潛在供給的市場壓力之下,叫苦聲也就愈大。巴西咖啡的物價穩定措施以一場悲慘的崩潰收場,給政府留下了巨額的債務和大量未脫售的咖啡,其中的一部分最後被倒入海中。如果有人不斷指責「資本主義」(capitalism)浪費咖啡,請記住正是計畫經濟修正了「資本主義」(capitalism),所引發的這種連鎖反應,其結果才顯得如此愚蠢。

也許有人會反駁說,如果把該政策推行得更徹底,而把供給的控制擴展到整個生產機構,最低價格政策可能會成功。這種反對意見無疑是正確的,但這只是再次說明了以下這個原理:對價格機能的干預,會導致更激烈和更廣泛的干預,最後將促成完全的社會主義計畫經濟。我們還必須要注意到,把計畫經濟應用到生產中,例如:應用到各種農作物的控制、產品的定量配給和其他各種類似的措施中,反過來又會引起其他更大的問題。例如:如果一個國家限制某種商品的生產,以保持其出口品的高價,其結果是其他國家將會增加該商品的生產。這就解釋了為什麼第一次世界大戰後,一些英國殖民地對橡膠種植的限價以慘敗告終,以及為什麼後來美國的棉花政策也出

現了類似的結果。

市場干預還會產生其他的一些問題。在上述那些困難中，農業生產最為明顯，只要整個農業還未完全按照蘇聯那種無吸引力的方式進行集體化，就很難真正進行有效的生產控制。可是，如果政府被迫在更廣泛的範圍內實施其計畫經濟的干預，整個政策必然會招致農業集體化這樣的結果。尤其是當限制一種農產品的生產時，農民會增加另一種農產品的生產，以補足這種產品量減少的情況，往往會加速這種趨勢。總而言之，混亂引起混亂，最終需要根據計畫經濟的方法，更全面的控制生產。在這種情況下，如果政府不試圖透過像強制限制供給一樣，強制增加需要來解決困境的話，那就很奇怪了。事實上，近幾十年來，我們目睹了為此目的而開發出的一種特殊技術，其中一個最顯著的例子就是強迫使用酒精作為汽車燃料混合物的一種成分。⑤如果我們再補充一句，近幾十年來許多國家的農業政策一直沿著類似的路線在發展，這就很明顯地可以看出，價格的形成是我們經濟制度的調節器，不能隨意改動它，改動了，最終整個經濟制度就需要重建。值得懷疑的是，是否所有建議干預價格形成的人，都理解這樣一個政策的磁極在莫斯科〔且我們應該補充說，不久前是在柏林國家社會主義黨（National Socialist Berlin）〕這一事實。「走第一步時，我們是自由的，而走第二步時，我們就是奴隸了」（With the

---

⑤ 這種類型的強制行為見於一些歐洲的國家。美國的一個類似例子，就是法律要求人造奶油不能添加色素出售，從而間接增加了對動物奶油的需要。

first step we are free, with the second we are serfs）。

第 2 節　供需彈性

　　現在，我們已經確定了價格的變動引起供、需（量）變動的程度，在不同市場上有所不同此一事實，這使我們的研究又邁出了重要的一步。在某一個市場上，價格上漲 1 倍促成供給（量）增加不到 1 倍，而需要（量）減少不到一半。在另一個市場上，供需數量上變動的幅度，則會明顯地超過引起其變動的價格變動幅度。在第一種情況下，「供給彈性」（elasticity of supply）與「需要彈性」（elasticity of demand）較低，而在第二種情況下較高。供需彈性的程度（彈性係數）反過來又對若干市場上價格的形成有重要的影響。一個簡單的例子可以使這一點更為清晰。

　　以下舉一個有趣的經濟學問題，那就是聖誕節聖誕樹市場的特殊情況。我們看到的第一件事是，對聖誕樹的需要彈性無疑地是很低的。之所以如此，乃是因為若要使普通家庭放棄購買聖誕樹的想法，就需要大幅提高價格，而另一方面，價格要大幅下降，才能吸引普通家庭買多過一棵。聖誕節前一天，聖誕樹的供給也是缺乏彈性的，因為不能經由砍伐額外的樹木，來增加聖誕樹的數量，也不能透過囤積它們，以減少聖誕樹的供給。二十四小時後，這些樹木無異於普通砍伐的松樹，充其量也不過就是一個裝飾品或用作燒柴。這種需要與供給兩面都無彈性，對聖誕樹市場的影響是很顯而易見的：如果市場上的聖誕樹太少，則若要使供需相等，價格就需要大幅提高。如果

聖誕樹過多，則價格就需要大幅降低，甚至可能跌至與「薪柴」（firewood）價格相同的那個點。實際上，每個人都有這樣的經驗：發現在這個假期的前一天，聖誕樹通常非常便宜或非常昂貴。由於缺乏彈性，供給（量）及需要（量）難以變動。因此，為了重新建立市場的均衡，價格必須要變動很大的幅度。供需彈性愈小，價格的伸縮性就愈大。這一原理讓我們得以更正確地了解若干不同種類市場的特徵。⑥

我們特別感興趣的是農產品的市場。與糧食需要的低彈性

⑥ 供給與需要彈性：供需曲線的斜率也反映了供需彈性的程度。曲線的斜率愈小，供需彈性就都愈大。與這些概念相關的一些特殊問題既重要又有趣，因此在文獻中愈來愈受到關注。請參考亨利・舒爾茨（Henry Schultz），《供需的統計法則》（*Statistical Laws of Demand and Supply*）（芝加哥，1928）；華倫（G. F. Warren）與皮爾森（F. A. Pearson），《供給與價格的相互關係》（*Interrelationships of Supply and Price*）（紐約，伊薩卡，1928）；J. Marschak, *Elastizität der Nachfrage* (1931)。彈性的概念很顯然地為統計數學開闢了一個豐富的領域，我們有種種理由繼續密切關注這一領域的進展（例如：為某一個別物品計算精確的彈性係數）。如果計畫要增加一種消費稅或一種關稅的稅額，計畫要降低鐵路費率，或計畫要制定一些類似的措施，一般都需要對特定情況下的需要彈性有一個準確的認識，以便評估可能的後果。可以肯定的是，我們不應該忘記，在彈性係數的問題上，我們處理的是歷史資料，因此是變動的資料，而不是固定的量。關於這些問題，請參閱馮・米塞斯，《人的行為》（紐哈芬，1949），頁347～354。該書在這些問題上採取了堅定的立場，也可以說是合理的立場，同時警告了不要在經濟學中濫用數學方法。

（關於這一點，我們已經在第一章中談過了）相對應，農產品的需要彈性一般說來也不是很高。儘管我們不應該低估那些較昂貴的優質農產品（奶油、雞蛋、蔬菜、肉等）的需要彈性，但是做各種麵包的穀物，其需要彈性肯定是較低的。由於短期內穀物的供給也十分缺乏彈性，我們可以理解爲什麼早在十七世紀，英格蘭統計學家格雷戈里・金（Gregory King）就導出以下的法則：穀物價格的波動通常大過於其收穫量的波動〔金氏法則（King's rule）〕，那麼，如果供給增加過大，則價格就需要大幅下跌以刺激需要（量），從而市場才能出清；如果供給增加過小，則爲了要充分抑制需要，價格同樣必須要大幅上漲。從中可以得出，在某些情況下，農民可能會從歉收中獲得比豐收時的利得要多。這個事實的其中一個證據是，美國阿拉巴馬州的棉花種植者於 1919 年立了一個紀念碑，以感謝一種叫象鼻蟲的有害昆蟲，損毀了那年將嚴重壓低價格的部分棉花作物。如果我們要講農業市場還有的其他一些異常的特徵，這些特徵是在價格形成過程以外的一個情況，這是農業政策制定者所要處理的許多關鍵而重要的事情。⑦

---

⑦ 金氏法則：在試圖理解金氏法則的意義時，暫時以一個高度簡化的經濟情況來說明，可能會有所幫助。讓我們假設在某一年中，小麥的總收穫量爲 100,000 蒲式耳（bushel）（編譯者註：穀物、水果等的容量單位，美國爲 35.238 升，英國爲 36.368 升），而按每蒲式耳 1.00 美元的價格計算，其總收入爲 100,000 美元。進一步假設第二年的收成達到 125,000 蒲式耳。其總收入會是相同的、較高的、還是較低的呢？很顯然地，這完全取決於小麥的需要彈性。如果彈性使需要

（量）的增加與價格的下跌比例完全相同（恆一彈性）的話，當價格跌為每蒲式耳 0.80 美元，其總收入仍為 100,000 美元。但是，現在讓我們假設小麥的彈性係數小於 1。那麼，新收成所獲致的總收入將小於上一年。若以每蒲式耳 0.70 美元的價格計算，總收入僅為 87,500 美元。這並不一定意味著農民的景況會較糟，因為還需要知道為了較多的收成，每單位產出的成本是多少。無論如何，我們都可以假想，在不少的情況下，農民從豐收中所獲得的收益要比從歉收中獲得的收益少。請參考 W. Röpke, Das Agrarproblem der Vereinigten Staaten II, *Archiv für Sozialwissenschaft*，卷 59，1928，頁 96 及其後相關的部分。但是，在把金氏法則實際應用到農業政策領域時，我們必須要謹慎。首先，我們應該要記住，這條法則只適用於穀物。與未加工農產品不同，精製農產品的需要彈性係數較高（等於一或大於一）。這意味著，例如：在價格下降（或消費者所得增加）的時期，人們可能會預期奶油和類似產品銷售會增加。如果農民有機會獲得不貴的牛飼料，結果他發現自己能夠以較低的價格出售奶油，那麼就沒有理由擔心生產過剩。而且，這些生產過剩的後果還可能會被旨在提高消費者所得的經濟政策（因此連帶也有利於精製農產品的生產）所抵銷。在中歐的一些國家，由於靠近市場，精製農產品的生產相對於主食（穀物）的生產具有天然的優勢，這些國家合理的農業政策應該包括降低穀物關稅的政策。經由這樣的一個政策，將帶來以下的結果：(1) 降低精製農產品的生產成本；(2) 增加消費者可用於此類農產品的所得；(3) 精製品的價格會下降，因此城市食物的供給也會明顯的改善；(4) 簽訂有利的貿易協定，改善出口產業的狀況，並增加消費者的所得；(5) 小農單位（自耕農）〔德語是「鄉村經濟」（bäuerliche Wirtschaft）。字面上的意思是「農民經濟」（peasant economy）。

　　儘管價格法則可以像適用於貨物市場那樣適用於勞動市場，但是勞動市場通常也應被視爲是價格形成的一種特殊而困難的類型。儘管勞動的需要彈性在景氣循環的不同階段是不同的，在蕭條時期下降到非常低的一點，不過其供給彈性至少對於技術工人而言，可以說確實是很低的。之所以如此，是因爲勞動者大部分缺乏儲蓄，無法把其人力長期儲藏起來。再加上其訓練需要時間，更由於其移動性相當低，短期內只能在很小的範圍內擴大勞動力。這種勞動供給的低彈性，可以透過各種政治社會的措施來提高，例如：透過再訓練計畫、改進職業介紹所的技術，以便在勞動市場的供需雙方之間建立更有效的溝

但作者在他的《國際經濟的解體》（第三版；倫敦，1959）中寫道：
「我完全知道，『農民』（peasant）這個字具有明顯的貶義，它與法語單字『農夫』（paysan）或德語單字『農民』（Bauer）並沒有真正的對應關係。作者的盎格魯－撒克遜朋友向他提出的其他用語，有『農業自由土地持有人』（agricultural freeholder）或『農民自耕農』（farmer yeoman）──聽起來太假了、太不自然了。那麼，剩下的唯一可能的就是保留『農民』（peasant）這個字，並希望盎格魯－撒克遜的讀者暫時忘記其貶義，直到能夠提出較好的詞。」〕的具體改進，且由於精製農產品的生產需要特別密集地使用勞動，因而增加了農業的就業機會。關於這些問題，請參見洛卜克，《德國的商業政策》（*German Commercial Policy*）（倫敦，1934）；洛卜克，《國際經濟的解體》，同上；洛卜克，《我們這個時代的社會危機》（芝加哥，1950）；W. Röpke, *Civitas Humana*（倫敦，1948）；洛卜克，《國際秩序和經濟整合》（多德雷赫特，荷蘭，1959）。

通等方式，給失業者幫助，讓他們得以把人力「儲藏起來」
（storageableness）。對於某一特定種類的勞動，所需的訓練
時間愈長，則要使供給適應市場情況而調整的拖延就愈長，同
理其調整也就愈困難。這方面一個很好的例子是學術界的勞動
市場，在這個市場的若干部門中，供給過剩的情況很容易變爲
短缺的情況，反之亦然；我們可以領會，一個聰明的長輩建議
他的後輩去讀目前最流行的東西，只有在沒有太多這樣的長輩
和後輩的情況下，才是明智的建議。

　　在這裡，有一些關於供給彈性的特殊考慮值得我們注意。
其中最重要的是，供給彈性在短期通常小於長期。生產或把
貨物運輸到市場所需的時間愈長，而退出市場（withholding
from the market）所遭受的損失愈大，就愈有可能發生這種情
況。這就是爲什麼在任何特定的時刻，魚市場的供給都極度缺
乏彈性，且該市場的供給也爲多變的需要所限制，然而從一個
捕撈日到另一個捕撈日，它可以完全恢復其彈性。幾乎所有食
品市場也都是如此，其結果可能是在這些市場上會出現令人困
惱的擾亂和阻礙。消除這些擾亂和阻礙，是經濟政策的一個重
要任務。股票交易所也提供了我們一些市場的實例，這些市場
在交易時間內通常極爲缺乏彈性，這種情況有時可能會導致股
市行情出現意外，且可能出現很危險的大波動。當經紀人從他
們的客戶那裡收到大量要出售的委託，而沒有任何關於最低價
格的規定時，這種大波動尤其可能發生。在所有這種「無限」
（unlimited）供給的情況下，彈性都降低到零，這種現象在拍
賣中可以看得特別清楚（除非所有者設定最低的出價）。

　　完全缺乏彈性的供給以及完全缺乏彈性的需要這兩種情

況，都接近於「價格奇怪」（price curiosities）的邊界。也包括在這一種情況當中的是，供給與需要對價格變動的反應方向與一般的情況相反，這種情況稱為「逆彈性」（inverse elasticity）⑧。例如：由於每個農家都為了彌補價格下跌的損失，而試圖增加產量，因此農產品價格的下跌很可能引起耕種增加，而非減少。在這種情況下，官方勸告限制作物的種植面積，可能有許多農家會期望其他農家會遵守官方的要求，因而擴大他們自己的生產，從而產生了相反的結果。這種情況實際上在美國發生過。在勞動市場上也可能觀察到類似的過程，價格（工資）的下跌，可能因為每個工人都為了維持其現有的所得，而更努力工作，從而導致勞動生產力的提高。需要的逆彈性（inverse elasticity of demand）例子中有一個最常見的情況，就是價格上漲導致需要增加，原因是人們推測價格在未來還會進一步上漲。

最後，我們還要討論與我們到此為止使用過的彈性意義不同的另一種彈性。我們除了把彈性定義為需要對價格變動反應程度之外，還可以根據個人需要對所得變動的反應程度來定義需要彈性。在這種情況下，我們把「需要的價格彈性」（price elasticity of demand）與「需要的所得彈性」（income elasticity of demand）區分開來。後一種情況涉及到我們已經討論過的問題（第一章第 2 節）。

---

⑧ 編譯者註：原文為 inverse inelasticity，但是根據本段最後一句，應該是 inverse elasticity 才對。

第 3 節　價格及成本

　　由於大多數經濟財都可以經由生產而增加，因此很明顯地，這類財貨供給量的多少就反映了其生產成本。如果價格不足以支付成本，生產者將蒙受損失，這會使他們不再把生產維持於以前的水準；在這種情況下，供給會減少，導致價格攀升，直到價格又升回到成本的水準為止。

　　可能有人會認為，因為價格跌到成本以下，某一產業將會完全停止生產。但是，卻未必如此，因為不同的產出水準，其生產成本不同，而同一個產業之內的不同廠商，其生產成本也不同。當價格下降時，只有該產業總產出中生產成本最高的那部分廠商的產出〔「邊際產出」（marginal output）〕會直接受到影響。其他部分的廠商則仍以較低的價格繼續生產。但是，如果這些其他部分的廠商，其產出無法滿足需要的話，則價格將被迫上漲，漲到邊際生產再度成為有利的程度為止。因此，如果總供給的每個部分成本都不同（通常是這種情況）的話，（對於給定的產業）當時最高的成本〔邊際成本（marginal costs）〕決定了整體價格的高度。但是因為所有部分的供給（相同類型的財貨）所提供的價格通常是相同的，受惠的生產者會因市場價格與他們的低生產成本之間的差距〔「生產者租」（producers' rent）〕，而獲得額外的利潤。

　　在進行這一觀察時，看起來我們好像再次觸及到那個我們經濟制度中，現代人所如此敏感的空洞之處。在現存的價格水準下，我們正在向這些特權生產者支付豐厚的利潤，這不是一個氣人的想法嗎？對這種抱怨的第一個也是最重要的答覆是，

只要我們的經濟制度沒有完全被僵化的獨占所滲透及控制，那麼總會有強大的力量在努力降低邊際成本。一方面，受惠的生產者將試圖增加其較便宜的產出，以把邊際生產者（marginal producers）趕出市場。另一方面，邊際生產者將試圖達到比其競爭對手更低的成本水準。經由這種方式，無情的競爭日以繼夜地蠶食著生產者租，使那些極盡全力去遏制競爭的生產者極為不滿，他們遏制競爭的招數甚至包括求得政府同情這種簡單的招數。但是，正如我們稍後將詳細闡述的那樣，這是一種不能歸咎於市場經濟本身的情況。無論如何，生產者租這種利得的來源遲早都會枯竭，即使在農業部門也是如此，過去幾十年的經驗已經有力地證明了這一點。但如果這些說法還是未能消除擔憂的話，那就得指出以下這個事實：課稅總是可以滿足我們求取社會公平正義的渴望，而不會徹底摧毀經濟制度。

因此，我們可以了解「生產成本」（costs of production）絕非一個簡單的概念。一個更複雜的概念是，並非所有影響生產成本的因素，都對價格的決定具有相同的影響。這些成本對價格決定的影響顯然不是因為一個善意的政府當局本著正義，像報銷工作人員的公差費用那樣，補償生產者的費用。如果這是真的話，那麼生產者就應該同意由一個最高的經濟「會計部門」（accounting department）對他的成本進行詳細的審核，並且對於每一項生產性的工作，他都應該獲得像政府當局對其官員執行公務任務那樣受到監督，只有這樣才是對的。這是那些希望獲得政府擔保，以完全補償其成本的生產者所希望的。只需稍加思考，就可以重新認識到一旦踏上這樣一條道路，就會直接通向莫斯科（或者通向國家社會主義時期的柏林）。如

果這不是生產者所想要的，那麼他們應該優雅地調整自己，以適應我們這個經濟制度的法則。

這些法則是如此構成的，亦即生產成本僅在未來生產所必需的補償範圍之內，才對價格產生影響。如果不能保證這種補償，則生產要素可以選擇不被僱用，以找報酬較高的工作。然而，只有在有其他就業機會存在的情況下，他們才能做到這一點。如果煤炭價格跌至業主留不住工人或無法支付經常成本的地步，那麼這個煤礦就會關閉。工人、潤滑油和燃料可用在其他地方。但是，礦井本身就沒有其他的用途了。投資於這些礦井的資本，就不能「收回」（retrieved）。通常，價格應足以支付該固定資本的利息和攤銷本金的分期費用。但是，如果價格跌至無法支付固定資本的利息和攤銷本金的分期費用，甚至連全部生產成本都付不起的話，那麼這個礦主通常仍會繼續經營，而不是突然關閉。在這種情況下，固定資產可以經由折舊和合併現有的股份，或經由破產程序予以「勾銷」（written off）。這樣做的必然結果是，不再會有新的資本注入，以替換或擴增那些生產設備。不過，這些後果只有經過很長一段時間才會顯現出來。在這一點上，我們可能會同情悲觀銀行家的憂鬱話語，即新酒店通常只有當作「二手貨」（second hand）來經營才能獲利。

前面對生產成本性質的討論，有助於我們漠視那些由於價格太低，而陷入倒閉危險的這個或那個生產部門的悲嘆，並讓我們稍微強硬地拒絕這個或那個生產部門要求利用關稅保護或類似的措施，以確保該行業獲得一個令人滿意的價格水準，以免面臨「某種程度的破產」（certain ruin）。我們現在知道

了隱藏在這種極其流行的策略背後的誇張。第一點，價格下跌很少會使某一個行業完全無利可圖，這是因為各個生產者的生產成本不是都相同的，而是有差異的。我們發現，幾乎在每一種情況之下，某一個行業都包含了一些效率方面不同的廠商：在最頂部是效率最高的，能夠經受得住價格的劇烈下跌，而在底部則是處於生存邊緣、勉強撐得住的那些廠商。因此，如果價格下跌，例如：由於外國的競爭，直接受影響的就只限於那些邊際的廠商（marginal firms）。如果要利用保護性關稅或進口配額來消除國外競爭，政府實際上是保證了那些效率最高的生產者的利潤，這些生產者正是那些最不需要保護的。第二點，為了證明上述那些悲嘆是對的，則價格下跌必須嚴重到不僅足以影響固定資本的成本，也要影響到變動成本。

第 4 節　獨　占

　　既然我們已經確定了生產成本（就已經用過的意義以及我們所指的原因而言）在長期構成了價格下跌的下限，那麼這個問題本身就說明了以下的問題，即價格是否可以上漲到高於此下限以及上漲到高於此下限的程度為何。它們確實能夠上漲到高於此下限，這是不可否認的。然而，也很清楚的是，會有一股強大的力量，再次把價格壓低到成本的水準，亦即生產者在較高的價格競相出售產品，而促成供給的增加。這種力量愈無效，我們就愈接近獨占（monopoly）。我們現在就要描述由此而產生的特殊性。

　　獨占無論它是個單一的企業或是由多數企業組成的卡特

爾（cartel）〔企業聯盟（syndicate）、托拉斯（trust）〕，其特徵是它（或它們）可以自由決定供給量；在供給量被充分削減之處，價格就可以保持在成本之上。如果我們繼續以獨占者企圖最大化其利潤這個也許並非切合實際的假設為前提，那麼問題就是他應該選擇什麼樣的價格，以實現他的目標？如果他選擇一個高的價格，那麼他的單位利潤會很高，但是他的總銷售量會很小〔「小的營業額，大的單位利潤」（small turnover, large per unit profit）〕。如果他選擇低的價格，則單位利潤會下降，而總銷售量卻會增加〔「大的營業額，小的單位利潤」（large turnover, small per unit profit）〕。面對這些選擇，獨占者會選擇那個乘上他賣出的單位數量，會獲得最大的淨利潤的價格。他將透過一系列的試驗來決定該最大淨利潤點的價格。當然，這個價格會因廠商、工廠的不同而異。這裡的決定性因素是需要彈性。這取決於價格的上漲是否會導致銷售量的大幅下降，或價格的下降會刺激銷售量的大幅增長。如果對電話公司的電話服務需要彈性很高的話，則電話公司會發現費率的降低，會導致收益的增加，這個增加額超過了用戶帳單上損失的總數額。因此，需要彈性愈大，獨占價格就愈低，反之亦然。由此可見，食品的獨占可能對社會產生極其危險的後果，尤其是穀物的獨占。

由於需要彈性在決定獨占價格上的這個重要性，獨占企業（鐵路、電力公司、郵局、公營菸草獨占企業）的經營基本上必須立基於需要彈性這個因素，來制定他們的價格政策，並且對特定情況下的需要彈性係數是多少，要有一個相當明確的概念。獨占者還必須考慮到以下這個事實：消費者轉買替代品

（從火車到汽車、從瓦斯爐到煤爐或到電爐等）可能性的高低，對需要彈性有決定性的影響。另一方面，有些情況需要彈性很低，例如：火柴或縫紉用線，儘管這些物品本身的價值很小，但實際上仍很重要。對於這些物品的支出與其相關物品的支出（分別用於暖氣和菸草，以及用於西裝和成衣）相比，微不足道，不過，它們大量的消費，卻可以確保廠商可觀的利潤。

獨占價格的高低，還進一步受到不同供給下成本結構的影響。如果成本是遞增的類型（即成本隨著產出的增加而增加），則訂一個較高的價格對獨占者較有利；如果成本是遞減的類型，則訂一個較低的價格是明智的。採礦業的獨占（成本遞增的情況）可能傾向於限制供給，以保持高價的政策。而像這本受到版權保護這類的書，其發行者會發現把價格定得盡可能地低會愈有利；由此而產生的市場銷路的增加，使他能夠從成本遞減，增加書籍的印刷而受益。

最後這一個例子說明了獨占價格的形成中，一個更為複雜的過程。例如：如果這本書是小說或劇本，出版商還可以選擇其他增加利潤的方法。首先，他可以用名貴的紙來印刷，用上等皮紙裝訂封面，出版好幾百冊「由作者編號並簽名」（numbered and signed by the author）的豪華版，高價賣給收藏家。接下來，他可以用中等價格推出普通版，最後以低得驚人的價格，推出通俗（popular）版。對於我們所舉的這個出版商來說，首先推出通俗版不僅會帶來額外的風險，還會帶來更明顯的不利之處，因為那些可能願意為普通版甚至豪華版支付更高價格的人，會以低價買得通俗版而獲利。上述所

舉的這個出版商一開始先推出豪華版，就是利用了以下這個事實：整個市場的價格如果是統一的，那麼他就會根據邊際購買者（marginal buyers，即購買意願最弱的那個人）的購買意願來決定價格。因此，爲某一商品訂下一個統一的價格，會爲所有本來願意支付較高價格的購買者帶來一筆儉省，這筆儉省是來自於那些邊際購買者不願意用較高的價格購買而產生的。與生產者的利潤相對應的這種儉省稱爲「消費者的剩餘」（consumers' surplus），許多人會反對這種儉省的說法，因爲它不是指正的利得，而只是指一種儉省。生產者對消費者剩餘的垂涎是可以理解的；然而，只要在某一時期之內，售出的所有商品的價格都是一致的，生產者就不得不把這個剩餘的一大部分讓給消費者。我們可以看到，競爭的主要功能是經由一個易於理解的過程，來保證這種價格的一致。

但是，由於差別定價，獨占者可以犧牲消費者的利益，以增加其利潤。這種做法是：一開始先根據可以索價的高低，把全部的需要劃分爲不同的類別。接下來，根據每種情況下的交易量，把價格調整爲適用於不同類別的需要，有如我們前述所舉的同一本書不同版本的例子所示。在此例子中，差別定價之所以可能達成，是因爲可以把相關財貨人爲地劃分爲不同的品類，而每種不同品類各有其市場。在銷售一種財貨時，一開始先以高價銷售，然後在較高的需要層逐漸飽和後，再以低價銷售的這種做法很常見，即使在有專利的製造品情況下也很常見。讓我們看看所謂的拉鍊的例子。在它剛剛上市時，就被認爲是一項了不起的創新，因而賣得很高的價格。今天，拉鍊是如此的便宜，以致於已經可以用在數千種不同的用途上了。同

樣地,與時尚物品的生產和銷售有關的大多數價格現象,也都可以用這個原理來解釋。

　　有許多這樣的例子可以用來說明把一種財貨人為地劃分為不同小類別的方法。運輸業提供了這種劃分的一個重要實例。鐵路業所建立的不同票價制度,是使此類企業的管理層得以讓乘客根據他們所願意且能夠支付的票價,以找到適合於自己的類別。選擇高級類別的顧客為較舒適感所吸引,特別是受到對他們社會地位的關注以及車廂狀況不那麼擁擠所吸引,而這些正是得自於高票價的結果。在這種情況和類似情況下(例如:在戲院),價格的差異等同於品質的差異;這在支付較高價格者可以獲有明顯的社會地位,並獲得由高價類別所帶來較不擁擠的好處等這些情況下都是如此。我們會發現價格愈低的設備,使用者愈多的情況,這種趨勢就愈明顯。否則的話,就有必要在較高價等級中,裝置較舒適的設備。因此,如果鐵路的座席通常都是客滿的話,管理層就無需為較高價的顧客,花大量的錢購買較好的設備。同樣地,在解釋一般信件和印刷品的郵政費率的差異,以及家庭和工廠用電的價差時,還必須要考慮到完全不同的其他因素。⑨

　　純粹競爭市場或純粹獨占市場的價格形成實際上很少見,因為這些「邊際的情況」(marginal cases)假定了一些幾乎無法完全滿足的條件。只有在獨立賣者的數量非常多,且在一

⑨ 獨占價格的形成:在這裡,最好再次藉助圖表,以說明確定的關係。如前所述,我們在 X 軸上標記數量的單位,在 Y 軸上標記貨幣的單位,並且我們假定 NN' 是某一個獨占商品的需要曲線。

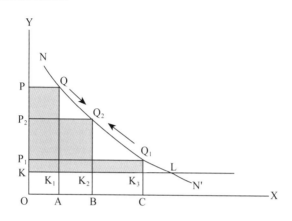

圖 3

　　此外，我們還假設無論產量是多少，獨占者的單位生產成本都不變（成本固定）。我們用直線 KL 代表這種成本。獨占者自然會選擇一個高於 OK 的價格。但是他會選擇許多可能的價格當中的哪一個呢？如果他選擇了一個太高的價格，從上面的圖形中，我們會看到，他將只能賣出 OA 的量。他的全部利潤將會是矩形 PKK_1Q 所示。另一方面，如果他希望出售大量的產品，例如：OC，則很明顯地，他將不得不把其價格壓低至 OP_1。在這種情況之下，他的收益（編譯者註：應該是利潤才對。）為 PKK_3Q_1。顯然，獨占者在這種情況下所選擇的價格太低了。因此，他將繼續試驗，直到試出 OP_2 的價格，在該價格下，銷售量乘以每單位利潤達到最大，這時總利潤為矩形 $P_2KK_2Q_2$ 所示。讀者可以自由變動這個圖形，以考慮單位成本的升降或不同的彈性值。這樣，他就可以把我們在正文所討論的關係繪製為圖形。

　　這種極為複雜的獨占價格理論是屬於現代經濟學中最高度發展的領域之一。這是一個特別適合於數學分析的領域〔請參考潘塔萊

個完全訊息的市場中，純粹競爭才會出現。所謂的完全訊息的
市場是指一個所有的賣者和買者都同時並始終知道彼此出價的
市場，因此在他們之間進行著一個不斷調整的過程。然而，這
些條件幾乎只有在「有組織的市場」（organized markets），
尤其是在股票市場這種最先進的有組織的市場上，才可能滿
足。自由競爭或完全競爭是十分稀少的，如果有的話，我們
就必須把它找出來。與有組織市場頗不相同的是「無組織市
場」（unorganized markets）的情況，我們以下選擇該種市場
最有名的例子，即零售業市場，加以說明。當我進入商店為
我自己買一頂帽子時，實際上我是進入了「帽子市場」（hat
market），從廣義上來說，我宣稱我對一頂帽子的需要，與其
他帽子需要者同時都是針對帽子的總供給而發出的。但是，由
於在這種情況下，總供給和總需要既沒有在時間上、也沒有在
適當的地方達到一致，就無法快速全面的了解市場的情況。我
必須找很多家商店，才能完全判斷出帽子的價格；在店主降低
價格並反過來影響帽子製造商也這樣做之前，許多顧客必然已

奧尼（Pantaleoni）、埃吉沃思（Edgeworth）、庇古、Stackelberg
等人的著作〕。對於獨占差別定價這個主題精彩的探討，見諸於我
的學生 Kurt Michalski 一本論文 *Das Prinzip der Preisdifferenzierung*
（Marburger sozialokönomische Forschungen，第 1 號，1932）。
（編譯者註：該文獻應該是一本論文，而後面的 Marburger
sozialokönomische Forschungen 應該是一序列的叢書，本論文被編為
第 1 號。）另請參閱 R. Bordaz, *Coûts constants et prix multiples*（巴
黎，1942）。

經聳聳肩地離開了帽子店。因此在這種情況下，整個價格形成的機制，其作用是很緩慢的，這一特徵解釋了零售業中價格形成的許多類似獨占的特點。⑩

----

⑩ 不完全競爭下的價格形成：完全競爭可以精確地定義為，當每個生產者的產出所面臨的需要具有完全彈性時的情況。另一種表達方式為，在完全競爭之下，任何生產者索價高於其他生產者，都要冒著失去所有顧客的風險；如果他的索價低於其他的生產者，其他的生產者將失去所有的顧客。因為這些是完全競爭的前提，所以這就可以理解為何這種市場狀況很少出現。在大多數情況下，競爭實際上或多或少都是不完全的。隨之而來的就是，在最近的經濟文獻中分析最徹底的問題。尤其是，廣告引起「不完全（獨占性）競爭」〔imperfect（monopolistic）competition〕的重要性，已經引起人們極大的關注。請特別參見張伯倫（E. Chamberlin），《獨占性競爭的理論》（*The Theory of Monopolistic Competition*）（麻薩諸塞州，劍橋，1933）。羅賓森，《不完全競爭的經濟學》（*The Economics of Imperfect Competition*）（倫敦，1933）；特里芬（R. Triffin），《獨占性競爭與一般均衡》（*Monopolistic Competition and General Equilibrium*）（麻薩諸塞州，劍橋，1940）；A. Kozlik, Monopol oder Monopolistische Konkurrenz? *Zeitschrift für Schweizerische Statistik und Volkswirtschaft*, 1941；馮・斯塔克伯格（H. von Stackelberg），同前面獨占價格的形成這個註；費爾納（W. Fellner），《少數人之間的競爭》（*Competition Among the Few*）（紐約，1950）；張伯倫（W. H. Chamberlin）編輯，《獨占與競爭及其管理》（*Monopoly and Competition and their Regulation*），（倫敦，1953）；馬克魯普（F. Machlup），《賣方競爭的經濟學》（*The Economics of Sellers' Competition*）（巴爾的摩，1952）。

　　儘管純粹的自由競爭實際上並不存在，而且許多價格都包含某種獨占的因素，但是我們絕不能因為這一事實就下結論說，我們的經濟制度根本上不再立基於競爭，而是立基於獨占之上。這樣的結論是完全錯的。首先要注意的是，純粹獨占是一種比純粹競爭更為罕見的現象。獨占的因素超過競爭的因素當中最重要的例子是：(1) 自然獨占，在某些少數的現有資源為單一的個人或團體（例如：南非鑽石聯盟）所擁有的產業；(2) 法律的獨占，政府授予某人生產或銷售特定商品的專有權（專利、版權等），儘管這種權利的享有通常是有時效的；(3) 運輸的獨占，高昂的運輸成本使得獨占者在其生產區域內得到免受外部競爭的保護，因此這種情況也可以稱為區域獨占（例如：匹茲堡鋼鐵製造業）；(4) 最後是品牌獨占，這是由於消費者相信某一產品在其同類產品（品牌名稱的使用）中是獨一無二的廣告的宣傳。但即使在這些情況下，獨占者通常也必須考慮到許多反對的力量：消費者轉買替代品的可能性、隨著獨占經營變得愈來愈有利時，就愈容易吸引外來者進入與之競爭、最後且最重要的是國外的競爭（除非獨占者能使政府建立保護性關稅或進口配額，或是透過組織國際卡特爾，以成功阻擋國外競爭者）。最後，獨占者必須謹防因為毫不留情地利用它們的力量，而激起輿論和政府的報復；然而，對於這個障礙，獨占者可以運用其對輿論和官方機構巧妙的影響，有效地克服。

　　現代經濟學的特殊成就之一，就是對可能存在於純粹獨占和純粹競爭之間的中間階段〔「市場形式」（market forms）〕進行研究和定義。但是，儘管有此一成就，但卻

有一個令人遺憾的後果，那就是這種方法導致許多人得出這樣的結論：既然事實上只存在中間的形式，則「獨占」（monopoly）和「競爭」（competition）的概念就沒有實際的用途。這種模糊的差別，不僅符合獨占者的利益，也符合那些不喜歡恢復真正競爭經濟的集體主義者之利益，既然他們主張建立政府獨占是解決問題的唯一辦法，則他們需要把獨占當作一種展示品。用競爭是無法實現的這種方法來定義競爭和獨占，這當然是可能的；因此，任何想要採取積極措施，來恢復這種狹義「競爭」（competition）的企圖，從一開始就都注定會失敗。然而，這樣的定義一點意義也沒有。為了提出一個有意義的定義，我們必須從什麼是對經濟生活的安排有決定性影響這個問題開始，即從如何把國民經濟的實際生產要素配置給若干不同的替代用途這個問題開始。然後，我們就可以得知，獨占所顯示的市場形式是使生產者（在他控制供給的程度上）不受消費者對生產要素的使用所影響。當生產按照集體主義的計畫集中在政府手中時，生產者的這種專斷的力量就達到了最大的程度，那時政府就成為所有獨占者中最危險和最強大的。而擔憂政府獨占的最重要原因是，這種最強大的獨占同時也是最容易以口號來掩蓋的獨占。

　　在我這本書出版之際，有一種非常普遍的批評，說我們的經濟制度現在且將來都會繼續由獨占所主宰。對此，我們要堅決明確地回答說，這樣的發展未必會出現。的確，令人驚訝的是，在任何情況下，只要有機會，競爭遲早都會戰勝獨占。「競爭性資本主義」（competitive capitalism）必然是「獨占性資本主義」（monopoly capitalism）的這種說法，完全不正

確。事實是，幾乎沒有任何一個名副其實的獨占企業的出現，不是由政府以某種方式催生出來的。的確，德國的重工業獨占史已經證實了，即使獨占是由政府直接干預而建立的，也需要採取有力的強制措施，強迫幾家不同的生產者組合為一家。如果政府由於多種理由，沒有以其權威、司法威望和或多或少有利於獨占的經濟政策（包括限制進口的政策），來抑制自然的競爭趨勢，則當今世界上可能很少會有獨占。我們有必要不斷的強力維護這個真理，因為有一個與此完全相反的觀點普遍被接受，並且暗示了進一步討論這種觀點是愚蠢的。數十年來，馬克思主義的宣傳大大地促進了這種偏見的傳播。凡是以下這些統治意識型態，亦即熱衷於「偉大的」（monumental）和「浮誇的」（grandiose），並且以犧牲自然和自發性為代價，而對「組織」（organizing）及「支配」（commanding）這個問題上讚揚的，顯然都是贊成獨占的意識型態。獨占者充分利用那些四處悲嘆「資本主義」（capitalism）已死或將死的那些人的心情，更充分利用了那些抱怨競爭制度是可鄙和庸俗的，應該儘早被組織嚴密的經濟制度取代的那些人的心情。然而，沒有什麼能阻止政府制定其經濟政策，以讓競爭的自然趨勢最終能再次在經濟制度中發揮其應有的作用。不過，目前這種行動看來似乎相當不可能。這當然不是「資本主義」（capitalism）的錯，而是某些意識型態主導的結果。我們沒有理由不與這些意識型態抗衡，因為我們沒有理由去懷疑獨占（在大多數情況下）對經濟有不好的影響。

對獨占所提出的主要指控是，它們以第二章已經論述過的方式破壞了「從商之道」（business principle），從而破壞了

我們經濟制度中最重要的原則之一。同時，它們在我們經濟生活中注入了一種專斷力量的成分，這種力量在政府完全且包羅萬象的獨占（集體主義）的極端情況下，就變得很絕對了。獨占不僅能夠獲得超額的利潤（因為只有競爭才能迫使財貨或勞務的產值與生產這些東西所付的支出相等）⑪，而且它們還會嚴重削弱我們經濟制度的靈活性和適應的能力，從而造成進一步的損害。⑫

---

⑪ 編譯者註：此處應該是指邊際收益（marginal revenue）等於邊際成本（marginal costs）。

⑫ 獨占的弊端：在已經被指出的獨占的弊端當中，我們還可以加上下一章將會引用的其他一些項目。同時，我們不應忽視在少數的情況下，獨占在經濟上優於競爭這樣一個事實。在這裡，我們指的是那些稱為「公用事業」（public utilities）的企業。這些企業具有雙重的特徵：一方面，它們為大眾提供了至關重要的財貨和勞務（電力、瓦斯、水、鐵路、有軌電車、公共汽車、郵政服務等）；另一方面，這些企業的本質是它要求龐大的資金以及複雜的產權網狀系統（例如：電話公司需要為電線電纜安裝地下管道），若讓其建立其他的競爭單位反而是不經濟的，即使在技術上也不可行。

公用事業的政治經濟問題，事實上不只在於其獨占的性質或多或少是不可避免的，同時也由於這些企業滿足最迫切的（即缺乏彈性的）公共需要，因而特別危險。為了解決該問題，有兩種可能的方法：要麼是讓私人來經營，但是仍然要求它們接受政府的管制；要麼是我們在其所在的地方建立官方的獨占或社區的獨占。很難確定兩種解決方案中哪一種較好，因為這在很大程度上取決於每個國家的特殊情況以及所討論的公用事業屬於哪一類。美國的經驗顯示，在私人獨

　　價格愈容易變動以及愈能忠實地反映生產成本，就愈能完成其在經濟社會的調節功能。當我們想起這個事實時，獨占價格形成的全部危害就變得很明顯了。每個價格都是對買賣雙方的雙重提示：對賣者提示要增加或限制其供給；向買者提示，要限制或增加他們的需要。因此，價格同時調節了經濟社會各種生產要素的使用，而這些生產要素的價格聯合構成了財貨的生產成本。「綜上所述，價格無非就是不斷發出的提示，提示消費者決定經濟中的那些稀少的生產財，在任何特定的時刻，應該或不應該配置給可以利用這些生產財之不同的經濟用途。」價格愈少受到獨占力量或政府干預的操縱，就愈能發揮其作用，這句話是有道理的。

　　只有在一種情況下，把某一商品的供給完全集中在某一個生產者手中，才是經濟政策有意識追求的一種目標；這是在希臘字根中，嚴格意義上「單一賣者」（single seller）所指的「獨占」（monopoly）這個字的情況。政府的財政獨占就是這種情況，透過這種方式〔就好像在某些國家（奧地利和義大利）菸草獨占的著名例子那樣〕，政府強行消滅了所有的競

占經營制度盛行之處，就難以有效的監督，同時也可能會帶來嚴重的麻煩事。另一方面，國營企業的總體劣勢也讓人反對國家獨占制度。（但是，我們可能也要講到的是，正是因為公用事業是公家經營的，因此管理層才需要受到嚴格的監督。這類企業無時無刻都與大眾有著緊密的關係。當對公用事業索費過高或服務品質差而有投訴時，受到危及的是政府或社會的威信，而經營良好的公用事業是企業公有制特別有效的良好宣傳。）

爭，公開利用獨占的力量來提高價格，以確保政府的收入，否則這項收入就只能取自於所述商品的消費稅。

正是這種特殊的情況清楚地說明了，儘管從純粹自私自利的角度來看，獨占也許是可取的；但是從總體福利的觀點來看，它卻是不可取的，或者至少必須懷著極大的疑慮來看待它。對這一點存在著一個共識，那就是獨占基本上是不可取的，因為它涉及到在某種程度的經濟和社會生活中，運用了與自由和正義的理想不相容的，而且還會破壞經濟的均衡，並造成生產力降低的力量，即使這種力量在這個社會並非有意識地被濫用。大多數人都把排他性、特權、專斷、權力過大、剝削等這些概念與「獨占」（monopoly）聯繫在一起，這是相當正確的。獨占的這些特徵同時也是我們對集體主義的最重要的和不可辯駁的反對理由之一。如上所述，這種經濟秩序把生產和分配極度集中在政府手中，建立了一種完全的、包羅萬象的獨占。這樣的獨占是依賴政府強制的力量所建構起來的，是無法讓人接受的。此外，這種制度的基本性質既不受政府行政機構可能的分立所影響，也不受國營事業彼此之間的相互競爭所影響。在這種情況下，以下這種想法，亦即政府行使獨占的力量保證了大眾的福利，已被揭露為是個編造的謊言。

在少數重要的實例當中，從技術或組織的角度來看，獨占被認為是優越的，甚至是必不可少的；這就是所謂的「公用事業」（public utilities）（瓦斯、電力、自來水及電話），這些事業幾乎不容許競爭廠商存在於其中。在這種情況下，也不能讓獨占事業自行其事，特別是因為這裡所涉及的是公眾不可或缺的服務。在這種獨占實際上不可避免的情況下，更需要建

立一套對獨占企業的管制和監督的制度（見本章前面獨占的弊
端那個註）。

最近，有人企圖透過公用事業的特殊情況，來證明獨占的
這種優越〔尤其是熊彼德（Joseph A. Schumpeter），在他的
《資本主義、社會主義和民主主義》（*Capitalism, Socialism,
and Democracy*）一書中〕。支持這種主張的人認為有利於技
術創新和進步的，正是這種大型組織的經濟力量和資本儲備。
該種論點的正確之處在於，我們無法事先知道獨占者將如何利
用其力量，他是否只會從其企業中榨取利潤，否則他會在市場
力量的保護牆後面停滯不前，或是他會尋求探索和發明的新途
徑。無論如何，只有在特定的情況下，而且大多只有在很少的
情況下，才能經由獨占促進技術的進步。我們可以確定的事實
仍然是：獨占者對他們的市場和經濟有某種程度的支配力量，
而這是不能見容於以績效和報酬之間公正關係為基礎的有序
的、自覺的經濟制度。即使技術進步根植於獨占特權，一國的
經濟資源是否會按照消費者的意願而被使用，這至少是個值得
懷疑的問題，而有效競爭卻會把這些意願表現出來。

同時，如果我們要得出獨占和競爭的可用定義，在這方
面有一個考慮因素必須給予應有的注意。立基於抽象數學模型
的「純粹」（pure）或「完全」（perfect）競爭的概念，其假
設在動態的現實經濟生活中必然不存在；應該代之以「積極
的」（active）或「可行的」（workable）競爭的概念，這種
概念強調生產者不斷爭取消費者的青睞是競爭的基本要素。在
維持這種競爭的地方，可能此時是這個，而彼時又是另一個生
產者，領先於其他生產者，從而獲得一個特殊的地位。只要其

他的生產者可以「自由進入」（free entry）相關的市場，從而又有機會反過來獲得這種特殊的地位，這種情況就不能被描述爲「獨占的」（monopolistic）。在給定的市場，對這些主要生產者不斷的檢驗和競爭中，以及在市場所提供的激勵居優勢地位當中，我們確實看到了競爭的特徵，這使其成爲一個非常有價值的制度。只要在市場中所取的優勢地位是一時的，並且競爭對手緊隨該居於優勢地位者之後，且可以自由地超越這個居於優勢地位的人，則這種情況就不能視爲是「獨占」（monopoly）。因此，我們不能把在一個特定的產業中，爲取得領導地位而推動的這種進步歸功於獨占。只有把下面這種情況說成是獨占才是正當的，亦即取得「領導地位」（lead）的競爭被消除，而這種「領導地位」（lead）成爲永久特權和力量的情況；不過這種情況是阻礙了進步，而不是促進了進步。基於這種推理，政府在法律上給發明或創新專利權的做法，不僅構成了知識產權的保障，也構成了不可或缺的經濟激勵。然而，到了阻礙競爭的程度，最後產生了濫用市場力量的獨占權時，專利權就開始出現問題了。

當把競爭定義爲不斷爭取消費者青睞時，獨占的概念就相應地縮小了且只限於這些情況：爭取其暫時的力量被消除了，取而代之的是永久保護那個市場的力量。這使得獨占給整個社會帶來更大的弊害。這些弊害可以見諸於以下的狀況：(1) 生產者的支配地位是透過對消費者青睞的競相消除而達成的，消費者也就失去其在生產上「具有獨立主權」（sovereigns）的經濟角色；(2) 由此而產生剝削消費者的可能性以及破壞績效與報酬之間的公正關係（商業原則），以致於使獨占價格缺乏

競爭價格所獨有的「公正價格」（just price）的特性；(3) 減弱了競爭在價格和品質方面，提供適度供給的誘因；(4) 擾亂以競爭和自由價格為基礎的總體經濟秩序，因而造成資源的錯誤配置；(5) 在創造力上的破壞，這個力量把市場與新進入者隔開了，因此而剝奪了這些新進者獲得本來可以利用之公平的經濟機會和社會機會。獨占的情況不僅存在於商品市場上，也存在強大工會藉助諸如以封鎖工廠等技巧，而建立的各種勞動市場，完全控制了勞動的供給。由此而產生的經濟弊害類似於我們已經描述過的那些。

如果把我們迄今為止所說的這些東西應用到在自由世界中占主導地位的經濟制度，即市場經濟，很明顯地，正是由於競爭在其中所起的核心作用，這樣的一種經濟在其受到獨占禍害的地方，效率及（就社會的角度來看）公平都會減損。如果想要獲得集體主義經濟所缺乏的那種市場經濟所具有的優勢，如果我們想要的是德國政府自 1948 年以來成功維持的那種「社會市場經濟」（social market economy），那麼我們必須認定反獨占以及維持有效競爭是其主要條件之一。

為了正確評估成功對抗獨占的可能性，我們必須首先注意到，獨占的產生，甚至更重要的是獨占的持續時間（在這裡所使用的是現實意義上的）被限制在比普遍認為的要狹窄很多的範圍之內，也比那些旨在以最不利的角度來看待自由經濟的性質及其前景的社會理論所主張的要狹窄得多。我們可以補充說，主張現代經濟生活的演變和技術進步愈來愈有利於獨占的這種觀點也同樣是錯誤的。如果說自由經濟有其內在的趨勢，那麼過去和現在都一樣，那就是走向一種競爭的趨勢，而不是

走向獨占的趨勢。在我們這個時代這種趨勢加強了，而不是減弱了，這正是由於技術的不斷革新和交通不斷的改善——因而有擴大市場的效果——以及一些新地區的經濟發展所帶來的。這一切都以前所未有的方式在進行著，而今天處於最高地位的人，無論他是否是最偉大且最強大的人，都只有盡最大的努力，才能在緊隨其後的競爭者中保持他的地位。儘管如此，如果獨占仍然是我們這個時代最大的問題之一，這不僅是因為那些有利於競爭條件的實現延遲了或實現得不完全，而且還因為政府往往無意識的在許多方面進行干預、阻撓競爭所造成的。最嚴重的干預也許是那些旨在經由限制進口來消除外國競爭的政策。

毫無疑問的是，那種過時的舊自由主義的觀點認為，只要政府不採取任何形式的經濟干預措施，自由競爭的理想狀況就會自我永久延續下去，這種觀點已被證明是嚴重錯誤的。不過，這種觀點同時還存在著一點真理在裡邊。最大量的國際貿易已被證明是一種糾正獨占趨勢很有效的方法。但是，指望實現這一理想終究是不切實際的，而且即使這一理想實現了，認為現代獨占問題已經解決的這種看法也是一種不合理的過度簡化。因此，世界上自由國家的政府無法避免要把限制和減少獨占，作為一種具體反獨占政策目標的責任。這項責任確實是那些急於成功捍衛自由經濟，以抵禦集體主義的人，覺得是最緊迫的項目之一，因為集體主義的呼籲和宣傳，主要是立基於所謂的「資本主義」（capitalism）中的獨占因素。

由於很少有個別生產者能夠獲得並維持一個長期的獨占地位（前面所說的獨占自然資源的情況除外），因此獨占的存

在通常假定為許多生產者，為了要消除他們彼此之間的競爭，為此明確的目的而聯合在一起〔這種結合的主要形式是卡特爾（cartel），儘管要注意的是，並非所有卡特爾都是為了消除競爭而組建的，尤其是有些卡特爾是為了促進更合理的專業化、科學研究和技術訊息的交換而成立的〕。在這種情況下，契約的自由被非法地濫用，以限制契約的自由，從而限制了一般經濟的自由。

同時，卡特爾所固有的困難和弱點也不應該被低估。如上所述，要把某一特定行業的廠商都聚集起來，並把它們都弄在一起，而不管他們長期是否存在著利益上的分歧，這並不容易，而且還要有效地對付那些來自外部者，可能採用的殺價競爭那種無所不在的威脅，就更不容易了。為了克服這些困難，卡特爾通常訴諸於「強制會員制」（compulsory membership）的手段，該手段必然引起人們最深切的疑慮。一個更令人不安的事實是，卡特爾的組成所伴隨的困難在不同行業中的嚴重性各不相同（在那些由少數幾家大公司組成，其固定資本投資都是很大的，並且從事生產大量相同的一些產品的重工業中，那些困難是最不重要的），其結果是：最不「可能卡特爾化」（cartelizable）的行業（諸如紡織業之類的製成品業）則處於嚴重不利的情況。

因此，反獨占政策在本質上與對卡特爾組織的法律管制完全相同。這種管制可以採取以下三種方式。最溫和的，因此也是最不起作用的方式是，原則上承認卡特爾組織，僅禁止其「濫用」（abuse）自己的力量（禁止濫用的原則）。第二種可能性是由國家的警察力量強制執行禁止卡特爾組織〔這是美

國在 1890 年所實施的反托拉斯法（antitrust legislation）禁止原則的模式〕。第三種，也是最可取的管制方法，是使卡特爾不受刑事的起訴，而是受民事的起訴，從而對濫用契約自由而簽訂的卡特爾協定，剝奪其法律的保護〔取消法律保護的原則（principle of denial of legal protection）〕，這是個一般性原則，在這個原則之下，容許有些無損於該原則的例外情況。我們有理由期望，採用這種管制方法會令人滿意，且默默地解決了獨占的問題。

第 5 節　價格的相互關係

到目前為止，我們僅考慮了在有限的市場上形成價格的情況，比如我們每次只需要處理特定的市場和特定的商品那樣。但是，實際上是好幾個市場之間或多或少地緊密聯繫在一起，為此，我們現在必須先注意一下此一事實。

所謂諸多市場之間是彼此相關的，這從一般的意義上來說，首先是指某一個市場的供需，在某種程度上，會受到所有其他市場的總需要和總供給的影響。如果某一種財貨的需要突然增加了，那麼，對另一種財貨的需要就會減少。如果小型飛機成為一項流行的兒童玩物，那麼對嬰兒車和嬰兒服裝的需要很可能就會減少，因為大多數人的所得不足以維持兒童玩的小型飛機，同時又購買眾多其他嬰兒用品。如果麵包和奶油很貴，對書籍或家具的需要就會縮減 —— 這方面的例子不勝枚舉。

但是，除了所有的市場這種一般的相互依賴關係之外，

我們還發現以多種方式直接「連結」（joined）的那些市場之間，還存在著一種特殊的、更嚴密的相互依賴關係。

這種連帶關係的「第一個」（first）例子是物品之間彼此的相互「替代」（substitutes）：人造奶油替代動物奶油、人造絲替代真絲、茶葉替代咖啡。很顯然地，此類替代品的價格走勢是同向的。這些市場關係的另一個重要性在於，用一種貨物替代另一種貨物的可能性，為消費者提供了選擇的機會，限制了價格過度的波動。

現在討論一下從所謂連帶生產的貨物而來的第二個更為緊密的相互關係。連帶生產這個概念是指經由相同的生產行為，同時生產出若干的財貨。例如：在瓦斯（或焦炭）生產中所產出的瓦斯、焦炭和焦油，或者在鑄鐵廠中同時鑄造出來的鐵和鐵渣，或者在綿羊飼養所產生的羊毛和羊肉。所有這些連帶生產的例子（而且數量之多令人驚訝）與常見的價格形成類型相比，呈現出最有趣的變化。這類型的財貨是經濟上的連體嬰，其中的每一個都有自己的生命，且都想要以自己的方式過活，然而彼此之間卻連在一起，無法分割開來。突出的一點是，連帶財貨中的其中之一，一定要在另一種同時產出，它才能生產出來。他們的生產成本是連帶的，且不可分割。就像在其他情況一樣，在這種情況下，如果要維持長期的生產，當然總收入必須要含括聯合的生產成本。連帶生產的產品所分擔的生產成本，其比例（就像反映在其價格中一樣）是由它們彼此之間需要強度的大小所決定的。如果其中某一種產品的需要大於另一種產品，則必須以足夠低的價格出售那種需要較少的產品，以確保相當於「廢品」（waste product）一樣的這種產品可以

賣掉。因此，如果主要產品的需要增加了，而其副產品的需要沒有相應的增加，則由於不可避免的連帶生產關係，可能導致副產品的價格顯著地下滑。結果，那些只從事副產品生產的人可能會陷入絕境。銀就是這種情況的一個很好的例子，近年來，銀作為銅和鋅的副產品而大量地供應。由於銅和鋅的需要增長遠遠超過銀需要的增長，因此導致了銀價的下跌，直到在1961～1962年回漲為止，這嚴重地影響到僅生產銀礦業的營運。⑬

⑬ 連帶生產：從理論的角度上來看，連帶生產中的價格形成是很有趣的，因為在這種情況下，古典經濟學家已經被迫承認不可能透過生產成本理論來解釋價格的行為，而必須要回到需要的概念來進行解釋。馬夏爾（Marshall）是對該問題進行徹底探究的第一個人。

在正文中，我們假定在一對共同生產的商品之間的數量比率，是由所討論的生產過程的技術特性所決定的。然而，我們經常發現生產者可以改變這一比率，例如：綿羊的飼養是為了羊毛，而不是為了羊肉，或者是相反。在這些情況下，把連帶生產的產品聯繫在一起的帶子明顯地鬆動了。請參閱供給、需要和價格的相互作用那個註解中韓德森的引書，第五章。

連帶生產實際上是非常重要的，且在它成為連帶產品的過程上更是如此。在農業中，我們可以特別清楚地看到其重要性〔參見 H. Marquardt, *Die Ausrichtung der Landwirtschaflichen Produktion an den Preisen*（耶拿，1934）〕。事實上，即使是公寓的不同樓層，除了頂樓之外（在瑞士頂樓被用作儲藏室，在德國以前也是這樣），也被認為是連帶產品。在這裡，同樣地，一層的生產成本與另一層的生產成本無法分開來，由於租金是按需要強度逐漸下跌，結果「第一層樓」

　　接下來要討論作爲市場相互關係的最後一個例子，就是那些彼此之間互補的物品，因此它們是連帶需要的財貨。這樣的財貨有很多：墨水、鋼筆和紙；鱒魚和白葡萄酒；衣領和領帶等。對於那些制定經濟政策的人來說，了解這類的市場關係是很重要的。例如：如果希望改善某一特定行業的情況，有效的行動方針可能是降低互補品的價格。例如：許多國家經由降低咖啡的進口關稅，顯著地改善了其乳製品業的情況。

第6節　對外貿易與國際價格的形成

　　對於一個高度發達的國家來說，自給自足仍然是一個夢想，把著名的毛奇⑭一句名言改變一下，甚至可以說這個夢想就不愉快了——一個國家愈大、愈富裕、愈強大、愈想要維持這種局面，這個夢想也就愈不愉快。因此，我們在討論中，把國際市場和價格關係的特點做一個簡要的描述是適當的。⑮

　　（beletage）一般說來租金較高。

⑭ 編譯者註：赫爾穆特‧卡爾‧本賀‧格拉夫‧馮‧毛奇（Helmuth Karl Bernhard Graf von Moltke），生於1800～1891年，是一名普魯士的陸軍元帥。擔任過普魯士陸軍參謀長三十年，他創造了一種新的、較現代化的戰場上指揮軍隊的方法。他被譽爲普魯士戰術的天才，對鐵路著迷，並率先把鐵路用於軍事用途。人們經常稱他爲老毛奇，以區別於在第一次世界大戰爆發時指揮了德國軍隊的侄子小赫爾穆特‧馮‧毛奇（Helmuth Johann Ludwig von Moltke）。

⑮ 對外貿易的理論：國際貿易在經濟理論中一直占有很重要的地位。甚

至追溯到古典時期，它還是經濟學中一個發達的領域，其目的在於探究因國際貿易所形成的經濟過程，而具有的那些特殊性質（克服距離、生產要素較無法移動、貨幣制度和政治因素的差異等）。如前一章資本形成和資本消耗那個註所述，人們對其中的貨幣因素的分析投入了大量的心力。除了那裡所提到的書之外，還可以參考哈伯勒，《國際貿易理論》（倫敦，1950）。G. Haberler, Aussenhandel, *Handwörterbuch der Sozialwissenschaften*, 1954；歐林（B. Ohlin），《區域之間和國際之間的貿易》（*Interregional and International Trade*）（麻薩諸塞州，劍橋，1933）特別把對外貿易中的距離問題視為一般經濟問題的特例來處理；貝弗里奇等人（W. Beveridge et al.），《關稅：被檢視的例子》（*Tariffs: The Case Examined*）（倫敦，1931）一書兼具理論和實際問題的討論，非常有啟發性。安吉爾（J. W. Angell），《國際價格理論》（*The Theory of International Prices*）（麻薩諸塞州，劍橋，1926）一書對貨幣方面的問題做了詳盡的論述；哈羅德（R. F. Harrod），《國際經濟學》（*International Economics*）（倫敦，1939）；艾爾斯沃茨（P. T. Ellsworth），《國際經濟》（*The International Economy*）（紐約，1950）；洛卜克，《國際經濟的解體》，同金氏法則那個註的引書；洛卜克，《國際秩序和經濟整合》，同金氏法則那個註的引書。除了那些只是單純的指責或謾罵之外，令人驚訝的是，我們很少見到推翻古典理論的論著。而這些少數的著作當中，大多都只限於對古典理論進行或多或少的修正而已。一個典型的例子就是弗里德里希・李斯特（Friedrich List）的《國家政治經濟學制度》（*National System of Political Economy*）（1841），據說這本書的優點是從歷史和進化的角度，對古典經濟學家的「長期」（long run）公式提出了有效的駁斥。實際上，李斯特的著作只是完善古典理論的一個重要步驟而已。這一類著作中，

　　貨物運輸和保存方面的技術進步，已逐步消除了在相距遙遠的地區之間貿易的主要障礙，亦即已經逐步克服了與距離相關的費用和損失。的確，國際貿易已眞正成爲世界貿易，不僅把鄰國聯繫在一起，也把最遙遠的國家彼此之間聯繫在一起。可以肯定的是，並非每種貨物都同樣適合於國際貿易，因爲每種貨物對於克服距離的抵抗力各不相同。有些貨物是眞正的適於全球運輸的，套一句格言就是「有需要我之處（即，我可以賣得最高價錢的地方），那就是我的去處」。這些貨物的構造是如此堅固，以致於最長的陸路運送和最令人疲勞的海上航行，似乎都不會影響到它們。它們不會變質；此外，它們的比值（即，其每單位重量或每單位體積的價值）高到足以不會受到運輸成本的影響。這些貨物是所謂的國際貨物。屬於世界貿易的該類大宗貨物，有小麥、金屬、橡膠、咖啡、紡織品等，

較近期且較激進的是 M. Manoilesco 的 *Théorie du protectionnisme et de l'échange international*（巴黎，1929），歐林在他刊載於 *Weltwirtschaftliches Archiv*，卷 33（1931 年 1 月）的〈保護與非競爭性團體〉（Protection and Non-Competing Groups）一文中，對此書提出了有力的批評。那些以政治軍事觀點反對純對外貿易理論的人，都會發現他們是在強行開放門戶。亞當·史密斯很久以來就給予這類論點一個突出的位置。人們可以完全贊同對外貿易的科學理論，但仍然支持一個閉鎖性的經濟。在這種情況下，這個人至少完全了解所涉及的「成本」（costs）。一般而言，對於經濟理論，尤其是對於對外貿易理論的大多數攻擊，除對透明的恐懼之外，沒有別的了：攻擊者只是想憑其論點的響亮，給人一種他們的論點是很有分量的印象。

以及多數的工業產品。

其他貨物不像上述那些那麼國際化。它們只能局限在一國之內，以致於只有在例外的情況下，這些貨物才會運出口。屬於這一類的貨物，是那些容易腐爛的：草莓、鮮魚、牲畜，以及最後的一類是——貨物中最無價值者——鋪路的石和磚。最後一項無疑地無論在多長程的運輸中都不會腐爛，不過它們的價值如此之小，以致於無法負擔相關的運費。最後，還有一類是真正只局限在一國之內的財貨，諸如一些家庭用品，這些貨物僅用於滿足一個國家特有的慾望，把它們運往國外，沒有任何的利益。

除有形的財貨之外，勞務在世界貿易中也愈來愈重要了，其中的一個證據，就是旅遊的不斷增長〔所謂的「無形的」（invisible）進出口〕。事實上，大多數的這類勞務必須在一定的地區才能獲得，旅遊業正是基於這種特殊性。因此，觀光客到瑞士的旅遊，實際上代表了一種無形的出口，儘管可以肯定的是，並不是每個蘇黎世 ⑯ 理髮師都知道，在為英國旅行者剪頭髮時，他正在從事出口的業務。

然而，技術的進步使得迄今為止只能在本地提供的勞務，現在也可以運輸到國外了。注意到這樣一個事實，並非是無趣的。例如：電影這個工業，使戲劇的表演得以裝在罐子裡，然後運往全世界，供全世界欣賞，這一發展對世界經濟具有不小的意義。廣播和現在的衛星電視，甚至使得影片變成多餘的

---

⑯ 編譯者註：蘇黎世是瑞士蘇黎世州的首府，瑞士聯邦的最大城市。

了。至於把罐頭食物的原理應用到藝術上，是否既可增加其數量，同時又可保留其品質，仍是一個未定的問題。

但是，國際貿易不僅限於財貨和勞務，它也包括了像在國內的貿易一樣的每一種可以想像得到的信用交易和資本移轉。在國際貿易的發展過程中，信用交易和資本移轉的重要性日益增加，但它們所引起的問題過於複雜，在此無法討論。

我們很難不去過分強調國際貿易的重要性。事實是這樣的：世界各國在最近幾個世代當中，已有了一定程度的經濟相互依存性，但是很少有人對此有正確的觀念。今天，所有的國家、所有的地區，都透過各種經濟的相互關係，緊密地聯繫在一起，從而形成了一個整體，大家都共享著成功之利，也都共同承受著失敗之苦。如果我們不能成功重建遭到近幾十年來的風暴所嚴重破壞的世界經濟的結構，則每個國家都將或多或少受到慢性經濟貧血病的傷害。任何國家都不能對世界經濟重建的成敗漠不關心。任何一個把自己國家的利益放在心上者，都不能不為這種重建盡一份自己的力量。

值得心理學家和社會學家注意的一個事實是，大多數人對與國際貿易有關的任何事情，不了解的程度已到了令人震驚的程度了——他們對經濟生活的其他方面，都沒有表現得這麼愚鈍。被這種不了解所包圍，經濟學家的工作真是討人厭的。他所關心的是本國的福祉，但要冷靜地解釋國際貿易的性質與功能，並把這些與那些發生於對外貿易的經濟困難分離開來。然而，企圖揭示那些主張在經濟上鎖國這類論點的愚蠢，且揭露那些對貿易逆差恐懼背後的迷信，所得到的通常就是那種特別令人失望的回應。偉大的英國經濟學家阿弗瑞德·馬夏爾

（Alfred Marshall）所說的以下的話並非沒有道理的，他說對於一名真正的經濟學家來說，要同時享有一名真正的愛國者，同時又享有一名真正愛國經濟學家的名聲，幾乎是不可能的。

當然，在國際貿易的領域中，我們確實遇到了一些特別難以了解的概念。只有當我們從最簡單的形式，開始來考慮國際貿易的性質時，才可以掌握這些概念。我們從這樣一種觀點出發，亦即正如同國內貿易一樣，國際貿易也是依賴於分工和由這種分工所產生的財貨之交換。無論由分工引起的貿易，在空間上的擴展多麼廣泛，也無論構成貿易的那些企業複雜到多麼難以處理，我們都把全部過程化為一個我們在之前討論分工的結構時已經闡明過的過程。在國際貿易的情況下，這個過程中的參與者屬於不同的貨幣支付群體（payment communities）這一事實，就像他們擁有不同的護照和不同的住所這一事實一樣，不會改變國際貿易的基本特徵。儘管如此，國際貿易包含許多特殊性，在特定情況下，這些特殊性可能會產生一些理論的和實際上的困難問題。

一旦我們掌握了對外貿易是建立在分工原理之上的這個觀念之後，進出口的真正功能便立即變得清楚了，且許多誤解也都消除了。最重要的是，我們就能夠糾正出口是好的事情，而進口則是壞的事情，亦即最重要的是盡可能地多出口、少進口的這個普遍流行的錯誤觀念。很顯然地，出口和進口是手段與目的的關係：目的是要盡可能地供給財貨，但是由於外國人一般不會把他的財貨作為禮物送給我們，我們必須要為這些財貨給出一些東西，而我們給的就是出口。可以肯定的是，我們有很多東西是從國外免費獲得的，例如：候鳥、船難的漂流物、

魚類等，如果「海外」（abroad）這個概念是縱向的，我們也可以把陽光、流星和其他來自天上的禮物都包括在我們的計算當中。沒有人會嫌這些「純」（pure）進口品，也沒有人會焦急地質問是否有相應的出口以支付它們。但是，國外的財貨愈便宜，就愈接近免費的禮物。一國需要為進口支付愈少的出口，即相對於進口品，出口品的價格愈高，該國從國際分工中所獲得的利益就愈大。⑰

---

⑰ 對外貿易所帶來的國家利益：仔細觀察，我們會發現對外貿易具有以下利益：(1) 某些產品只能透過對外貿易獲得，亦即那些在國內不存在的產品，或只能以很高的成本，才能在該國生產（例如：歐洲工業化地區使用的大部分工業原料）。(2) 對外貿易為我們提供那些儘管在國內生產可能不貴的東西，但與從國外進口這些東西相比，我們必須付出的代價較大。因此，最好是進口此類財貨，而以本國生產較便宜的那些產品與之交換。(3) 在經由時空分配貨物時，對外貿易發揮了一種互補機制，透過這種機制，可以在幾個國家的市場之間建立國際收支的平衡，從而除去了一種過去經常發生的情況，亦即其中一個國家有盈餘，而另一個國家則有赤字。它像一種安全閥，可確保「氣壓」（atmospheric pressure）於不變，使我們的經濟生活免於巨大的波動，否則的話，在農業社會，經濟生活將只受到國內收成好壞的影響。當世界經濟的機制崩潰時，這一功能的重要性就變得更顯而易見了。(4) 對外貿易提供了一個辦法，有效解決若干國家經濟因為獨占而造成的運作問題，因為它讓那些為獨占而企圖「勾結」（coalesce）的企業單位，受到國外競爭的壓力，從而防止了我們的經濟制度經由「資本家」（capitalist）的剝削而惡化。
每個國家都會享受到參與對外貿易的這些利益。自然地，這並不排

　　但是，這一結論遭到當前流行觀點的強烈反對，以致於我們必須再次證明這一事實的眞實性。當一個國家自己不生產任何東西，而是透過與另一個國家交換，而取得一些東西時，它是採用了一種（正如我們在本書第三章第5節與第五章第4節中所了解的）讓其得以比以前較便宜的方法，生產出某些產品。讓我們假設土耳其和瑞士之間的對外貿易是土耳其的菸草交換瑞士的紙。那麼，我們就可以把瑞士的造紙廠設想爲生產廉價菸草的巨大機器。相反地，經濟學家發現，安納托利亞（Anatolia）[18]的菸草田，歸根結柢也就是生產紙張的種植園，在這些種植園上，若生產菸草以換得紙張，其成本比直接生產紙張要低。因此，對外貿易類似於節省勞動的機器，或類似於任何其他降低生產成本的方法。這臺機器的用處愈大，成本對

除一個國家的收益可能大於另一國家的收益；這取決於出口價格與進口價格的比值，或者以相同的話說，就是對於給定的出口量，可以換得的進口量〔「實際的交換比率」（real ratio of exchange），就是陶希格（Taussig）所稱的「貿易的交易條件」（barter terms of trade）〕。在國家社會主義時代的德國等這類國家的例子，顯示了這個概念的重要性。在像國家社會主義的德國這樣的國家中，一方面由於出口的補貼，另一方面（由於清算和補償協定）使原料價格上漲，交易條件經受了大幅的惡化。一個國家的貨幣對外國貨幣幣值的「低估」（under-valuation）也有同樣的效果。無庸置疑地，貿易條件是國家繁榮的一個重要因素。

[18] 編譯者註：又名小亞細亞，是亞洲西南部的半島，位於黑海和地中海之間。現在該地的全境由土耳其控制，也是土耳其大部分的領土。

收益的比率就愈有利，也即是說為獲得一定數量的進口，我們需要出口的量就愈少。菸草愈貴，而紙愈便宜，對土耳其來說就愈有利，對瑞士來說就愈不利。如果瑞士透過禁止菸草進口，自己種植菸草，以中止這種貿易，他們的此一行為就好像他們砸壞了一臺節省勞動的機器。此外，還會出現誰會來買瑞士紙的問題，因為到目前為止已經買了土耳其菸草的瑞士人也因此間接買了他們自己的紙。相反地，透過禁止進口紙張，土耳其不僅會失去優質價廉的紙張，還會造成部分菸草的收成無法賣出，因為每個買過瑞士紙張的土耳其人，也間接地買了安納托利亞的菸草。

但是，到目前為止，我們所說的一切也許都無法完全令人信服，因為這似乎是說實際上我們根本沒有對外貿易的問題了。那麼這是否說所有的國家都應該發給海關官員退休金，讓他們退休嗎？儘管更糟的事情可能會降臨，但我們先前所說的那些話，完全沒有這種過激的目的。實際上，對外貿易涉及許多極難解決的問題，且這些問題可能證明某種程度的國家管制是正當的。但是這些問題與一般所認為的問題相當不同。不可能簡單的幾句話，就適當的描述這些問題。這裡只要提及我們在另一部分的研究中所闡明的內容就足矣了：為了獲得因分工而造成生產力的這種提高，我們必須要付出的一個代價可能是經濟、社會和文化方面的損害。分工推得愈深，問這個代價是否不會太高這樣的問題，就愈恰當。這個問題尤其適用於國際分工，理由很明顯，就是因為國際分工具有特別不穩定和不確定的特徵。以盡可能便宜的價格獲得供應的這個理想，目前經常為了要支持其他的理想，而被推到後面去了。儘管如此，我

們還是要小心，不要被那些只爲了掩蓋自己的經濟利益，而利用這些理想的人所欺騙。除此之外，我們可以補充下面這一點：廉價財貨的進口雖然對目前有利，但卻可能會癱瘓國內生產的未來發展，或者也可能導致國內經濟所不希望出現的、代價高昂的混亂。這幾句話就足以說明，承認政府干預對外貿易是正當的，未必就違反邏輯。經濟學並沒有教導我們說，政府的每一個干預都是不好的；只是教導我們說，有必要仔細權衡當時的事實，從而證明經濟學是具有遠見且是國家政策眞正不可或缺的工具。

儘管到目前爲止我們已經說了這麼多了，但還未完全闡明國際分工的原理。進一步探究，我們會發現一個已經引起許多謬見的難題。當我專心寫書，而把製作書架的工作交給木匠時，我又提供了一個分工的例子。在這個例子當中，每個人在自己的本行都優於外行人，且無疑地，這種分工專業化會更好、更經濟。但是，如果是要我把我的藏書進行編目時，該如何解決這個問題呢？即使我自己可以做得更好，請某人來做這個工作，對我來說是否有利呢？雖然我自己同樣能夠整平我的花園，我是否應該請園丁來做此工作呢？毫無疑問地，如果我寫書的技能比編目或整地要高，那麼僱用一位圖書管理員和一位園丁對我來說是有利的。我們很容易把這些簡單的例子，轉到世界經濟的層次。在熱帶國家和北方工業國家之間的財貨交換當中，我們可以很明顯地得到一個在生產上相互依賴的優越性的例子。我們現在也理解了，即使有一個國家所有的生產部門都不如另一個國家，但是只要它不是所有生產部門的劣勢都相同，那麼它就可以從分工並交易當中獲利。例如：以色列的

自然（Nature）稟賦很少。許多人由此而推斷，應該保護以色列的經濟，以免受到來自於有較多稟賦國家的競爭。但是，如果以色列專業於自己劣勢最小部門的生產，那麼以色列沒有理由不能與比它優勢的國家建立有利的貿易關係。相反地，由於以色列無力改變其不利的生產條件，因而就動用關稅保護，以使其劣勢較大的生產部門能夠獲利，這樣只會使其情況變得更糟，更不用說，它這種劣勢生產的負擔，可能會落到較弱者的身上。很自然地，這樣一個國家必須向其低貨幣成本（主要是指低工資）妥協，來參與世界經濟的分工，否則的話它會更窮。窮國甚至比富國更無法負擔得起把自己與世界經濟隔離開來的後果。

在一個人們可以自由地從一國遷徙到另一國的世界裡，居住在窮國的人會移居到富國去，直到各地的平均所得都達到相同水準爲止的這一事實，將促成均衡的達成。這樣，就不會有富國或窮國了，而只有人口稠密或稀少的國家。但是，由於事實上國際移民存在著許多的障礙，因此人們必須使自己適應於不利的生產條件，以滿足於低水準的平均所得。此外，世界經濟會使他們專業於生產那些最能滿足競爭的行業，因此而使他們的處境得到極大的改善。這樣，貨物的國際移動就取代了現在受到束縛的人口的國際移動。⑲

---

⑲ 比較成本法則：我們在討論以色列經濟時所試圖說明的那種相互關係，一般被認爲是來自於比較成本法則（law of comparative costs），這個法則首次由李嘉圖（Ricardo）在其《政治經濟和稅收原理》（*Principles of Political Economy and Taxation*）第七章中所推演出的。

正如最近有關該問題的文獻所顯示的那樣,他這個概念的嚴格解釋引起了一些困難。但是,這些困難絕不影響該法則的基本眞理。需要注意的是,如同適用於不同國家之間那樣,這個法則也同樣適用於一國之內具有不同經濟特徵的地區。因此,雖然東德的生產條件在各方面幾乎都比西德要差,但這一事實絕不會阻止兩德在不受任何內部關稅壁壘的妨礙之下,同時都享受密切經濟關係所帶來的好處。無庸置疑地,東德爲了能夠與其他供給者競爭,不得不甘於較低的工資水平,但是不能否認的是,如果它對西德立起關稅壁壘,將把自己置於一個更差的境地。儘管東德的經濟部門幾乎全都處於劣勢,但由於分工,東德可以把自己專業化於最具競爭的生產部門,即農業,這樣必會使東、西德互相都受益。

第七章

富與窮

在法律面前人人都享有無上的平等，它禁止富人和窮人在橋下睡覺，禁止在路上乞討，也禁止偷麵包。

—— 安那托爾・佛朗士（ANATOLE FRANCE）的《紅百合》（*Le Lys Rouge*）

第 1 節　所得分配

當經濟學家在分析我們經濟制度的機制時，他發現自己很容易陷入於總司令部對軍事行動的描述，那種冷酷、無人情味的公報語言當中。在這些質樸的文字背後，所隱藏的那些人的決心、行為和苦難，全都留給讀者自己去想像。例如：我們輕描淡寫地談到了貨幣的購買力，儘管我們都很清楚貨幣不是自己流入市場，而是因為個人既深思熟慮、又軟弱且激情地去花錢，貨幣才會流到市場。同樣地，在談到對一種財貨的需要時，我們好像把它說成是一個物理的數量一樣，其實我們是期望讀者知道我們在這裡所用的這種簡略的表達方式。事實上，對一種財貨的需要是由所有個人的需要所組成的，這些個人根據某個特定價格，決定為該財貨使用其所得的某一特定部分。而且，這些需要的各別部分在數量上差異很大，這不只是由於嗜好上的差異，也因為所得的不相等。

因此，以下我們的討論也要轉到經濟研究的另一個面向。這個面向在每個時代都是大多數人所最關注的。貧與富的對比、茅屋和宮殿的對比、有產和無產的對比 —— 這是千百年來攪動人心的一個最大的問題。而且，在對比最強烈的時代，

往往不可避免地產生了一些正義與平等的倡議者：舊約（Old Testament）的先知們、羅馬的格拉奇（Gracchi of Rome）①、偉大的宗教創始人、農民領袖和中世紀宗教的異議者及改革者、社會主義者、共產主義者和無政府主義者、從梭倫（Solon）②到現在的農業的和社會的改革者。在我們這個時代的文明國家中，這個問題並未失去其現實性，儘管在最先進的國家，我們發現這個問題已趨向於緩和，而不那麼尖銳了。就大多數人的所得都是低的這個意義來說，我們發現只有少數人的所得很高，因此所得分配在任何地方都是不平等的。儘管這條法則似乎從來沒有例外，也沒有地方有例外過——尤其是蘇聯是最不例外的——不過有些國家由於有廣泛的中產階級，不平等現象已經減輕了。相反地，在其他的一些國家——當然不是那些高度發展的「資本主義」（capitalistic）國家——我們發現同時存在著最貧困與最富裕。但對於現有社會秩序的公正性產生質疑的，並不只在於所得多少的差異，也在於這些所得來源和性質上的差異。雖然有些所得來自於有形的努力，因此與所得收受者的健康和安康密切相關，但另一種所得則是來自

---

① 編譯者註：格拉奇（Gracchi）是羅馬的一對兄弟，他們在公元前二世紀曾試圖改革羅馬的社會和政治結構，以幫助下層階級。兄弟兩人是政府中平民的代表，他們也是一群為造福窮人，而對土地改革感興趣活動家的成員。一些歷史學家把格拉奇描述為社會主義和平民主義的「開國元勳」（founding fathers）。

② 編譯者註：古希臘七賢之一，生於西元前 638～559 年，是古雅典的政治家、立法者、詩人。

於利息、股利、租金、利潤和賠償，這些並不反映在看得到的
工作上（而且通常也不反映在看不到的工作上），而與所得收
受者的健康狀況無關。最後，更大的所得不僅給人們使用事物
較大的權力，而且也給人們支配人較大的權力。它給予所得收
受者聲望、影響力，並給予教育上的和文化上的利益。③

③ 所得分配的不平均：在所有文明國家中，所得分配的不平均引起了
許多的經濟、統計、社會和政治上的問題，對於這些問題，我們必
須要請讀者參考一些特殊的，儘管不是很大量的文獻。爲了對這一
現象進行概念上和統計上的說明，我們要感激 V. Pareto，特別是在
他的 *Cours d'Économie politique*（第 2 卷；洛桑，1897）。他發現，
所有先進國家所得分配的不平均都表現出如此規則，以致於甚至可
以用數學公式來表示（柏來圖第一法則），他進一步提出隨著人均
所得的增加，所得分配的不均度會減少，這個現象也可以用數學公
式表示出來（柏來圖第二法則）。柏來圖的這第二條法則與我們在
本章第 3 節及其後的內容是一致的。該領域的相關卓著，請參閱愛
德溫・肯南（Edwin Cannan），尤其是其《財富》（*Wealth*）一書
（倫敦，1914），以及以下其學生們的一些著作：休・多爾頓（Hugh
Dalton），《現代社會所得不平等的一些面向》（*Some Aspects of
the Inequality of Incomes in Modern Communities*）（倫敦，1920）；
貝納姆（F. C. Benham），《澳大利亞的繁榮》（*The Prosperity of
Australia*）（倫敦，1928）；赫特（W. H. Hutt），《經濟學家和大
眾》（*Economists and the Public*）（倫敦，1936），頁 313 及其後相
關的內容。另請見庇古的權威著作，《福利經濟學》（*The Economics
of Welfare*）（第四版；倫敦，1932）；貝特朗德・拉普雷勒（Bertrand
de Jouvenel），《再分配的倫理學》（*The Ethics of Redistribution*）

　　在對所得分配開始進行科學性的研究之前，我們還需要注意以下幾種所得形成的可能類型：(1)「經濟以外的所得形成」（extra-economic formation of income），之所以如此稱呼，乃是因為無論是否執行相關的勞務以作為交換，所得都會歸於收受者。即無論是經由暴力或欺詐而獲得的，或透過政府的發給〔福利和救濟金、贈與，以及純理論派的共產主義者，所想要為整個社會建立的「按需分配」（distribution according to need）〕而獲得的，這種所得都與生產過程無關。(2)「經濟的所得分配」（The economic distribution of income），源自於每個人參與經濟的過程，這種所得來自於銷售各種財貨和勞務。以這種方式形成了前面（第五章第 1 節最後一段）所稱的原始所得的那種所得類型。儘管在我們的經濟制度中經常遇到經濟以外的所得形成，但占主導地位的經濟所得的形成，仍是經濟學家們所關注的焦點。

第 2 節　所得分配——價格形成的一個問題

　　我們可以從兩種觀點來探究所得的分配。一方面，我們可能會問為什麼某個人會有這麼多的所得，而另一個人會有那麼多的所得。在這樣說時，我們是利用了通常的解釋，把

（劍橋，1951）；1956 年在科隆（Cologne）舉行的 Verein für Sozialpolitik 會議上的 *Einkommensbildung und Einkommensverteilung* 論文集。多個國家這方面統計數據的整理和解釋，見於科林·克拉克，《經濟進步的條件》（第二版；倫敦，1950）一書中。

所得分配解釋為「個人所得分配」（personal distribution of income）。但是，我們也可以把所得與幾種生產要素相連結，然後檢視來自於這些要素中的每個要素的所得金額（例如：100 美元的一筆資本），而不必考慮由所得的收受者所擁有該種（或各種）要素有多少單位。我們使用這種方法的目的，是要知道是什麼原則決定了每小時工作的工資額、每單位土地的地租額、每百美元資本的利息額〔亦即功能性所得分配（functional distribution of income）〕。與這種探究方法相對的是對個人所得分配的分析，在該分析中，我們所感興趣的事實是，從幾種所得的要素來源中所賺得的總所得，某甲是 2,000 美元，某乙是 20,000 美元，某丙為 1,000,000 美元。我們為功能性所得分配理論所建立的主要類別，是與勞動、土地、資本和企業家精神等生產要素相對應的工資、地租、利息和利潤。以這種方法，我們最終得出了一套生產要素價格形成的理論。因此，對功能性所得分配的解釋，意味著價格理論一般原理的應用。這的確是當代所得分配理論所遵循的一條道路。④讓我們暫時拋開與個人所得分配有關的重要問題，而先闖

---

④ 分配理論的演變：儘管我們看到古典理論中幾乎未注意到個人所得分配與功能性所得分配的區別（古典理論幾乎完全關注於後者），但是古典學家們還是透過把個人所得拆解為幾種確定的所得類型〔工資、地租和「資本利潤」（capital profits）〕，而成功地奠定了所得問題科學性研究的基礎。在這方面，我們可以指出現在仍然被接受的那個古典的觀點，即生產和分配（價值的形成和所得的形成）彼此是密切相關的，且所得的形成受制於整個經濟過程的那些法則。這個概念是

李嘉圖（Ricardo）所發展出來的特別精闢和清晰的觀點。當然，古典學派的學說還未發展到把所得的各個類別本身視爲價格現象的程度。因此，該學派雖然建構了一些特殊的理論，但是卻無法把這些理論結合成一個連貫的整體。這些特殊理論的缺點就是爲什麼古典學派在經濟上（按類別）決定分配的觀念，幾乎完全被不可知論激進分子的觀點所取代的原因之一；而這種激進分子的觀點在整個十九世紀卻爲古典學派的對手，而被社會主義者和歷史學派所保護。那些社會中既定的權力關係是決定性的因素，因此分配的變動只能經由政府的法令或工會的壓力來達成，這種信念愈來愈廣泛被接受。其結果是雖然古典學派學者在分配問題的理論分析方面獲得了相當大的進展，但卻在相當長的一段時間內停滯不前。

　　最終，現代經濟理論在這個領域上應用邊際原理，就像在其他領域一樣，找到了一些解決的方法，雖然在很大程度上這些解決方法證實了古典理論的結論，但卻在一個新的和較廣泛的基礎上，處理了這個問題。這是第一次不是從武斷的特殊理論，而是從價值和價格理論的一般原理推導出所得分配的整體觀點。在這方面證明自己有最大用處的概念，就是生產要素的「邊際生產力」（marginal productivity）這個概念。我們必須承認的是，古典學派學者尤其是李嘉圖和馮·邱念（J. H. von Thünen）確實對這個概念已略有了解了，但是第一次把這一原理完整闡述出來，並把其建立爲分配理論的基礎的是美國人克拉克的《財富分配》（*The Distribuion of Wealth*）一書（紐約，1899）。奧地利學派（Austrian School）所提出的「成本設算」（imputation of costs）的理論，根本上得出了一套類似的結論。由於認識到功能性所得分配（或要素分配）實際上是生產要素價格形成的結果，古典學派所主張的經濟決定分配論得到了最令人信服的證明。

明現代功能性所得分配這個概念的一些要點。

　　一旦認識到分配問題就是價格問題，就不會再懷疑所得分配是整個經濟過程的一個組成部分，因此它與其他經濟過程同樣受制於相同的法則。同樣不容置疑的是，在生產要素之間，價格形成過程所發揮的重要作用（所得分配可以在此過程中得到解決）。要想確保經濟生活有序地推進，無論是我們的經濟制度，還是社會主義制度，都不能忽視這一過程。一個國家的工資之所以處於這樣那樣的水準，而地租、利息和利潤之所以是這樣那樣的數額，這很難說是偶然的。相反地，這些情況是一些特殊的經濟事實所造成的結果。每一次想要強力改變這些事實時，都會在這個經濟制度當中造成混亂，進而產生更大的反作用力。生產要素的價格在任何給定的時刻都保持在一個特定的水準，這是經濟均衡的一個必要條件，這在我們的這個制度和在任何其他制度中都是如此。希望改變這些價格 —— 以及想改變經濟學家所不希望看到的盡可能高水準的人為生產要素報酬 —— 的人，當然都可以自由地這樣去做。但是，與其透過對「公平工資」（just wage）的模糊訴求，透過對「沉湎於利益」（interest slavery）和「牟取暴利」（profiteering）的抨擊，和透過對「貪婪的地主」（gluttonous landlords）和房地

　　現代分配理論的成就之一，是其明確地區分了個人所得分配和功能性所得分配。這一點在肯南的《從 1776 到 1848 年英格蘭政治經濟學中的生產和分配理論的歷史》（*History of the Theories of Production and Distribution in English Political Economy from 1776 to 1848*）（倫敦，1893）一書中闡明得最清楚。

產的「投機者」（speculators）肆意的詆毀等方式，來獲得「有
社會意識」（social-minded）者的虛名；同時與其把那些對這
些問題有所了解者的反對意見，都斥為「自由主義的論調」
（liberalistic），而置之不理，還不如把自己投入到對複雜的
經濟相互關係進行不帶偏見的研究，從而更好地貢獻於他的國
家。如此而獲得的見識，使他能夠找到為了成功地改變現有的
分配狀況，而又不會對均衡引起代價高昂的擾亂，必要的基本
要素是什麼。這是一件艱鉅的、吃力不討好的、犧牲自我的工
作，但真正的社會責任感和真誠的愛國心，卻讓我們不得不接
下這項工作。

那麼，是否經由強制壓低資本報酬率，以提高工資，這
是不可能的呢？這當然不是不可能的，但是每一個這樣的做
法，都會導致一種很快變得難以維持下去的局面，而結果會
帶給受薪者嚴重不利的影響。首先我們必須要強調的是，那些
認為把所得移轉給工人階級是大好事的人，其實都是錯覺的受
害者。高額的所得特別引人注目，但大多數人卻忘了，鑑於高
所得者的人數很少，財富的平等分配預計不會對那些大量的小
所得者帶來顯著的好處。因為這種強制移轉會導致嚴重的擾
亂，其後果最終仍將由工人階級來承擔，因此小所得者愈來愈
不可能從中得到好處，而這是決定性的考慮因素。這種工資政
策的主要擾亂，就是該經濟的資本供給嚴重減少和投資活動的
減緩，從而影響就業的機會。資本的報酬（利息和股利）通常
會分配給只花費一小部分這種報酬，而把其中的大部分作為新
資本，再投入到生產的這些人手中。這筆所得一旦交到工人手
中，是否也會以相同的比例，進行儲蓄和投資，這是令人懷疑

的。除此之外，還必須要補充一個事實，那就是證券市場的崩潰（這是這種政策必然預期得到的結果）將嚴重損害複雜的結構中最敏感的，同時也是最不為人知的部分之一。而這個受嚴重損害的結構中最不為人所知的部分，卻讓這個經濟得到了充足的資本，且讓這些資本合理的配置。的確，這種政策會對整個經濟產生抑制作用，並且由於這種種因果關係的相互作用，我們可以預期到將會到處出現經濟蕭條和失業。對經濟的資本需要及其投資活動的重視，迫使我們限制工資增加的程度，這不是我們這個經濟制度的可怕特色，即使在社會主義國家也是如此，這是從事實推得的一種必然的結果。無論如何，我們既未說過任何蘇聯政府把工資定得如此之高，以致於政府手中已沒有剩餘資金的事情，也未聽說過任何蘇聯政府指望工人自願儲蓄，以供給資本的事情。

讓我們再舉一個例子，看看當工資提高到市場情況認定不合理的程度時會發生什麼。勞動市場價格的任意調漲（就像其他市場上類似的價格任意上漲一樣），會變成一部分「商品」（merchandise）無法出售，也就是會導致失業。如果失業者沒有國家的支持，他們會把其心力全部都放在壓低工資水準上（透過競爭），直到再次達到均衡狀態為止。另一方面，如果失業者得到國家的照顧，他們在很大程度上，可以移轉工資水準壓低的心力。但同時也會導致就業者的異常高工資與失業者的極度貧困（更不用說納稅群體變差了）之間這樣一種巨大的差距，我們無法說整個工人階級的狀況都改善了，而只能說是以犧牲其他工人階層為代價，來改善某一工人階層的狀況。

上面的敘述當然只是一個概況，實際的狀況比這要複雜

得多。因此，工資強制提高的程度愈小，我們對其判斷就愈要謹慎，也愈有條件來判斷它。的確，在某些情況下，工資強制提高的害處，可以在不損害國民經濟的情況下被吸收。我們也永遠不要忘記，在我們的經濟機制中，那些動的部分之間總有一定程度的「活動範圍」（play），從而可以在不引起反作用的情況下，採取一些矯正的措施。⑤另一方面，這種關係愈是宏

⑤ 工資理論：關於工資理論的許多複雜的問題，建議參考以下文獻：R. von Strigl, *Angewandte Lohntheorie*（維也納，1926）；J. Marschak, *Die Lohndiskussion* (1931)；希克斯，《工資理論》（*The Theory of Wages*）（倫敦，1932）；赫特（W. H. Hutt），《集體談判理論》（*The Theory of Collective Bargaining*）（倫敦，1930）；道格拉斯（P. H. Douglas），《工資理論》（*The Theory of Wages*）（倫敦，1934）；Ch. Cornélissen, *Théorie du salaire et du travail salarié*（巴黎，1908）；A. Amonn, *Das Lohnproblem*（第二版；伯恩，1945）；羅伯斯坦（D. Robertson），《工資》（*Wages*）（倫敦，1955）。關於工資理論與景氣循環理論之間的關係，請參閱洛卜克，《危機與景氣循環》，同本書第三章市場廣狹的法則的註解。關於工資與利息理論之間的相互關係，請參見陶希格，《工資與資本》這本經典的著作（1896，第一版；倫敦，1935，新版）。

　　工資理論許多錯綜複雜的問題，我們在這裡只選擇一個來說明。我們已經多次努力說明了，工資是由經濟因素決定的這個事實。因此有人會認為，工資的任意提高本身會改變那些已知的經濟決定因素〔亦即，我們在正文中所提到的那些「原始的」（original）因素〕，以致於新的工資提高就不再是任意的了。換句話說，這一觀點的支持者想要證明的是，工資的上漲可以提高勞動生產力。這種「高工資理

論」（theory of high wages）有兩種形式。根據其中之一的說法是，高工資會提高勞動生產力，乃是因為高工資既會提高工人的生產能力，又會提高工人的生產意願。這個想法從它不僅由混淆的因果關係而產生的來講，則它所涉及的一個命題首先就不具有普遍的有效性，其次是無法證明。「高工資理論」（theory of high wages）的另一種形式是立基於以下這樣一種觀念，即高工資會間接提高大眾的購買力，因而刺激大規模生產，其結果是生產力的提高（工資購買力理論）。儘管該理論（在美國最流行）存在許多的錯誤，但卻仍有少許的真理，尤其是與景氣循環理論的某些結論有關。但購買力理論中的這一點真理，只不過是工資決定當中「非決定論的區域」（zone of indeterminism）的一種擴大而已。

隨著現代工會力量的擴展和鞏固，作為「獨占價格」（monopoly price）的工資問題變得日益重要。請參見亨利・西蒙斯（Henry C. Simons），《一個自由社會的經濟政策》（*Economic Policy for a Free Society*）（芝加哥，1948）一書中的〈關於企業聯盟主義的一些反思〉（Some Reflections on Syndicalism）。弗里茨・麥克盧普（Fritz Machlup），《作為獨占一般問題的一部分之獨占工資的決定》（*Monopolistic Wage Determination as a Part of the General Problem of Monopoly*）〔華盛頓特區：美國商會（Chamber of Commerce of the United States），1947〕；熊彼德，〈向社會主義邁進〉（The March into Socialism），《美國經濟評論》（*American Economic Review*）（1950, 5）。查理斯・林德布盧姆（Charles E. Lindblom），《工會與資本主義》（*Unions and Capitalism*）（紐哈芬，1949）；萊特（D. M. Wright）所編的《工會的影響力》（*The Impact of the Union*）（紐約，1951）。

觀，也就是說，改變工資水準的強制力愈大，對經濟均衡的擾亂就會愈激發無情的反擊，這也是事實。強制提高工資這個政策，若超過一個臨界點，最終必然引發通貨膨脹和內戰。否認這一事實就是蠱惑人心的行為，沒有任何一個國家會容許這種行為，尤其是社會主義的國家更不容許。

　　讓我們再考慮另外一個情況，即強制壓低利率。這裡涉及到貨幣理論一些棘手的問題，而且其間的相互關係甚至比我們上面在討論強制改變工資所舉的例子中所觀察到的更為複雜。然而，這個例子實質的必然結果，與之前的那個工資的例子一樣，都是毋庸置疑的。在這裡，也可能會產生一些後遺症，透過這些後遺症，當對這個經濟制度施加強制時，它自己會出現一些反噬的力量。首先，由國家法令降低或甚至完全取消利息，可能會導致從事資本交易的人去謀求一些方法，以規避國家或社會的控制，因此非法的利率會以一些不當的方法自行運作起來。而這非法利率除了要含納資本市場上實際供、需的比率之外，還要增加一個必要的金額，以滿足更複雜的交易成本，包括對違法行為所帶來的額外風險的補償。但是，如果我們假設一種不太可能發生的情況，即政府規定的最高利率真的實施了，就會發現遲早會在資本市場上出現一種難以維持的局面。就像在每一個實施最高限價政策的情況下一樣，供、需之間的失衡將會持續下去。結果，政府將被迫採取進一步的管制措施，即對可用的信用供給進行配給。這意味著政府現在必須要承擔起迄今為止利息自由形成所發揮的那些功能。我們會寄望政府以令人滿意的方式完成這項工作嗎？

　　要回答這個問題，我們必須要牢記這樣一個事實，亦即自

由資本市場的利率，首先是讓那些想借錢的人，透過比較所要支付的利息金額與他們預計從使用該筆資金所能獲得的利潤，以衡量他們需要的緊迫性。以這種機制，利息對數量有限的資金，進行合理的配置。現在讓我們假設這個功能轉移到政府的手上。許多人會說，沒有什麼比這更有效率或更好了。他們認為，資本總算要按「國民經濟」（national economy）的需要而配置了。但是當這些人被要求更準確地說出他們的意思時，他們就陷入了極為尷尬的局面了。從他們模糊的概念中，可以得出的唯一確定的概念是，他們每個人都希望看到在政府管制之下，這種新的廉價資本最大量地配置給他內心認為最重要的，或者是最貼近其理想的生產部門。但是，面對如此眾多的希望，政府機構如何做出一個決定呢？假設政府真的會遵循客觀的規範，而不會受到特殊利益集團或自稱是為人民謀福利的聲音所誘惑，再進一步假設政府要考慮的是，鞋業是否比汽車業更需要資金這樣一個具體的問題。當局顯然首先必須要從比較資金用在某一個行業和另一個行業，何者用處較大這個問題著手。這種有用性及這種效用的比較，只有以貨幣單位才能進行，也才能衡量。但是，正是透過不受阻礙而形成的利息，這種貨幣的衡量才能有效率地配置這些可貸的資金。儘管存在缺陷和弱點，但這種配置方式比立足於政府機構任意評估這個企業或那個企業的效用這種分配方式更可靠得多，而且政府機構不必像鞋業和汽車製造商那樣，要自負錯誤決策所造成的經濟損失。當然，在討論相對於其他因素，一些行業的資本使用這個問題時，若比較的是兩個行業的資本密集度相同，此時情況

就相對簡單多了。⑥但是相對於其他因素，兩個行業的資本密集度不同時，政府如何做出理性的決策，仍然是個難以解決的問題。某一個國家喜歡多或少資本密集的生產方式，顯然取決於與其他生產要素（即土地和勞動）相比，該國可用的資本量有多少。在這裡，又只有利息連同其他生產要素價格都是自由形成的，才能提供我們一個相當可靠的訊息。

除了工資、地租和利息之外，還有另一重要類別的所得，我們很難把這類所得納入我們前述所討論的架構當中。讓我們以一個企業家為例，加以說明，他把以下僱用的各種生產要素的成本，記入他的帳簿當中：工人的工資，土地所有者（或如果他本人就是地主，則是付給他自己）的地租、資本的利息（如果是他自己貢獻的資本，也要記入付給他本人的部分），以及他自己的勞務的正常報酬率（企業家的工資）。現在假設這個企業家能夠以這樣一種方式處置其產出，亦即支付了所有

---

⑥ 利息和資本密集度的差異：體力勞動與機器生產並存的現象，顯示了即使在同一行業之內，資本的「密集度」（intensity）是如何的不同〔馬克思使用了「資本的有機組成」（the organic composition of capital）這樣一個多少有點混淆的名詞來稱呼資本密集度〕。在我們的經濟制度中，到底是某一種生產方式，還是另一種生產方式較合適，這取決於利息與工資的比率。例如：在東亞，該比率非常不利於機械的使用，以致於人力（人拉車的苦力）甚至在人的運送上也起著一個重要的作用。如果工資水準較高的話，這是不可能的事情。資本密集度的差異這個事實，是李嘉圖本人在建構其利潤理論時也感到困惑的問題。

上述經營「成本」（costs）之後，仍有剩餘的所得。我們把這種剩餘的所得稱爲企業家的利潤，即利潤這個字的狹窄的和本來的意義。的確，這種所得也是產生於價格形成的過程，因爲產品和生產要素的價格都是這個過程的結果，但是它不同於前面所討論的幾類的所得，它只代表了一種獨特的報酬，而不是一般所理解的銷售「勞務」（service）所獲致的、由市場決定的價格。企業家利潤理論的艱鉅工作是，要從一般基礎上解釋這種純利潤的來源，同時也必須要討論那並不十分少見的企業家虧損（負純利潤）。這種理論還必須要回答這樣一個問題：企業家的利潤是否在我們的經濟制度中完成了一個特殊的、積極的功能，或者它是否是一個與任何的特定功能皆無關的，而只是一個發財致富的簡單的事例而已。

由於有待解釋的現象的那種性質，一個令人滿意的企業家利潤理論，必須要寬廣到足以包括這種利潤的多種來源（獨占利潤、投機或循環的利潤、從技術或從組織創新所產生的利潤、來自壓低工資的利潤、來自補償風險支付的利潤、來自於經濟過程的干擾，所產生的利潤等）。在所討論的問題當中，根據所討論的純利潤的來源，它可以被正面地判斷爲對執行有用功能而得到的報酬，也可以被負面地判斷爲是與任何功能無關的發財致富，而得到的報酬。然而，需要強調兩個一般性質的考慮。首先，我們絕不能忘記，對我們這個經濟制度的運作而言，企業家因有效率的勞務而賺取利潤，作爲報酬的可能性（possibility），與該企業家因無效率而遭受損失，作爲懲罰的可能性同樣都是必要的。理解我們這個經濟制度背後的動力，也是在原則上理解企業家利潤的必要性。當認識到只有在

企業家有獲致合理利潤的希望時，才能期望有穩健的投資率（正如以下將進一步陳述的那樣，這與經濟均衡有密切的關聯）時，上面這一點就顯得格外重要。如果沒有盈利的可能性，企業家將不願承擔建築工廠、使工廠現代化、擴大生產規模、引入技術創新，甚至更換機器的巨大風險。本來承擔這樣的風險，就需要很大的勇氣。如果我們只允許企業家虧損，且繼續透過稅收、加薪或其他的手段來削減其利潤，私人投資活動就會淪為一場只會輸的博弈。其後果就是停滯、失業和貧困。其次，需要注意的是，競爭為我們提供了一種非常有效的手段，消除那些只來自於非功能性致富之無益活動的企業家利潤，並把這些利潤留給提供有用勞務的人。⑦

---

⑦ 企業家的利潤：企業家的利潤不同於其他的所得，乃是因為它不構成生產成本主要的部分（因此不是價格的決定因素）。相反地，它本身是價格形成過程的產物，多少有點像是一種「事後的」（ex post facto）所得。正因為如此，我們在對企業家利潤的分配，指出其特有功能的重要性時，遇到了困難。在支付了經營成本後仍然有剩餘利潤的這樣情況下，我們將之說成是「租」（rents）。由於在通常意義下的租（地租）也包含這樣的成分，因此該名詞就逐漸地被專門用於指這種現象。然而，嚴格說來，這種用法並不正確，並且會把人們的注意力從地租是一種成本所得的重要特徵移開。請參考以下文獻 H. von Mangoldt, *Die Lehre vom Unternehmergewinn* (1855)，這是一本由德國經濟學家撰寫的開創性書籍，作者到現在才得到應有的重視；J. Niehans 的文章 Unternehmereinkommen, *Handwörterbuch der Sozialwissenschaften*, 1959；熊彼德，《經濟發展理論》（*The*

　　大眾只看到成功的企業人士，對於其如何獲取成功則知之甚少。對他們無聲無息且冷酷的淘汰過程的了解，也同樣是模糊的。這種淘汰過程——假定競爭始終存在——在企業家之間繼續進行著，在這個過程中，那些以市場天平衡量過，且被發現是不夠格的人被犧牲了。因此，在眞正競爭的市場經濟中，企業家像一個受託人那樣出現，接受社會的委託，而負責管理該社會的生產手段。把他的勞務成本與一個由政府所控制的官僚經濟之成本進行比較，我們的企業家可能是一個非常便宜的公務員，且是一個眞正承擔風險的人，而政客卻往往只對上帝和歷史負責。這樣一個既不屑於政府的補貼和獨占的保護，又敢於冒風險的企業家，應該受到保護，以對抗那些庸俗的反資本主義的攻擊。就我們目前知道的所有事情來看，可以確定的

Theory of Economic Development）（麻薩諸塞州，劍橋，1934）；A. Amonn, Der Unternehmergewinn，收在 Die Wirtschaftstheorie der Gegenwart，卷 3（1928）；D. H. MacGregor，《企業、目的和利潤》（Enterprise, Purpose, and Profit）（牛津，1934）。最後，關於這個主題還有大量及非常高水準的美國文獻，尤其是奈特，《風險、不確定性及利潤》（紐約，1921），這是一本權威的著作，特別是關於企業家利潤中的風險因素更是精彩；門羅（A. E. Monroe），《價值與所得》（Value and Income）（麻薩諸塞州，劍橋，1931）；霍利（F. B. Hawley），《企業與生產方法》（Enterprise and the Productive Process）（紐約，1907）；克萊爾·格里芬（Clare E. Griffin），《自由社會的企業》（Enterprise in a Free Society）（芝加哥，1949）。

是，在共產主義的蘇聯，經濟上的受惠者和工人之間所得的差距，比資本主義國家要大很多，儘管從一個五年計畫到另一個五年計畫，人們所得到的安慰只是最後生活狀況終會顯著的改善這個承諾而已。再說，當把被認為是祕密地運用不負責任的手段，來控制自由經濟命運的所謂「兩百戶家庭」（two hundred families）這種陳詞濫調，應用於上面我們所說的企業家身上時，就完全不適當了。市場經濟和集體經濟的差異，恰好就在於前者的經濟決策是分散在無數的家庭當中，這些家庭的決策又受到至高無上的市場力量所支配，市場經濟歸根究柢是由消費者的金錢投票所支配。相反地，在極權主義國家，這些決定只由一個家庭來做的——假設獨裁者是一個家庭——一般人對此沒有控訴的權利。當然，這些陳述只有在下列這個前提下才會成立。這個前提是企業家不會自己變得糊塗，並且不會陷入於在獨占或政府的保護下，尋求保護的失敗主義，而忘記了這樣做會摧毀自己。

第 3 節　是否應該廢除利息和地租？

我們已經知道了，所得的主要類別（工資、利息、地租和利潤）應被視為是與之相對應的生產要素的價格，這些價格由整個經濟過程所決定，因此任意改變它們，必會或多或少地打亂所有的經濟關係。儘管我們已經明確地說明了，這並非排除價格關係有利於工資的成功變化（即，通過作用於原始因素），然而我們的研究結果卻成為許多人極度憤怒的原因。例如：他們反對應該把利息和地租與工資放在同等地位這樣的觀

點，而認為應該立即廢除這兩種極度不公平的非功能性所得⑧。他們不對嗎？如果在我們的經濟制度的架構之內，仍然不可能廢除它們，難道這個制度還不足以被徹底廢除嗎？

為了給所有的這些討論增加一些意味，再次區分個人所得分配和功能性所得分配是有用的。事實上，我們必須嚴格區分兩個事實，其中之一是地租和利息都是要支付的，而支付給個人的數額是如此不平等則是另一個事實。如果財產的分配比今天更平等，如果大眾因此從土地和資本所有權所產生的所得中獲得較大的份額，那麼一般人對地租和利息的態度敵意可能會少很多。那麼，我們在這裡需要回答兩個不同的問題。讓我們暫時把注意力集中在第一個問題上：利息和地租無論支付給誰以及支付多少，是否完全都是合理的。在回答這個問題時，我們絕不能忽視這樣一個事實，即地租和利息不是無意義的致富的來源，而是具有特定意義和功能的東西。儘管我們已經在前一段中討論了利息的一些功能，但上述這一點的重要性似乎足以說明我們需要更全面和更一般的解釋。最重要的是，這種解釋應該要確認以下這個事實，即在地租和利息背後隱藏著複雜的關係，了解這些關係對社會主義國家與對「資本主義」（capitalist）國家同樣重要。

我們知道，利息和地租只不過就是對相應生產要素的勞務所支付的價格。然而，這些生產要素的供給量是有限的，而對它們的需要卻可能是無限多。因此，在這種情況之下，促成地租和利息價格形成這個現象的，只是一般均衡原理中的一個特

---

⑧ 編譯者註：即利息與地租。

例（儘管是非常重要的一個），正如我們之前（第二章第2、
3節）所講過的那樣，一般均衡法則支配著我們的經濟制度。

　　無論哪一類的經濟制度，都面臨著如何把土地和資本合
理地分配到各種可能用途的這個任務。該項任務可以透過不同
的方法來完成。我們的經濟制度與其他經濟制度不同之處，在
於經由對土地和資本的定價這種方法，來解決這個工作。以這
個方法，凡是希望使用這種或那種要素的人，必須被迫讓給自
認為更能善用該要素的人。這當然不是一個理想的解決方法，
但它卻是一個解決方法。這個方法不是由任何人精心設計出來
的，而是數千年以來完全自然形成的。在這個漫長的試行期間
之內，它已經證明了其可行性。社會主義的國家必須找到別的
替代制度。事實上，這樣的一個國家，如果想要有一個理性的
經濟，即使這只是為了給自己提供計算工具，來指導其使用這
些稀少的生產要素，也必須要編造出地租和利息。否則，該經
濟制度會冒著讓這些要素只是出現在其帳簿上的自由財，從而
敞開了浪費大門的危險。如果社會主義國家的經濟計算，沒有
透過某種指標來考慮土地和資本的稀少性，那麼這些計算就會
大錯特錯。但令人擔憂的是，在破壞了自由市場經濟之後，這
樣的國家將失去唯一可解決計算此類指標相關數學問題的機
制。⑨

---

⑨　集體主義國家的經濟計算：我們要感謝一群非馬克思主義的經濟學
　　家，他們引起了近年來人們對經濟計算問題的關注，亦即關注到經
　　由經濟計算，經濟制度得以合理配置其生產資源的方法。事實上，
　　這是集體主義國家的一個中心問題：生產要素（尤其是土地和資

本），在缺乏價格自由形成的情況下，如何得出一種接近合理的經
濟計算方法。請參見馮・米塞斯，《社會主義》（*Socialism*）（倫
敦，1936）。霍夫（T. J. B. Hoff），《社會主義社會中的經濟計算》
（*Economic Calculation in the Socialist Society*）（倫敦，1949）；
Pohle-Halm, *Kapitalismus und Sozialismus*（第四版；1931）；
B. Brutzkus, *Die Lehren des Marxismus im Lichte der russischen
Revolution* (1928)，該書對蘇俄的經驗有精闢的分析與有趣的評價
〔英文譯本收在《蘇俄的經濟計畫》（*Economic Planning in Soviet
Russia*）（倫敦，1935）〕的第一部分；馮・海耶克編輯，《集
體主義的經濟計畫》（*Collectivist Economic Planning*）（倫敦，
1935）；馮・海耶克，《個人主義與經濟秩序》（*Individualism and
Economic Order*）（芝加哥，1948）；W. Röpke, Sozialisierung 一
文，收在 *Handwörterbuch der Staatswissenschaften*，第四版；霍爾
（R. L. Hall），《社會主義國家的經濟制度》（*The Economic System
in a Socialist State*）（倫敦，1936）；W. Röpke, *Civitas Humana*（倫
敦，1948）。在蘇俄建立一個真正集體主義制度的一切努力均告失
敗之後，上述文獻中關於集體主義國家中理性經濟計算問題之重大，
得到了進一步的確認。關於集體主義的真實情況，請參閱張伯倫，
《一個虛假的烏托邦：理論與實踐中的集體主義》（*A False Utopia:
Collectivism in Theory and Practice*）（倫敦，1937）；利普曼，《良
善的社會》（波士頓，1937）；湖巴德（L. E. Hubbard），《蘇聯的
勞工和產業》（*Soviet Labour and Industry*）（倫敦，1942）；巴可
夫（A. Baykov），《蘇聯經濟制度的發展》（*The Development of the
Soviet Economic System*）（倫敦，1946）；朱克斯（J. Jewkes），
《為計畫經濟所苦》（*Ordeal by Planning*）（倫敦，1948）；歐肯

　　為了充分理解社會主義國家在解決該問題上所面臨的困難，我們必須要想像其政府每天每時每刻都得做出所有的這些決策。這些決策遠比我們在鞋業和汽車業的例子中所描述的要複雜很多。為了讓我們較接近實際的情況，假設大量其他行業同時都急需資本（例如：留聲機行業），因此農民會抱怨收割機的短缺，除此之外，更別說是採用新型機械的問題了。在這種情況之下，社會主義計畫經濟一般採用的方法是，由政府相當武斷地自行決定把資金用在哪裡，才是最有效的（例如：大多數決策委員也許很討厭留聲機的音樂，在這種情況下，他們會越過消費者這個唯一真正稱職的法官，而決定留聲機行業的資本不符合需要）。另一種方法是政府讓民眾自行決定，資本使用在哪裡會最有益。在這種情況下，正如我們先前所講的，在我們這個經濟制度當中，人們使用的資本規模會讓資本很有效率地配置。然而，我們有理由相信，在社會主義國家當中，不可能讓人們自行做這樣的決定。[10]這一切都證明了，利息不是

（W. Eucken），〈中央管制經濟的理論：德國經驗的分析〉（On the Theory of the Centrally Administered Economy: An Analysis of the German Experiment），《經濟學刊》，1948 年 5 月和 8 月；A. Müller-Armack, *Wirtschaftslenkung und Marktwirtschaft*（漢堡，1947）；W. Röpke, *Mass und Mitte*〔埃倫巴赫（Erlenbach-Zurich），1950〕，頁 86～134；洛卜克，《經濟秩序的問題》（*The Problem of Economic Order*）（開羅，1951）。
⑩ 社會主義與民主：在社會主義國家絕不可能進行持續的全民投票，由此可以得出以下的結論，亦即社會主義與真正的民主和個人自由是不

使某些人貧困，而使另一些人富裕的愚蠢和挑釁的工具，不是
像盲腸那樣可以切除而無害的器官，而是每一個經濟制度的重
要器官，它有一個必須要完成的重要功能。⑪

相容的，因此必然以極權主義國家爲前提。對於這一極有意義的論
點，其眞實性已有廣博且無可辯駁的論據，其中得到以往所有經驗證
實的一點，可以在以下著作中找到：利普曼，見本章集體主義國家的
經濟計算這個註中的引書。海耶克，《到奴役之路》（*The Road to
Serfdom*）（芝加哥，1944）；W. Röpke, *Civitas Humana*，見本書各
章的引書。熊彼德在《資本主義、社會主義和民主》（第二版；紐
約，1947）一書中，對這些論點所作的反駁並不成功｛參見海耶克，
〈知識的運用〉（The Use of Knowledge），《美國經濟評論》，
1945 年 9 月；W. Röpke, Kapitalismus, Sozialismus und Demokratie，
收在 *Gegen die Brandung*〔第二版；埃倫巴赫（Erlenbach-Zurich），
1959〕，頁 354～362｝。

⑪ 利率理論：利息的本質可以從研究資本的本質來了解（參見第五章
第 4 節及該章資本的理論這個註）。資本理論的難題在利息理論中也
再度出現；當前對兩者的科學性討論相當熱切。研究這些問題的出
發點，依然是龐巴衛克（Böhm-Bawerk）在資本與利息方面的開創
性著作〔英譯本由喬治‧漢克（George D. Huncke）和漢斯‧仙和勒
茲（Hans F. Sennholz）合譯，書名爲《資本與利息》（*Capital and
Interest*），共三卷（南霍蘭德出版社，1959）〕；另參見 F. X. Weiss
的文章 Zins，這篇文章收在由 Weiss 所增訂的 *Handwörterbuch der
Staatswissenschaften*，第四版。在龐巴衛克之前，資本和利息的理論
完全無法令人滿意。他強調資本和利息的時間因素〔爲了未來而犧牲
現在，亦即「等待」（waiting）〕，將之作爲解釋的核心事實，從而

把他的這些理論建立在適當的基礎上。龐巴衛克所提出的基本觀念，支配著所有現代的利息理論。然而，他發表此發現的方式，爲其發現招來許多的批評，尤其是因爲這些發現無法組成一個完整或統一的理論。事實上，龐巴衛克的「節欲」（agio）理論、卡塞爾（Cassel）的「稀少性」（scarcity）理論〔《社會經濟理論》（*The Theory of Social Economy*）（1932）〕、歐文·費雪（Irving Fisher）的「不耐煩」（impatience）理論、利息的邊際生產力理論（marginal productivity theory of interest）〔肯南，《一個經濟學家的抗議》（*An Economist's Protest*）（倫敦，1927），頁 285 及該頁以後的相關部分，都可以找到一個以模型解釋的該理論〕，歸根究柢，相關的理論都只是同一基本主題的不同說法而已。值得注意的是，現代的時差理論是所有這些不同說法的主旨，不應與我們在第二章把放棄其他效用當作成本那個註中所提到的希尼爾的「禁慾理論」（abstinence theory）相混淆。利息不應該作爲犧牲的報酬而支付，而是因爲「等待」（waiting）必然是稀少的，因爲當前消費的吸引力較大，而且如果沒有利息，就會發展出對資本的無限需要。我們也不應認爲利息是促使人們創造資本所必需的東西。資本的供給多半都是缺乏彈性的，亦即在很大程度上與利率是無關的。在沒有利息的情況下，也會有某一定數量的儲蓄。甚至可能有不少人爲了獲得一定數量的利息所得，在利率低的地方比利率高的地方儲蓄更多〔參見 W. Röpke, *Die Theorie der Kapitalbildung*（1929）〕。從以上的論述，我們可以得出以下的結論：利息的功能在調節和篩選資本的需要比調節其供給要重要。我們可以總結說，利息的存在、利率及利息的功能，都可以用時間因素來解釋。在我們的經濟制度中，利息可以說是一種「時間腺體」（time gland），它平衡了國民經濟的現在和未來，確保了稀少

的資本在每種情況下都能合理地配置給若干競爭的用途。與其對應的是地租，地租可以說是一種「空間腺體」（space gland），具有確保經濟社會中空間秩序的功能。最近的文獻有：海耶克，《純粹資本理論》（*The Pure Theory of Capital*）（倫敦，1941）；希克斯，《價值與資本》（牛津，1939）；凱因斯（J. M. Keynes），〈利率的其他理論〉（Alternative Theories of the Rate of Interest），《經濟學期刊》，1937 年 6 月，頁 246～248；佛萊明（J. M. Fleming），〈利率的決定〉（The Determination of the Rate of Interest），《經濟學刊》，1938 年 8 月，頁 333～341；W. Eucken, *Kapitaltheoretische Untersuchungen* (1934)；R. v. Strigl, *Kapital und Produktion*（維也納，1934）；F. A. Lutz, *Zinstheorie*〔圖賓根（Tübingen-Zurich），1956〕。

除了用時間面向來解釋當代的利息之外，還有另外兩種利息理論：動態理論和剝削理論。根據熊彼德提出的動態理論（《經濟發展理論》，同本章前面企業家的利潤那個註的引書），只有在進步發展的經濟中，而不是在靜態經濟中，才有可能出現利息。根據大多數社會主義者〔馬克思、弗朗茲·奧本海默（Franz Oppenheimer），以及最近 Hans Peter 所著的 *Grundprobleme der theoretischen Nationalökonomie*，第一冊（1953），頁 85 及其後的相關部分〕所持的剝削理論，利息被解釋爲一種權力關係的變化所帶來的財富。對於這兩種理論的評論，請參閱 Weiss 在 *Handwörterbuch der Staatswissenschaften*（第四版）一書中 Zins 這篇文章的補充。

從一開始我們就認識到利息問題不僅是一個實質的（自然的）問題，而且還是一個貨幣的問題。正是這一事實，增加了利率理論的複雜性，且在文獻中曾被忽視了很久。然而，「貨幣的利息理論（The monetary theory of interest）」已經變得愈來愈重要了。該

地租也是如此，其存在的前提是要使土地的需要符合每種
情況下的需要程度，並讓這種需要與可用的有限供給相等。地
租在我們這個經濟制度中，完成了一項在每個經濟制度中都必
須要完成的功能，亦即在配置有限供給的土地時，引入合理的
順序。從飛機上鳥瞰鄉村，可以非常生動地了解地租的這種功
能。我們的土地劃分為住宅區和耕種區、森林區和牧場區、鐵
路線和公路線、有摩天大樓的城市中心和郊區的別墅區——從
根本上說，這一切都是由地租所完成的。這個工作是經由一序

領域的先驅者是瑞典人克努特‧維克塞爾（Knut Wicksell）〔最初
是出現在他的《利率與價格》（*Interest and Prices*）（1898）；最
近的則見於其《政治經濟學講座》，羅賓斯編著，第 2 卷（倫敦，
1935）〕。其他的讀物：L. A. Hahn, *Volkswirtschaftliche Theorie des
Bankkredits*（第三版；1930）；馮‧米塞斯，《貨幣與信用理論》
（紐約，1934）；海耶克，《純粹資本理論》，前引書。弗蘭克‧費
特（Frank A. Fetter），〈利率理論和價格的變動〉（Interest Theory
and Price Movements），《美國經濟評論》增刊，1927，3；羅伯遜
（D. H. Robertson），《銀行政策與物價水準》（*Banking Policy and
the Price Level*）（第三版；倫敦，1932）；凱因斯，《貨幣論》（倫
敦，1930）；凱因斯，《就業、利息和貨幣的一般理論》（倫敦，
1936）；F. Machlup, *Börsenkredit, Industriekredit und Kapitalbildung*
（維也納，1931）；W. Röpke, Kredit und Konjunktur, *Jahrbücher für
Nationalökonomie*，1926 年 3～4 月；洛卜克，《危機與景氣循環》
（倫敦，1936），頁 111 及其後的相關部分。Hans Gestrich, *Kredit
und Sparen*（第二版；Godesberg, 1948）；W. Lautenbach, *Zins, Kredit
und Produktion*（圖賓根，1952）；F. A. Lutz，本註前引書。

列數量上的逐漸變動，而使一塊土地用於這個目的，而另一塊土地用於別的目的。正如同利息——以較極端的方法表達這個想法——保證地鐵不會蓋在每個鄉鎮，因此地租發揮了防止在攝政街（Regent Street）⑫或紐約第五大道（Fifth Avenue）種植馬鈴薯的作用。我們可以說，地租就好像是一個警報，它告誡了人們某一品質或某一位置的土地是稀少的，因此只能把這些土地委交給那些能夠，且願意最佳和最有利使用土地的人。與在別處一樣，在此支配著我們整個經濟制度的一般調節原理，也充分發揮了作用。土地被計入每一種經濟財的生產成本當中（既然地租是爲使用土地，而必須支付的一種價格），這說出了把一塊土地用於某一目的，而不用於另一目的的事實。因此，我們看到地租與其他成本要素沒有任何的差別。

當然，這並不妨礙地租顯示出某些特殊性，儘管有些理論家過分強調這些特殊性，但它們卻也是不容忽視的。把土地的供給說成是絕對固定的或甚至是獨占的，這雖然是錯誤的，但是某種肥沃度或某一位置的土地，在數量上或多或少是固定的，這卻是事實。因此，在對土地的需要增加之處，其價格就有上漲的趨勢，絕不可能經由增加土地的生產，來重新建立供給與需要的均衡。因此，生活水準的提高和人口的增加，無疑地都有推高地租的趨勢。另一方面，我們也應該要小心不要高估這種趨勢的力量。比方說，如果認爲地租會像成長的水果一

⑫ 編譯者註：倫敦西區（West End）的主要購物街。以攝政王（Prince Regent）喬治（George）命名，並在建築師約翰納什和詹姆斯伯頓的指導下建成的。

樣，在地主安然入睡時，果實會自己逐漸變大，那就錯了。人
們很容易忘記，儘管人口和經濟發展不斷的增長，但一塊特定
土地地租的漲與跌可能都很容易，因爲對於幾類土地的需要會
發生變動。就土地的投資來說，就像在任何其他資本的投資一
樣，損失與利得都同樣容易。就好像某一檔股票與另一檔股票
不同那樣，一塊土地也會因其位置或品質的不同，而與另一塊
土地相異。以下這個情況也是經常會發生的：即使在快速擴張
的城市地區，也經常因爲熱門區域租金下跌而造成相當大的損
失，而那些迄今一直被忽視的地區，租金卻也可能會急劇上
漲。同樣的原理也適用於農業的地租，儘管人口的增長，但農
業的地租也同樣是波動的。當然，在考慮任何這些可能的選
擇時，我們也不能過於誇大其辭。還有一種經常發生的情況
是，由於城市的突然發展、交通系統的改善，或鐵路和運河的
建築等這些狀況，該些地區土地的所有者可能碰巧因爲地租
的增長而獲利，因此他們可能會被合理地視爲「不勞而獲」
（unearned increase in value）的受益者。在這種情況下，對
土地徵收特別稅可能是合理的。但在這裡，我們要預先討論個
人所得的分配。⑬

---

⑬ 地租理論：此處，我們再次面臨一些困難，爲了不把讀者的注意力從
　根本問題上轉移開，這些困難在正文中被略去未談。我們最好從李嘉
　圖的地租論開始講，李嘉圖理論的歷久不衰，可以由其在當代理論中
　仍占有重要地位這個事實得到證明。李嘉圖極力強調地租的差異性。
　就李嘉圖看來，地租並非成本的一個因素；因此，它並非決定農產品
　價格的因素，而是由農產品價格所決定的。由於對所有生產者來說，

市場上的穀物的價格都是相同的，無論是在肥沃的土地，還是貧瘠的土地上生長的，無論是在遠離市場或靠近市場的土地上生長的，也無論是在勞動和資本多或少的情況下生長的，生產成本較低的土地就會有較高的利得。如果穀物價格上漲的話，那不是因爲地租增高了；相反地，地租增高是因爲穀物價格（也許是由於人口增加）上漲所致。這樣一來，李嘉圖認爲他已經完全排除了土地這個生產因素作爲農產品價格形成的因子。

　　長期以來，李嘉圖的地租論一直是他著作中最歷久不衰的部分，直到現在許多經濟學家仍然認爲該理論是正確的。然而，它再也不能接受爲現代理論的架構了，至少現在理論架構所接受的已不是李嘉圖所提出的形式了。事實上，如果從現代經濟學理論的架構來看，地租是以完全不同的觀點顯現出來的。現在，地租被視爲使用「土地」（land）這個生產要素所支付的價格；與其他所有要素的價格一樣，是由該要素的稀少性所決定的。爲使用土地而支付的這個價格也是一個真正成本的因子，並且對應於現代的成本觀點，反映了該要素用於另一用途所可獲得的效用。換句話說：地租表示了用於某一用途的土地就不能用於別的用途；它指出了某類土地的稀少性，而其金額的大小則顯示了該稀少的程度。所以，地租的作用是讓這些事實爲人所知，並確保對某一特定品質或特定地點的土地獲得最好的利用。因此，在特定品質或特定地點的土地變得稀少的地方，地租就會出現。由此可見，差別地租（differential rent）基本上不過就是一種生產要素的價格，它與其他生產要素的價格一樣，是價值（價格）計算的一個組成部分，因爲它代表了犧牲另一些用途的主觀成本（機會成本）的因素。即使是一個社會主義的經濟社會，也必須要考慮到土地的稀少性，因爲如果不這樣的話，土地將被視爲一種自由財，而政府本身

第 4 節　改變所得分配

經過一個相當迂迴的討論之後，我們終於到了可以對所得的公平分配這一緊迫問題進行一個冷靜的探討，而不會陷入盲目激情的洪流之中的階段了。在這本書當中，我們曾多次煞費苦心地解釋我們經濟制度的目的和特徵。在每一次，我們都不得不承認，我們所描述的這個均衡機制，只有在某些條件下

將處於助長浪費的情況。然而，在正文中沒有提及，而是留給讀者自己去想像的困難，是在於只有在一塊土地實際上具有替代用途的情況下，才能顯示出地租之為真正成本的性質。但是，如果所討論的土地具有特別的用途，例如：著名葡萄園的土地，我們就無法以其可以使用的其他用途，來解釋所支付的地租，因為這些其他的用途實際上並不存在。在這種情況下，我們就不能否認地租有純地租（pure rent）的性質〔差異利得（differential gain）〕。請參見 Franz X. Weiss, Die Grundrente im System der Nutzwertlehre, *Die Wirtschaftstheorie der Gegenwart*，卷 3（維也納，1928）；A. v. Navratil, Rentenprinzip und Grundrente, *Zeitschrift für die gesamte Staatswissenschaft*，卷 94，1933；O. v. Zwiedineck-Südenhorst, *Allgemeine Volkswirtschaftslehre* (1932)，頁 234 及其後相關的部分；休伯特・亨德森（Hubert D. Henderson），《供給與需要》（*Supply and Demand*），見前一章供給、需要和價格的相互作用那個註所引的著作。

關於城市的地租：請參見 Adolf Weber, Die städtische Grundrente, *Die Wirtschaftstheorie der Gegenwart*，卷 3（維也納，1928）；F. von Wieser, Die Theorie der städtischen Grundrente, *Gesammelte Abhandlungen* (1929)，頁 126 及其後相關的部分。

才會產生作用。其中的一個條件就是現有的不平等的所得分配，這個條件可以從多個角度進行批評。雖然「資本主義的」（capitalistic）經濟程序，可以比擬爲持續的公民投票，其中每一元的貨幣都代表一張選票，消費者透過他們不斷的投票，決定了應該生產哪一類的和多少的財貨，但進行這項投票權的消費者，分享了本章一開始所引用的安那托爾‧佛朗士所說的「無上的平等」（majestic equality）。事實上，這種選票的分配是非常不平等的。我們經濟制度的機制應該要如此建構，以使生產與消費者的需要協調一致，這種說法是正確的，至於說生產者透過對其生產的財貨做廣告，而影響消費者的慾望，與政黨爲他們的綱領和候選人進行宣傳兩者是相同的，這是一個站不住腳的反對論。⑭但是，由於只有那些有貨幣支持的慾望

⑭ 廣告：廣告限制了消費者經濟選擇的自由，正如同選舉宣傳限制了投票人的自由是一樣的。消費者的這種自由也不會因爲這樣一個事實而受到限制，即他的決定是由一整套動機所指導的，而廣告只不過是影響這些動機的其中之一而已。消費者的選擇始終是自由的，因爲在經濟的市場民主當中，我們是根據自己的偏好而投票。但應該指出的是，這種自由只存在於市場經濟之中，而不存在於集體主義的「統制經濟」（command economy）之中。當然，廣告確實經常會導致出現一種以前不存在的慾望，誘使我們去買一些本來不會買的東西。但是，只要生產者不做餐廳服務生那種推薦菜單上的菜那種角色，而推薦這、推薦那的，這就與我們所想的理性經濟人的概念並不相互衝突了。就連柳橙汁最初也是經由廣告而風行起來的。但是，誰會在喝柳橙汁時，對柳橙汁的廣告而感到苦惱呢？儘管如此，廣告還是引起了許多嚴厲的批評，這些批評在其他地方也可能見到。在這方面，請參

才重要，我們不能把消費者的公民投票結果，視爲完全令人滿意的結果。從長期來看，雖然我們的投票機制確保了房屋的生產會與現有所得分配所產生的對房屋的需要相當，但這種投票機制本身並無法避免房屋的生產落後於合宜和健康居住環境的需要。對我們的經濟制度進行徹底的譴責，似乎是合理的下一個步驟，而且有很多人都接受這種譴責。然而，貫穿本書的討論都使我們能夠認識到這種流行的譴責背後的混亂，也使我們找到一個方法，以避免這種無理憤怒的毀滅性後果。

即使是那些反對我們這個經濟制度的人，通常也對其在生產方面所做的貢獻是相當肯定的。他們之中有些人甚至沒有被三十年代的經濟危機所嚇阻，仍然堅持認爲在這方面我們的經濟制度比共產主義制度要優越許多。他們說，只是因爲它是如此不公平，才要廢除它。對於這種批評，必須堅決且肯定地說，只要改變分配不破壞我們經濟制度在生產方面的成就，這種行動是完全可能的，甚至是必要的。爲實現這一目標，可以採取三種途徑：(1) 功能性所得分配的「結構性的」（organic）變動；(2) 個人所得分配的變動；(3) 使用經濟以外的手段，來抵銷所得分配的變動。

我們已經確定，改變功能性所得分配，不需要使用強制

見 W. Röpke, *Mass und Mitte*〔埃倫巴赫（Erlenbach-Zurich），1950〕，頁 200～218；洛卜克，《人道的經濟社會》，同本書第二章經濟學與倫理學那個註的引書，頁 137～138；利弗（E. A. Lever），《廣告與經濟理論》（*Advertising and Economic Theory*）（倫敦，1947）；Herbert Wilhelm, *Werbung als wirtschaftstheoretisches Problem* (1961)。

力，而是要使那些原始因素發揮作用，以達到「結構性的」
（organic）改變。要詳細描述這些因素需要一整本書，而要
閱讀這樣一本書並不容易，因為需要討論到一些與工資、利息
和地租理論相關的一些非常棘手的問題。這裡要強調的只是
最基本的考慮，即理論和經驗都指出的，決定一國平均工資
水準的生產力這個最終的因素。所有國家人民生活水準的差
異——美國和歐洲之間、瑞典和多瑙河流域（Danube）⑮的國家
之間——都可以追溯到這個單一的因素。凡是能提高勞動生產
力的東西，都可以提高工資。具有重要意義的事實是，勞動生
產力愈大，可以與勞動這個生產要素相結合的資本和土地的數
量就愈多。這又取決於三種生產要素彼此之間的數量比率，我
們已經清楚地說明了這一點的重要性（第五章第 5 節）。我們
現在很能理解為什麼在一個勞動生產要素相對於資本和土地而
言稀少的國家，工資水準會很高。因為勞動稀少，所以工資也
較高，同時也因為會有較多的資本和土地與之相結合使用，其
生產力也就提高了。勞動和資本這兩種生產要素之間的數量關
係，在這方面特別重要，這一事實即使不是在其前提上，但
也在其結論上，得到了古典工資理論（工資基金理論）的證實
了。與此同時，我們再次確定了一個事實，那就是人口無限制
的增長，幾乎肯定會導致所得分配的變動，從而損害大眾的工

---

⑮ 編譯者註：該河是中、東歐極為重要的國際河道，流經德國、奧地
　利、斯洛伐克、匈牙利、克羅埃西亞、塞爾維亞、羅馬尼亞、保加利
　亞、摩爾多瓦和烏克蘭等十個中歐及東歐的國家，是世界上流經最多
　國家的河流。

資所得。從長期來看，非生產性政府支出所造成的資本浪費，
與此具有相同的後果。

最後，但並非最不重要的是，我們還必須要提到對外貿
易所發揮的作用。一個國家愈徹底地參與國際分工，從而最合
理地利用其生產要素，則其在國際市場上所獲得的貿易條件就
愈有利。一個國家愈能無限制地在最便宜的地方購買外國的財
貨，且愈能無限制地在最昂貴的地方出售本國的財貨，該國的
工資水準就愈高。在像瑞士和斯堪地納維亞（Scandinavian）⑯
等這些小國，他們今日驚人繁榮中，這個因素發揮著特別重要
的作用。

我們因此而得出了一個奇怪，但卻具有啟發性的結論。那就
是一國愈貧窮──亦即生產力愈低，「無產階級」（proletarian）
愈多，而資本愈少者──則其功能性所得分配就愈不利於工資
所得。另一方面，一個國家的平均財富愈多，則其工資和財產
所得的分配就愈公平。Uncle Bräsig 在 Fritz Reuters *Ut mine
Stromtid* 的著名論文「貧窮來自貧窮」（poverty comes from
being poor）⑰是有些道理的。從上述的討論中可以知道，有可
能成功的制定一個提高國民工資水準的政策。這樣的政策應包
括以下的內容：增加資本財富（如果必要的話，可以透過資本
的輸入和合理的信用組織）、把生產要素配置到最有生產力的

---

⑯ 編譯者註：斯堪的納維亞半島東部為瑞典領土。西臨挪威，東北接芬
　蘭，東瀕波的尼亞灣，東南瀕波羅的海，西南隔卡特加特和厄勒海峽
　與丹麥相望。

⑰ 這句話的德文為 Armut kommt von der Poverteh。

用途當中、積極地參與國際社會的分工、進步的技術和組織之
利用、人口有限度的增加、在各個領域中制定合理的經濟政
策、和平、安全、信心和秩序——這些都是一國繁榮的基礎。

　　有利於工資的功能性所得分配的改變，會同時促成較
平均的個人所得分配，因爲它會透過財富的形成，而讓賺
取工資者的大眾，愈來愈可能從各種財產的所有權當中賺
取所得。其結果就是一種「去無產階級化的趨勢」（de-
proletarianization），這應該是那些不想要利用無產大眾來實現
其政治野心者心目中所想要的。這一過程可以藉助於一些直接
的措施，尤其是透過可以確保競爭原則的均等化效果，不會被
因爲少數人的利益，而犧牲了多數人的操縱所破壞的這樣一項
經濟政策。因此，反獨占政策總是一種好的所得政策，也可以
壓制對抗競爭力量所產生的一些濫用。其他有助於減少財富過
度集中的措施，還包括住房建築計畫、鼓勵自農耕、緩解從一
個社會階層向另一個社會階層發展所遇到的困難、照顧小工業
的信用需要以及許多其他的措施。

　　還有最後一個方法，就是可以用「經濟以外的修正」
（extra-economic correction）方式，來解決所得分配的問題。
這包括政府等待市場過程中形成的所得分配有了結果之後，然
後再透過對富人徵稅，並把這些稅用於窮人身上，來糾正這些
結果。事實上，相當一部分的公共財政是用於這種糾正措施，
再輔以民間福利團體的一些努力。當然，很明顯地，政府在採
用此類糾正措施時，若用於其他用途的支出愈少，就可以做得
愈好。

第八章

經濟均衡的擾亂

第 1 節　擾亂的來源

貧富之間的差異之所以會引起不滿和批評，這是非常容易理解的事情，因此我們所有的人，都應該認眞關注提高社會公平的要求。但是，同樣充滿挑戰的事實是，我們的文明似乎也爲經濟的不穩定和經常出現的大量失業所苦。在這裡，我們再次面臨一個問題，如果不讓我們的文明處於危難之中，則我們在未來必須找到比過去能找到的更好的解決方法，因此，我們再次觸及到了，在本書中我們不得不一再討論的一個主題。雖然我們在目前討論的架構之內，不可能從各個角度來研究這個問題，然而對我們來說，這個問題太重要了，以致於我們不得不在本章中概括地論述相關的基本問題。[1]

我們已經知道，我們的經濟秩序取決於生產、消費、儲蓄

---

① 經濟波動：讀者可以參考作者以下其他的著作：洛卜克，《危機與景氣循環》（倫敦，1936）；W. Röpke, *Civitas Humana*（倫敦，1948）。另見哈伯勒，《繁榮與蕭條》（*Prosperity and Depression*）（第三版；日內瓦，1941）；Hans Gestrich, *Kredit und Sparen*（第二版；Godesberg, 1948）；熊彼德，《景氣循環》（*Business Cycles*）（紐約，1939）；國際聯盟（報告），《戰後世界經濟的穩定》（*Economic Stability in the Post-War World*）（日內瓦，1945）；哈伯勒編，《景氣循環理論讀物》（*Readings in Business Cycle Theory*）（費城，1944）；W. A. Jöhr, *Die Konjunkturschwankungen*〔圖賓根（Tübingen-Zurich），1952〕；G. Schmölders, Konjunkturen und Krisen, *Rowohlts Deutsche Enzyklopädie*，卷 3。

和投資中無數的自由決策，而且我們也知曉從這種看似混亂的局面中，卻有一些力量形成了井然有序的秩序。在我們前面所討論的現代分工發展中，已經清楚地說明了這一運作是多麼的複雜。出於同樣的原因，我們現在更能理解這樣一個經濟制度必然是多麼的不穩定，以及多麼容易一下子在這個部門，一下子在另一部門中發生擾亂，這些擾亂的消除需要一個不斷調整的過程。

我們也理解，這些擾亂可能會變得如此嚴重和廣泛，以致於損害整個經濟的過程，並導致大量的失業（蕭條）。分工的程度愈大，生產力的增長就愈大，但是同時，這個經濟制度就愈容易受到均衡擾亂的影響。消費品的生產不走直接的路徑，而是迂迴地經由生產財的生產，此一事實進一步加劇了這種不穩定性。換句話說，現代的生產過程不僅是一個分工的過程，同時也是一個間接的、迂迴的，因而是一個費時的過程。正如分工要求生產者對他們財貨的需要相互做出正確的估計一樣，資本財的生產也要求對先行產品的需要進行正確的估計，並且先行生產的程度必須與最終生產的程度保持適當的比例。此外，儘管我們的生產過程特有的費時性質會帶來困難，但仍必須要保持這些關係。

同樣地，所有這些都發生在這樣一個世界中，亦即政治的動盪、消費者的善變無常、創新的精神以及成千上萬種其他事物，每天都在創造新的意料之外的局面。把所有這些事情牢記於心，比起這種經濟秩序不斷被擾亂的事實，我們似乎更有理由對這個經濟的高度秩序感到驚訝。

由於社會主義國家也同樣不得不考慮相同的擾亂來源（分

工、生產技術的進步以及外在世界的不穩定），因此認為該些
國家就可以避免均衡擾亂這個問題，這是錯誤的。只要存在以
下這些事情，亦即有分工和高度發展的技術，只要人、自然和
社會沒有變為死板的機器，只要有新發明、收穫的波動、消費
習慣的改變、遷徙、生與死的波動、戰爭與革命、樂觀與悲
觀、信任與不信任，則每個社會的秩序都會面臨經濟均衡擾亂
的這個問題。無論這些擾亂發生在哪裡，每個人都必須要調整
自己，以克服這些擾亂。在這方面，市場經濟與集體主義經濟
之間的區別主要在於，按照市場經濟的本質來說，其調整過程
是自發的；而集體主義經濟的調整過程卻是「命令控制式的」
（commanded）。

　　如果現在假設我們的經濟制度受困於所謂蕭條的嚴重擾
亂，我們就會發現自己面臨著閒置工廠和失業工人的悲慘景
象——儘管就在不久之前（在繁榮時期），產量可能達到了創
記錄的數字。因此，這種情況似乎是由於普遍的生產過剩所
致。但是，如果我們只說總生產超過消費量，因此「所有」
（all）財貨的生產都過剩了，這樣的說法無法找出這種情況的
根本原因。實際上，進一步的思考，我們就會明白，這種普遍
性的「過度生產」（over-production）概念沒有合理的依據。
我們無法得到以下這個問題的答案：與什麼相比，生產過剩
呢？大眾的生活水準幾乎到處都如此地低，以致於即使把現在
的生產水準提高 10 倍，也不足以顯著提高他們的生活水準。
在把他們的生活水準提高到此水準之前，甚至質問是否有必要
把所有我們可支配的生產力都投入到克服稀少當中，這是毫無
意義的。我們面臨的問題，不是普遍的勞動力供給過剩，而是

勞動力的缺乏，不是過多的機器，而是太少的機器，不是生產的過度合理化，而是過度的不合理化。這種對過剩生產的恐懼（fear of production）之不斷重複出現，是荒謬至極的。

　　但是，這與在蕭條時期，工廠關閉、工人失業這個無可辯駁的事實如何相吻合呢？最好透過以下這個比較來回答該問題。我們注定要以長期不足的力量，來對抗財貨的稀少，這就像一支軍隊對付一個強大的對手一樣。在這場戰爭中，每一個士兵都要參戰，每一種技術先進的武器都受歡迎。然而，由於在現代軍隊極其複雜的部署中，組織的擾亂是不可避免的，即使前線的某些其他部門可能迫切需要一些戰鬥的士兵，但個別單位的士兵卻被阻止行動，這是很常見的事情。個別部門的士兵暫時過剩，並不意味著整體士兵的不短缺。因此，不明白道理的人就會下結論說：應該遣返這些暫時無事可做的士兵，或說透過增加整個軍隊休假的人數，或恢復使用戟[2]，以採取「分散戰鬥」（spread the fight）的計畫。在這裡整體「太少」（too little）與部分「太多」（too much）之間的密切關聯是如此的明顯，以致於即使是智力最低的人，也不會不認識這種關係。但是，對於大多數人來說，似乎很難理解在我們的經濟社會中，也同樣面臨著這個問題。蕭條不能被定義為所有財貨同時都普遍生產過剩，也不能被定義為生產的可能性超過消費的可能性。而是應該定義為，各個生產部門之間的不均衡：生產體系之內的一種均衡的擾亂，從總體上與從長期來看，這種

---

[2] 編譯者註：一種前端裝有月牙狀利刃的古代竿狀兵器。

生產體系顯然不能滿足消費者所有可能的需要。

我們可以有利可圖地生產的那些財貨的總量，並不是那些願意工作的人，在彼此相互嫉妒的念頭之下，瓜分的一個有一定重量或大小的蛋糕；相反地，從表面上看，是取決於總需要的大小。現在我們知道，歸根究柢，總需要是市場上財貨成功處置的結果，所以需要總量決定於生產總量。因此，消費是由生產決定的，而不是反過來的關係。這意味著整體上對可獲利的生產而言，是沒有極限的〔假設總產出的構成是「正確的」（right）〕，因為還看不到人慾望的飽和點；消費是有限制的，這個限制是由現有的生產技術所定的。對生產過剩的擔心，我們必須隨時準備「分散工作」（spread the work）的這種信念，反對一切改進生產方法的企圖等這一切都是無意義的，例如：只要生產者都能正確地把他們的生產調整到他們共同需要的量，則我們就無法想像所有生產者會生產出他們彼此之間無法相互交換的剩餘。至於對以下的問題：在市場上充斥著財貨、各生產部門都積壓著過剩產品的時期，失業工人和閒置的工廠，將會何去何從等這些問題，我們作如下的回答。我們可以這樣說，在經濟蕭條時期，生產設備處於閒置的狀態；當那些被排除在生產過程之外的人，透過在這個過程中恢復他們以前掙得的購買力時，這些設備就會開始運作，並且由此將會為生產的財貨創造出一個市場，一旦經濟均衡重新建立，這一系列的事情就會發生。因此，未使用的生產儲備就會等量地對應於未使用的購買力儲備。「經濟均衡的重建創造了購買力」（The reestablishment of economic equilibrium creates purchasing power）。

　　爲了要理解我們描述爲繁榮與蕭條交替（景氣循環）的整個均衡的擾亂，我們必須從兩個基本的觀念開始。其中的一個觀念是，蕭條的眞正原因不是在蕭條時期本身，而是要在以前的繁榮時期去找。另一個觀念是，最終導致經濟蕭條的繁榮時期的機制，使資本投資（把貨幣資本轉化爲實質資本）的急劇增加，這在我們的經濟體系中是由信用的擴張（信用膨脹）來融通的，並使整個經濟在一個變化的網絡中運行，且相互發生作用。與信用供給的擴張和收縮同時出現之投資的擴張和收縮，構成了循環性波動的眞正原因。

　　如果我們想要更全面地理解爲何繁榮時期「充分就業」（full employment），在超過一定的臨界點之後，會導致愈來愈大的緊張，最終導致蕭條這個問題，我們就必須要把一些討論循環性理論的專著所描述的許多情況納入考慮。在全部的勞動力都已經找到工作的很久之前，某些重要類型的技術工人就會出現短缺。這些稀少性與其他困難相結合，造成了那些對總產量具有決定性影響的產業出現了生產瓶頸。工資的上漲和原料、機器或其他財貨等價格的上漲，遲早都會遏制企業家的投資動機，投機會使價格和利率結構愈來愈不穩定，直到最後，只需輕輕一碰，就會使之倒塌。然而，最重要的是，投資突然急劇增加的本身就是一個擾亂源，它也會給集體主義國家帶來麻煩，因爲它涉及到一些技術的問題。上述所討論的現象可以稱之爲「加速原理」（acceleration principle）。投資的增加本身就是更大的投資活動的契機，因爲資本財生產的增加，預先就要有一些資本財的增加。例如：家禽養殖場的興旺是一個自我增加的過程，只要新的養殖場設立之後，這種過程就會持

續下去，從而導致對繁殖目的之家禽需要的增加。然而，最終會達到新農場對基本設備需要滿足的那一點。此時，進一步的家禽生產，就會超過家禽消費和繁殖的目的所正常需要的水準。一旦新農場數量先前的增長率下降，這種情況立即就會出現。很明顯地，一旦家禽業開始興旺，就無法避免「蕭條」（bust）時刻的到來，因為人們不會為生產家禽而永遠生產家禽。同樣地，沒有理由認為，整個經濟體系會為了資本財，而以不斷增長的速度生產資本財。人不可能永遠不斷地建造新的發電廠，也不可能永遠不斷地安裝新的機器。尤其是，人不可能以幾何級數的速度來做到這一點，因為若這樣的話，為融通這大量投資所需之信用體系的力量，最終會削弱到崩潰的地步。只要生產資本財的行業無法避免萎縮時，繁榮的崩潰也就不可避免了。

所有這些想法都清楚地指出，投資過於突然大量的增長〔過度投資（over-investment）〕，以及隨之而來的對經濟均衡的擾亂，是任何高度發展的複雜體系都必須要考慮到的一種可能。然而，只要投資的資金來自於大眾的自願儲蓄，則投資即使增加，也會保持在安全範圍之內，因為大眾的自願儲蓄的變動本身通常是平穩的，而並非不穩定的。只有當投資超出實質儲蓄所設定的界限時，投資才會對均衡構成威脅（總投資 >總儲蓄）。為了引發這種情況，需要有某種強制的手段來放鬆資本財生產與大眾自願儲蓄之間的紐帶，並將消費有關的限制提高到超過大眾本身準備為儲蓄而忍受的那一點。這種強制可以採取集體主義國家那種公然粗暴的方法，按照俄羅斯多年計畫的模式，透過稅收、統制物價和計畫經濟，把人民的消費

維持在一個很低的水準，以刺激投資活動。在非集體主義的經濟制度中，這種強制為我們在上一節中所討論過的那種信用擴張所取代。信用擴張達成了雙重的功能：它提供了準備投資的企業家所需要的額外信用，並且經由提高了利潤的展望，激發了普遍投資的意願。與集體主義國家中普遍存在的投資活動相比，這一類的投資活動依賴於企業家的自願決策。正是這種信用擴張形成了每次繁榮時期的原動力，才使得我們這個經濟制度的投資有可能經常超過實質儲蓄的總量。

　　現在我們可以看到，帶著前一個蕭條期留存下來未使用的勞動力和生產工具，該經濟將進入繁榮時期。這個留存下來的部分會暫時容許以信用擴張的方式為投資融通資金，而不致於產生上述的任何後果。很顯然地，資本的投資意味著把生產力用於建造工廠、安裝機器或建造房屋，而不是用於生產消費財。投資的量愈多，用於生產消費財的資源就愈少。因此，如果一個國家希望增加其機器、工廠和道路的數量，就必須要儲蓄。如果不這樣做的話，就必須要強力抑制其消費（經由集體主義經濟的命令來強迫儲蓄，或非集體主義經濟的貨幣強迫儲蓄）。投資量愈大，可消費的財貨量就愈少。然而，只要可以利用未使用的生產儲備來進行額外的投資的話，投資和消費的這種互競就不會出現。在後一種情況下，投資絕不會擾亂均衡，而是重建均衡，從而結束蕭條所需要的必不可少的手段（在這種情況下，投資與消費是互補，而不是互競的）。如果在蕭條期間，投資少於儲蓄，則額外的投資將會促成總投資和總儲蓄之間重新達到相等。因此，在達到均衡狀態之前，投資不會與消費競爭該經濟中的生產要素；相反地，此類投資透過

調動未使用的生產資源，而對經濟產生了有利的影響。事實上，由於投資帶來總產量的增加，消費量甚至比以前要來得多。只要未充分利用的生產資源還未完全用掉，總產量就不能是眾所周知的那種不能既要吃，又要保存的普通蛋糕；相反地，它實際上是一個我們吃得愈多，就變得愈大的蛋糕。除非認識到正是由於投資的增加，才對生產要素有需要；而這個投資經由重新建立均衡（投資量＝儲蓄量），才使整個生產組織運轉起來，否則以上的說法，看起來似乎是相互矛盾的。

只要經濟活動的增長可以利用所留存下來未使用的要素，信用的擴張就不會導致物價的上漲，因為購買力的提高可以經由財貨相應的增長來填補。因此，信用擴張有助於填補購買力的下降，這種購買力下降是因為在蕭條時期，儲蓄多於投資（通貨緊縮）；在這種情況下，信用的擴張是填補性的，而不是膨脹性的。然而，一旦未使用的生產儲存用盡，並且沒有較多值得一提的失業〔這種情況被不正確地描述為「充分就業」（full employment）〕時，這個美好的階段就會結束。然而，由於上述的這些「瓶頸」（bottlenecks），這一「安全」（safe）擴張階段的結束，通常會比預期的來得早一些。在經濟上升的過程當中，勞動對工資提高的要求愈強烈，這個臨界點就愈快到來，因為在這種情況之下，信用擴張會轉化為物價的上漲，而不是就業的增加。

當到達這個上升的臨界點時，信用擴張就變成膨脹性的，而不是填補性的。投資再次與消費財的生產處於互競，而那個我們愈吃就會變得愈大的神奇蛋糕，就會變回一個我們吃下一塊就會少一塊的普通蛋糕。在達到這一點之後，所進行投

資的資源，就相當於從可用於消費財生產中拿過來的。從這一刻起，我們就進入危險的地帶了：最初導致繁榮的因素，在一個累積過程中相互激盪，最後這個累積的過程，必然會因爲一個新的蕭條的出現而結束。爲維護「充分就業」（full employment）局面，而延長這一進程的決心愈強，最終不可避免的慘況就會愈嚴重。我們不應該忘記，發生於 1929～1932 年的上一次大蕭條，就是這種類型的慘況，其後果是如此的悽慘。然而，1929 年的崩盤不只是之前大量投資（尤其是在美國）的結果；也是一連串其他不幸的事件湊合起來共同造成的，以致於加劇和擴大了這場災難。

那麼，我們應該從什麼角度來看待經濟的蕭條呢？我們知道只要在繁榮時期經由信用的膨脹性擴張而來的過度投資，其累積過程不受拘束時，蕭條就一定會到來。投資高塔一旦建得太高，就會倒塌，因此這個經濟就需要有一個痛苦而代價高昂的調整和重組過程。過度和不健全的投機就會告終；一旦所有內部不穩定的經濟結構都崩塌時，我們就需要再次仔細的計算。然而，會出現一個嚴重的危險，那就是這種危險所出現的反應不可避免地會遠遠超過單純性質的掃除行動，並且今後將演變爲一個累積的衰退過程，與之前的累積的擴張過程相對立。在不可避免的最初蕭條過後，可能會出現繼發性的蕭條，後一個現象應該是政策要避免的首要目標。的確，很有可能在蕭條的悲觀氣氛之下（許多其他或多或少的意外情況、政治和其他因素，都可能會促成這種情況），企業家的投資意願會被削弱到不足以把該經濟的持續儲蓄轉化爲投資，從而不足以轉化爲對財貨需要（總投資＜總儲蓄）的程度。

　　要了解上述的情況，必須牢記以下兩點。第一是，儲蓄行為或把個人所得的一部分存起來，只不過意味著未消費，亦即沒有需要，從而導致消費財的銷售減少。當儲蓄用於投資時，也就是用來購買和生產資本財，就又再次轉化為需要。第二是，我們必須要知道，儲蓄和投資這兩種行為，並不一定彼此同步進行；相反地，它們是兩個不同的過程，每個過程都是各自獨立進行的。儲蓄未必一定都會轉化為投資；同時，這種轉化也未必一定會被排除，為了反駁當今那些過於悲觀的理論，這一事實值得我們強調。③這種轉化的程度——與其對經濟均衡

③ 投資不足——這是命定的嗎？在凱因斯〔《就業、利息和貨幣的一般理論》（倫敦，1936）〕和美國經濟學家阿爾文·漢森（Alvin H. Hansen）〔《經濟完全復甦或停滯？》（*Full Recovery or Stagnation?*）〕（紐約，1938）的影響之下，人們普遍認為，富裕工業國家已進入投資相對飽和的階段〔「成熟經濟」（mature economy）〕，因此除非採取適當的措施，以防止這種情況的出現，否則將會發展出儲蓄超過投資的持久趨勢。然而，我們必須拋棄這種潛在的慢性停滯理論，因為它得不到證實。請參見 W. Röpke, *Civitas Humana*（同經濟波動那個註，頁 218～220）；霍華德·艾立斯，〈貨幣政策與投資〉（Monetary Policy and Investment），《美國經濟評論》增刊，1940 年 3 月；亨利·西蒙斯，〈韓森論財政政策〉（Hansen on Fiscal Policy），收在《一個自由社會的經濟政策》一書中（芝加哥，1948）；威爾福德·金（Willford I. King），〈我們是否正受苦於經濟的成熟？〉（Are We Suffering from Economic Maturity?），《政治經濟學期刊》，1939 年 10 月；喬治·特伯格（George Terborgh），《經濟成熟的可怕》（*The Bogey of Economic*

的決定關係——取決於心理、法律、制度或政治性質等眾多不同的情況。當然，這個轉化過程在繁榮結束後會遇到嚴重的困難，這是可以理解的。如果此時投資繼續落後於儲蓄〔投資不足（under-investment）〕，就會出現需要下降（緊縮），如果需要降低很大的比例，可能會導致在 1929 年的大恐慌之後，危害世界那種危險類型的第二次蕭條。這時，我們就會面臨著非常嚴重的擾亂，伴隨著眾所周知的大規模失業和物價急劇下跌的現象，這些後果可能會相互強化和倍增，而加劇了需要的下降。只有當總儲蓄和總投資，無論是經由增加投資或是減少儲蓄，而再次相互協調一致時，這種擾亂才會結束。④

第 2 節　穩定政策

為了尋得達到經濟穩定這一至關重要目標的正確方法，並把這些正確的方法與錯誤的方法區別開來，我們必須要嚴謹認真地描繪出異常複雜的經濟過程，並以概括的方式，描繪出

Maturity）（芝加哥，1945）。上述所提的國際聯盟的報告中，也否定了這種成熟經濟的理論；在此期間，事實早已證明了這一點是錯誤的，取而代之的是，大家對如何在沒有通貨膨脹的情況下，實現快速成長的關心。

④ 第二次的蕭條：參見洛卜克，《危機與景氣循環》，同本書第三章市場廣狹的法則的註解。W. Röpke, Die sekundäre Krise und ihre Ueberwindung，《紀念卡賽爾經濟論文》（Economic Essays in Honour of Gustav Cassel）（倫敦，1933）。

維持均衡的必要條件。若要正確地評估某個特定的經濟形勢，需要相當清楚地了解以下這些事情：在這個經濟中，生產、儲蓄、投資和消費方面的實際情況到底發生哪些事情；貨幣和財貨流動彼此之間是如何相關的；價格、工資、利息和利潤的重要性如何；信用是如何進入這個經濟的以及進入到何處去；銀行和證券交易所如何相互協調，以保持經濟過程的運轉等。如果我們都同意，真正的關鍵問題是要盡量地去達成並維持一個高度的就業水準，那麼對經濟生活動態的這種研究，應該要能夠讓我們更清楚地認識到強制穩定政策的危險，這種以「充分就業」（full employment）為名的穩定政策已經在各國流行起來了。這個政策完全是由以下問題所形成的：經由不斷創造新貨幣（並且完全無視於均衡擾亂的更深層原因），總需要如何能夠維持在足以確保這種「充分就業」（full employment）的水準。這種充分就業存在於承平時期的納粹德國，以及第二次大戰期間和之後的所有國家。當然，在現實中，把這類的充分就業定義為異常的「過度就業」（over-employment）可能更準確。我們所關心的經濟均衡擾亂所引起的問題，對於那些急於制定這種「持續通貨膨脹壓力」（constant inflationary pressure）政策的人來說似乎幾乎不存在。他們所關心的只是導致需要下降的這些擾亂，一經需要下降，他們就趕緊創造貨幣，再次推升需要，而沒有追究引起擾亂的更深層因素和克服這些因素的方法。正是這種極端的簡化，導致了這種持續「充

分就業」（full employment）政策的一切嚴重危險。⑤

---

⑤「充分就業」（Full Employment）：對於「充分就業」（Full Employment）學派的批評，請參見經濟波動這個註中哈伯勒的引書；霍華德‧埃利斯，同經濟波動這個註中的引書；Hans Gestrich，同經濟波動這個註中的引書；洛卜克，《我們這個時代的社會危機》（芝加哥，1950）；W. Röpke, *Civitas Humana*，同經濟波動的這個註的引書；艾倫‧費雪（Allan G. B. Fisher），《經濟進步與社會福利》（*Economic Progress and Social Security*）（倫敦，1945）；亨利‧西蒙斯，同投資不足那個註的引書，特別是第十三章〈貝弗里奇方案：一種無同情心的詮釋〉（The Beveridge Program: An Unsympathetic Interpretation）；哈恩（L. A. Hahn），《錯誤的經濟學觀念》（*The Economics of Illusion*）（紐約，1949）；W. Röpke, " 'Vollbeschäftigung'―eine trügerische Lösung," *Zeitschrift für das gesamte Kreditwesen*, 1950，第 6 期（第 11 期也對此進行了討論）。對於這些思想，在 1948 年以來德國經濟政策的實際應用情況，請參見 W. Röpke, *1st die deutsche Wirtschaftspolitik richtig?*（司徒加特，1950），這是應德國政府之要求，而編寫的一個專著，其要點也已重印於 Wilhelm Röpke, *Gegen die Brandung*（埃倫巴赫，1959）一書中了。「充分就業」（full employment）這個概念的一個極端例子及其中的一些主要錯誤，見諸於聯合國五位經濟學家那本題爲《一國和國際對於充分就業的諸多措施》（*National and International Measures for Full Employment*）〔成功湖（Lake Success），紐約，1949〕深入的研究。對於該文獻的批評，請參見雅各‧瓦伊納（Jacob Viner），〈不惜一切代價實現充分就業〉（Full Employment at Whatever Cost），《經濟學季刊》，1950 年 8 月；洛卜克，《充分就業的經濟

　　我們在這裡一直在討論的這個錯誤政策所帶來的一些危險，正如在國家社會主義充分就業試驗和當代的經濟緊張局勢中出現的那些危險，所受到的關注遠遠太少了。然而，我們應該注意到一個事實，那就是還有其他的方法可以達到穩定經濟和高就業水準的目標；這些方式雖然可能更令人不愉快，但正因爲這樣，只有依賴經濟學家本著良心提出建議。在這方面，有四個要點需要牢記：⑥

　　1.鑑於不可避免的經濟狀況的波動和相關的就業波動，因而持續不斷的適應和調整是最重要的。然而，這只有在經濟體系的所有部分都靈活運行的情況下才有可能。這個體系變得愈僵固——在過去幾十年這種趨勢已變得愈來愈明顯了，且如果我們這個時代的某些政治經濟趨勢持續下去的話，則在未來這個體系會變得更加僵固——就愈難以調整和穩定，經濟的波動也就愈劇烈。同時，依靠「充分就業」（full employment）學派所推薦的增加貨幣供給的方法，無論代價多少都要保持高度就業的誘惑就愈來愈大。只有到那時，「愈想穩定，就愈穩定不下來」這個看似矛盾的說法，才會變成是明顯的道理。如果

學》（*The Economics of Full Employment*）（1952，紐約）。

⑥ 景氣循環的政策：除了上述國際聯盟的研究《戰後世界經濟的穩定》之外，也請參閱拙著《危機與景氣循環》一書，以及 Charles La Roche, *Beschäftigungspolitik in der Demokratie*（蘇黎世，1947）；歐林（B. Ohlin），《就業穩定的問題》（*The Problem of Employment Stabilisation*）（倫敦，1950）；Paul Binder, *Die Stabilisierung der Wirtschaftskonjunktur* (1956)。

我們把經濟體系比作一部自行車，我們就可以很清楚地說明這一點。只有這個車把是可移動的，騎自行車才能安全，從而讓我們得以調整車子，以適應每一條不平的路面，從而維持平衡。如果把那個車把定住（stabilized），騎自行車的人就會摔倒。在經濟生活中也是如此，掌握經濟社會的把手是自由市場。每一個價格和成本的僵固性、每一個官方對市場自由的限縮、每一個武斷的集體契約、每一個獨占、每一個生產要素的不能流動、每一個產量的限制——所有這些都是擰住我們經濟體系把手多餘的附加物件。在這種情況下，除非政府提供愈來愈多的支助，否則就會妨礙這個經濟的運作，同時會讓我們的經濟體系接二連三的出現失靈。⑦

2. 如果確實認為總儲蓄與總投資之間的比率變化是造成擾亂的主要原因，那麼適當的做法是防止繁榮時期的「過度投資」（over-investment）與蕭條時期的「投資不足」（under-

---

⑦ 經濟制度的靈活性：這個極其重要的課題，一直是下面這些人研究的主題：H. L. Keus, *De ondernemer en zijn social-economische problemen*〔哈倫（Haarlem），1942〕；艾倫·費雪，同前面「充分就業」那個註的引書；國際聯盟，《戰後世界經濟的穩定》，同前面經濟波動那個註的引書；Madeleine Jaccard, *La mobilité de la main d'oeuvre et les problèmes du chômage et de la pénurie de travailleurs*（洛桑，1945）；赫特（W. H. Hutt），《重建的計畫》（*Plan for Reconstruction*）（倫敦，1943）。該領域對於當前問題的探討，也請參閱拙著《人道的經濟社會》，同本書第二章經濟學與倫理學那個註的引書。

investment）。一旦繁榮時期進入通貨膨脹的危險區域時，就必須透過採取適當的貨幣、信用和預算政策的措施來抑制投資。另一方面，在蕭條時期，就應該採取「充分就業」（full employment）學派所提倡的那些激烈方法來刺激投資。只有在絕對必要的時候，且唯有在那個時候才這樣做，但充分就業學派卻認爲這些措施適用於任何時期。

3. 然而，在蕭條時期刺激投資的這種方法也許是無濟於事的。的確，如果因爲過高的工資和社會需要、政府對經濟生活方面的干預政策愈來愈多，以及獨占的僵固等這些因素的結合，而阻斷企業家的投資意願，則儲蓄大大超過投資的現象，可能成爲一種永久的趨勢。在這種情況下，即使在正常時期也需要有很大膽識才會進行的投資，由於對未來的所有計算都不確定，會變爲一項風險更大的事情，可能使企業損失很多，但獲利卻很少。重稅、強行減少股利、工會獨占的無情剝削（其後果必須由不那麼冷酷、組織不那麼嚴密的工人來承擔）、政府在制定經濟及社會政策時，不固守原則、例行的補貼、進一步社會化的威脅，使人們都無法確定明天是否可以收穫到今天播種的東西、無視個人權利和自由、在國際貿易政策及貨幣政策上，完全任意而爲——所有這些都可能被認爲是非常進步的，而相反卻被貼上了「反動」（reactionary）的標籤。但是，如果在這種情況下，投資未能達到預期，結果就業機會也像我們所熟知的那樣，這就不足爲奇了。從這些言論當中，我們可以推斷出一個積極的穩定政策應該具有什麼樣的因素。

4. 如果我們認爲穩定的問題，可用我們到此爲止所提的那些措施來解決的話，那就大錯特錯了。即使在最順利的情況

下，我們也必須要考慮到經濟狀況相當多的波動。因此，我們所面對的工作，最好用下面這個例子來說明。順利的駕駛取決於兩個條件：道路是否平坦和車上所配備的那些彈簧品質如何。道路永遠不會平坦到車子可以不用彈簧；然而，道路愈崎嶇，彈簧就必須要愈好。把這個例子應用到我們經濟穩定的問題上，我們發現到目前為止，我們一直在關心道路的平坦以及使道路更平坦所需要的方法。但是，正如我們不能指望找到不需要彈簧的道路一樣，我們也不能指望獲得完全的經濟穩定。事實上，可以預見的是，未來的經濟公路上總會有若干坑洞。因此，在經濟生活方面，我們得要注意為自己裝備一套較好的彈簧，以確保每個人更能抵禦不可避免的衝擊。從此，我們看到了一項越過景氣循環的政策大綱，該政策旨在經由反集中化、去無產階級化、讓人們擁有能安身立命的資源、鼓勵小農和小企業、尊重財產所有權、加強中產階級，以緩和我們這個無產階級化、集中化、大眾化社會的不穩定性。這樣，就有可能在這個社會內部裝設一套彈簧，藉助這套彈簧，該社會即使是有最嚴重的經濟衝擊，也可以挺過恐慌、貧困和士氣低落的情況。

第 3 節　凱因斯主義的影響

約翰·梅納德·凱因斯（John Maynard Keynes）於 1946 年去世，享年 62 歲，他不僅是當今這個時代最著名的經濟學家，而且無論從任何標準來看，都必須被視為是二十世紀上半葉主要的大人物之一。第一次世界大戰之後那個時代的歷史，

擺脫不了凱因斯這個獨特的名字，就像擺脫不了愛因斯坦、丘吉爾、羅斯福或希特勒這些人的名字一樣。只有在這個寬廣的透視中，凱因斯的重要性才能全部顯現出來。我們應該如何判斷這個人的影響力呢？他是不是像許多人所稱的是經濟學界的哥白尼（Copernicus），是那個驅趕了傳統僵化的經濟學幽靈，打開繁榮與穩定之門的人呢？還是破壞的比創造的要多，因此他是否引導出今天他可能很想要擺脫的潮流呢？

我們很難對這些問題做出一個簡單的回答。一個公正的判斷不僅要考慮到這個人的多才多藝和個人魅力，也需要剖析那些滋生了我們這個時代經濟學大部分的爭議，甚至是讓經濟學專家們都躊躇不前的問題。我們可以從這個精力旺盛、衝勁十足和文風敏感的人，他的一個特徵開始說明：他在重要問題上改變立場的大師般的能力，使他一下子就可以改變在不久前才努力捍衛的那些立場。我們很難看出在《和平的經濟後果》（*The Economic Consequences of the Peace*）（1919 年）的作者和在《曼徹斯特前衛周刊》（*Manchester Guardian*）一系列關於重建的著名文章——這些著作在二〇年代初代表自由貿易計畫和馬爾薩斯的自由主義——與後來宣布「自由放任主義的終結」（end of laissez-faire）的作者是同一個人，他用極其薄弱的論據，來支持經濟自給自足主義，而為他自己的國家⑧以及別國轉為經濟的和貨幣的國家主義，提供了理論基礎。的確，在國家社會主義時期的德國，凱因斯成為他們經濟政策

---

⑧ 編譯者註：即英國。

的理論權威，這是他的命運；起初他甚至對此還覺得有些明顯的自滿，無論如何，他並未明確地否認過此點。蘊含神經質的活力、巨大的著作能力、喜怒無常、辯論的精湛技巧、在變換立場時的傲慢不在乎——這些都是凱因斯人格的主要特徵。

然而，在兩個基本方面，凱因斯比他的外表看上去更加一致。儘管他對「資本主義」（capitalism）提出了很多的批評，但他從未成為社會主義者。他一直都是一個自由主義者，自稱忠於民主自由，並堅信以他自己的獨特方式可以促進民主自由。另一個一致的方面，是他相信必須從我們這個經濟制度的金融機構和貨幣機構的組織中去找這個經濟制度的真正的缺陷，才能找出來，這個信念源自於他在貨幣理論不斷展開的研究。為了改善該組織，他提出了一些建議，從溫和的《貨幣改革的綱領》（*Tract on Monetary Reform*）（1923 年），到最後一部偉大著作《就業、利息和貨幣的一般理論》（*The General Theory of Employment, Interest and Money*）（1936 年）中激進的主張。

這裡不是要詳細的評估凱因斯這些著作在理論進步所做的貢獻。毫無疑問地，他所做的貢獻是相當多的。同時，也正因為他對他所處時代的影響是如此之深，所以我們有必要追問其試圖改善既有經濟制度，讓它運作的理論和建議之實際效果，是否最終反而起到了削弱其基礎的效果——因此凱因斯必須被列為他內心最忠誠擁護的自由民主秩序的掘墓人之一。

有人可能會認為，有時採取激烈增加貨幣供給量的措施可以防止災難；但是，像凱因斯這樣的經濟學界的領袖人物，不能運用他的權威，讓所有政府長期都採取膨脹性的政策，而不

受到譴責。人們也許會認為，在某些情況下，政府債務增加的弊端較小；但是，把這種臨時性的措施變成常態時，是要受到譴責的。當所有想要迅速結束失業的努力都證明是無用時——就像 1931～1932 年的大蕭條那樣——因此必須增加貨幣供給來提高「有效需要」（effective demand），這是可能發生的；但是，從長遠來看，如果經濟生活要不受到持續的通貨膨脹所威脅的話，則人們不能以毫無掩飾的輕蔑態度，來對待我們生活所要依賴的那些既定的規則和制度，而不受到譴責。人們可以在儲蓄的機制當中，發現一些需要特別注意的問題，而這些問題被早期較幸運的幾代人所忽視；但若剝奪以下這樣一種感覺，是要受到譴責的，即儲蓄是正確的，為自己和家人預留一筆錢，而不是把所有的錢都花掉，然後在需要的時候，再求助於所有的人中最會花錢的政府。正如在公海上遇到一場暴風雨的船隻可能需要砍掉船杆，並把貨物扔到海裡一樣，在經濟生活中也會有颶風，需要我們暫時放棄自由貿易的一些原則；但是，以下的主張也並非不必受譴責的：一旦這些原則妨礙了「充分就業」（full employment）的政策時，立刻就宣布這些原則是「過時的」（out of date）。充分就業這個學說，在大蕭條的衝擊之後，已經變得像被鄙視的「舊經濟學」（old economics）所持有的任何觀點那樣的無彈性了。的確，競爭、市場自由、工資彈性和審慎的財政政策，並非就一定都能保證繁榮和穩定；的確，在某些特殊情況下，我們必須放棄這些優越的原則，而採取其他例外的措施；但也不能因此就毫無顧忌地向大眾宣布，今後可以不受約束地放棄這些原則了。

　　當我們描繪了凱因斯全部而極具影響力的一生中令人印

象深刻的大概情況後，這些苦樂參半的反思就會浮現在腦海中。因為他擁有如此敏銳的智力、如此吸引人的個性，他的教義因此而變得更加誘惑人，所以他所造成的傷害也就更大了。因此，他讓新一代人習慣了他的那種經濟邏輯，這種經濟邏輯只圍繞在如何才能最牢固地把「有效需要」（effective demand）維持在最高的水準這一問題上，而戰後真正的問題是如何才能及時把膨脹性的繁榮剎住。從最終的後果來看，他所做的事情還有更嚴重的。他不僅摧毀了腐朽的東西，而且經由對經濟實用主義的宣揚和對道德─政治領域那些根深柢固的原則的攻擊，他成為道德標準、行為規範和處世原則等這些東西敗壞的主要推動者之一，我們這個時代社會危機的真正核心就在於此。歸根究柢，他的經濟政策的大意在於說：以輕鬆的心情去做你迄今為止認為是罪過的事情！凱因斯在經濟理論和經濟策略層面的成就是否是正確的以及正確到何種程度，將是未來很長一段時間爭論的主題；但從社會哲學和政治倫理這個較高層次上來看，他是非常錯的，這一點已經是足夠清楚了。

　　凱因斯不僅宣揚這些事情，而且顯然是安然地以救世主的情懷在宣揚的，的確這種情懷已變成為其眾多門徒的特徵了。這種情懷有較深層次的解釋，這個解釋必須在這個人的類型以及在他所代表的哲學典型中才能尋得。這樣一個非凡的人（從最好的意義上來講）、才智如此廣泛，既是學者，又是藝術家和組織者，怎麼會同時對道德─政治的一些條件如此漠視呢？從長期看來，即使在較狹窄的經濟學領域中，這些道德─政治的條件也比巧妙的貨幣公式更重要，因為沒有這些條件，人類社會就不可能存在。

　　爲了要充分理解這種人和我們在這裡所涉及到的這種哲學，把凱因斯與亞當·史密斯進行比較是有用的。至少從影響的深度和程度上來看，這兩個人有驚人的相似。此外，史密斯和凱因斯兩人的興趣都遠遠超出經濟學的範圍。然而，史密斯留給我們的，除了他的巨著《原富》⑨（ *The Wealth of Nations,* 1776）之外，還有一本《道德情感論》（ *Theory of Moral Sentiments,* 1759），後一本書揭示了他被誤解很深的經濟學說的全部道德哲學基礎。凱因斯留給我們的，除了他的一些經濟學的著作之外，還有一本關於機率論的專著〔《機率論》（ *A Treatise on Probability,* 1921）〕。史密斯的《原富》一書原本訂爲一部關於人類文化史的巨著，經濟學只是知識、道德和社會的歷史生活這個大整體一個有機的部分；對凱因斯來說，經濟學是數理學（mathematical-mechanical universe）的一部分。一個是十八世紀人文主義精神的代表者；另一個是二十世紀幾何學精神的代表者；一個是自然神論的道德家，另一個是實證科學的倡導者。對於亞當·史密斯來說，人類社會和人類的經濟是一隻「看不見的手」（invisible hand）運作的結果，在這當中是有一種內在邏輯的活生生的秩序，這種秩序是人的心靈可以理解、甚至可以破壞，但卻無法複製的；對於凱因斯來說，經濟和社會是機械量子所形成的，可以由一個具有無所不能的技術者的智能精確的測量和指導。亞當·史密斯的教義是一個充滿希望的開端；而凱因斯的教義則是個解體過程的終

---

⑨ 編譯者註：即俗稱的《國富論》。

結，在這個過程中，一個完全理性主義社會的危機終於表現出來了。在較低的經濟學層面上來看，從亞當‧史密斯到凱因斯這條道路的演變，無疑地有許多方面是進步的；但在整體智力和精神發展的這個較高的層次上來說，同樣可以肯定的是，這條道路是反動和倒退的。

凱因斯在他生命的最後時刻，憂心忡忡地致力於抑制其追隨者的過分狂熱，不過在這個事情上，幾乎沒有什麼效果。而令人厭煩的是，過了一段時間之後，又聽到有人反覆肯定地說，如果凱因斯還活著的話，他本人就會對「凱因斯主義」（Keynesianism）做必要的修正。情況可能就是這樣。另一方面，凱因斯主義遺產的真正悲劇在於，凱因斯所認為的知識的「流動資本」（working capital）（即容易從為一個理想服務轉而為另一個理想服務的思想），為其門徒改變為知識的「固定資本」（fixed capital），這種資本的利潤受到包括排除獨占的一切可用手段來保護。凱因斯沒考慮到其著作和教義這一致命的後果，這是要受到責備的。

戰後出現的一個事實是，凱因斯主義者愈是堅定地尋求把這位大師的一些教義奉為唯一正統的經濟學，實際經濟的情況就愈決然地脫離凱因斯所假設條件的要求。這個事實對凱因斯的學說來說，是奇特的，也是有失體面的。凱因斯的教義在處理戰後長期通貨膨脹方面的這種不足，若非為大多數經濟學家，也是為大多數政府所感到痛苦的。這一教義也未能闡明這樣一個事實，即為何在此一時期，正是那些受凱因斯學說影響最小的非通貨膨脹經濟社會達成了最顯著的成長率、就業率和穩定性，而那些通貨膨脹的經濟社會（尤其是英、美），相比

之下則是停滯不前。的確，這些戰後的發展對凱因斯學說聲譽的損傷是如此之大，以致於有些人就致力於把這個思想觀念轉為一種純粹的邏輯機制，以便能夠從對抗通貨緊縮轉為對抗通貨膨脹，這些努力是完全可以理解的。當然，當這樣做了之後，仍然聲稱教導了新方法的凱因斯學說教義是純潔之光，則如果我們這些科學正統主義者對如此大的靈活性，表現出一些驚訝的話，這是可以原諒的。多年以來，當向「新經濟學」（new economics）的代表們指出那個終於成真的威脅（通貨膨脹）之後，我們發現自己很難習慣於用相同的「新經濟學」（new economics）的語言，來裝飾我們的分析和處方了。既然如此，至少可以容許對此發表一些評論。

首先，我們可以欣然地承認，把凱因斯學說作為一種邏輯工具，作為追求充分就業的國家對抗通貨膨脹的簡單技術來使用，至少在某一個方面上是（並且曾經是）完全正當的。那些非凱因斯學派的學者說，當一些國家「入不敷出」（living beyond their means）時，他們自己有時也主張利用這些工具。所謂入不敷出是指消費和投資所構成的總支出為該經濟產出所創造的購買力，超過當前價格所能提供的產出，隨之而來的就會出現膨脹缺口和國際收支赤字。儘管我們承認總體經濟的概念已被「新經濟學」（new economics）所改良了，不過這些概念同樣也來自於「舊經濟學」（old economics）。

但是，在做出了這些讓步並朝著這些讓步而邁出一步之後，可以合理地期望「新經濟學」（new economics）的代表們會坦率地承認：第一、他們所熱情持有的那些意識型態已經證明實際上僅是一種邏輯技術；第二、如果在戰後時期有必要

把這種技術應用於與凱因斯心目中截然相反的情況，這個情勢的本身主要是由於凱因斯主義意識型態的影響，凱因斯主義特別強調通貨緊縮的恐懼、不惜一切代價達到充分就業，以及不受限制的政府支出。

　　正是上述的後一種情況顯示了，根據情況而無偏祖地把「新經濟學」（new economics）的邏輯工具應用於通貨膨脹或通貨緊縮，這是非常困難的。即使在最順利的情況下，凱因斯學說也隱約地傾向於通貨膨脹的主張。一旦出現擾亂，特別是伴隨著失業和景氣緊縮而來的擾亂，這種通貨膨脹的主張就變得具有致命性，失業和景氣萎縮似乎構成了「通貨緊縮」（deflation）的擾亂。擾亂可能不是由於該經濟的一些總量之間的不平衡（「新經濟學」認為是那樣），而（按「舊經濟學」的說法）是因為一些錯誤的價值——價格或工資——以及錯誤的生產要素的配置。那怎麼辦呢？工資上漲導致失業是怎麼一種情況呢？最重要的是：通貨膨脹造成的過度就業的減少，通常會伴隨著假的緊縮現象，這種情況的應對計畫是什麼呢？

　　我們知道，即使在新經濟學被簡化為一種純粹的中立邏輯技術之處，即使它發現自己與「舊經濟學」（old economics）的一些規定相一致，想要使兩者結合也比乍看之下要難得多。除非「新經濟學」（new economics）的代表們決定放棄他們的理論和方法是唯一有效的這個主張，且除非他們所放棄的主張比他們已經放棄的主張還要多一些，否則這種結合無論如何都不會發生。

　　透過持續操縱總體經濟的一些變數，就可以一下子抵銷通貨緊縮的趨勢，一下子又抵銷通貨膨脹的趨勢，這種概念是

極具吸引力的。然而，「新經濟學」（new economics）對此概念並未享有絕對的專利權。從一開始，這種概念就是合理的經濟政策的一個標誌。但是，只要不徹底清除所有「凱因斯學說」的遺跡，這種概念就仍然是一種誤導和危險的想法。因為不可避免地會發現凱因斯學說者會從望遠鏡相反的一端來觀察通貨膨脹，而通過放大鏡來觀察通貨緊縮。因此，這個原本有用的概念——只要完全關注於總體經濟學，它就仍然只是在「新經濟學」（new economics）的控制之中——就會成為既扭曲通貨緊縮，又扭曲通貨膨脹性質那種思想觀念的俘虜。在戰後，即使是觀察力較敏銳的那些「新經濟學」（new economics）的代表們，也需要如此長的時間、如此多的爭論以及如此多的通貨膨脹，才能說服他們從反通貨緊縮轉向反通貨膨脹，這一情況本身就說明了這整個學派內在的傾向。在凱因斯和他的追隨者如此巧妙設計的邏輯機制中，我們當然會看到一個通貨膨脹的煞車器。但是這個煞車器是如此建造的，即只有在達到速度極快時才會被踩下，而且一旦煞車動作稍有一點失靈，這個煞車器就會馬上放鬆，因而有造成進一步致命的傾向。

總而言之，在凱因斯的教義中，我們發現了一個人的社會哲學讓他相信，自己有能力「改造」（making over）社會和這個經濟，此人是以他所謂的現代作風和進步性為榮的。我們還發現了一個人，他已忘記了人的靈魂和在人的社會當中那些神祕的力量，是無法用數學方程式來表達的，也不能被限制在統計數據或經濟計畫的規程當中。凱因斯教義的這一特點在很大程度上解釋了，何以這些教義在那些偏愛社會計畫和極為懷

疑個人自由的國家和政黨中特別受歡迎。一個人的出身背景、
習慣、生活方式和社會環境，愈是阻礙他看到我們文明的真正
禍害是在於我們的生活、我們的社會和我們的思維方式極其反
常的特徵——而不是在於缺乏充分的能力，以擴大政府的預算
赤字、壓低利率、促進「有效需要」（effective demand）、
使匯率具有彈性和操縱國際收支——他就愈容易受到凱因斯那
些時髦的學說所影響。相反地，這些學說的成功向我們展示了
認為它們很有吸引力的人是何其的多，也展示了可以在這麼多
人當中孕育出這些學說的這個時代是何其的病態。基於所有這
些理由，我們可以期待能夠衡量社會恢復的進度（我們認為已
經可以看到其恢復的最初跡象了），部分是要看成功地擺脫凱
因斯學說魔咒，以及不僅認出凱因斯學說在經濟上的弱點，
同時也認出其社會哲學錯誤的人數。⑩這樣，大家才有可能客觀

---

⑩「凱因斯主義」（Keynesianism）：凱因斯的理論〔「凱因斯主義」
（Keynesianism）〕長期以來一直主導著經濟波動這方面的辯論和對
策，並對「充分就業」（full employment）問題進行了許多禁不起批
判的分析，這些理論受到愈來愈尖銳，甚至是毀滅性的批評。見 L.
A. Hahn，《一望而知的經濟學》（Common Sense Economics）（紐
約，1956）；L. A. Hahn, Geld und Kredit〔法蘭克福（Frankfurt am
Main），1960〕；亨利‧哈茲利特，《「新經濟學」的失敗，對凱因
斯謬論的分析》（The Failure of the "New Economics", An Analysis
of the Keynesian Fallacies）（紐約，1959）；亨利‧哈茲利特（編
輯），《對凱因斯學派經濟學的評論》（The Critics of Keynesian
Economics）（紐約，1960）；洛卜克，《人道的經濟社會》（芝

地、不帶感情地評價凱因斯的眞正貢獻，這些貢獻既融合了宏
偉的成分，也有悲劇的成分。本書的最後一章將闡述這一點。

加哥，1960）；W. Röpke, Was lehrt Keynes? 收集在 *Gegen die Brandung* 中，同本章「充分就業」（Full Employment）這個註；戴維・麥考德・萊特（David McCord Wright），《凱因斯學派的體系》（*The Keynesian System*）（紐約，1962）。

第九章

經濟結構；經濟學與世界危機

遺憾的是，哲學家和改革家都無法建立他們共和政體和改革的模型，因爲這需要高度的哲學思辨能力，才能預測到這樣的計畫無法奏效。另一方面，只需要結合大膽和熱情，就可以讓爲數眾多的天真的人民，用他們祖傳的土地來換取如浮雲般的南海的股票。

—— 利希滕貝格（G. CH. LICHTENBERG）（1742～1799）

第 1 節　我們這個經濟制度的結構和機制

這本書爲自己設定了這樣一個艱鉅的任務，即描述這個經濟制度的各個部分以及這些部分如何協同運作。如果作者能夠自由發洩自己的感情，並且出於他對我們這個經濟制度許多墮落的反感，而建立起一個對付該制度的利器，最後甚至要求完全推翻該制度，他的工作就會較輕鬆，至於他是否可以討好許多當代的讀者，那就確實值得懷疑了。但是，這些墮落對每個人來說都如此的明顯，都如此的廣泛，也都是極度激情的文學的主題，以致於學者有責任強調該圖像的另一面，而把討論導回到對我們經濟制度「基礎」（foundations）的了解。因此，以下的問題就變得很明顯了，亦即這些墮落特徵中的許多，實際上是與對構成我們經濟結構的真實特徵的了解嚴重缺乏有著密切的關聯。

只是憤慨，或只是對經濟革命狂熱的企求，是無濟於事的。一般人非常容易屈從於這種情緒的衝動，因爲對已經擁有的東西不屑一顧，而爲自己想要擁有，卻未擁有的東西想得特

別完美，這是正常人的一種特徵。然而，意識到自己責任重大的經濟學家，其首要的職責就是全力反對這種自然的傾向，而確切地了解兩件事：我們所擁有的經濟制度和我們所想要建立，以替代已有的經濟制度。下一步就是把這種對經濟結構真實性質的深入洞察力，應用於找到可以擺脫其不完美和墮落，並增強，而不是減弱其運作功能的方法。唯有在採取這一步之後，我們才能在我們的經濟制度和或多或少的集體主義制度之間自由地做選擇，因為只有這樣，當我們在選擇其中的一個時，才能完全知道我們所將放棄的一切，以及我們所將獲得的一切。如果我們關心同胞的福利的話，我們就不應該冒險放棄一個我們甚至沒有費心研究過其結構的經濟制度，而接受一個迄今為止只存在於我們過度興奮的想像和可能會殘酷地欺騙我們的希望的制度。

　　以下這才是真正令人感到不安的現象：在任何一個國家，真正了解我們經濟制度本質的人是何其地少。事實上，這也不足為奇，因為只有依賴對經濟社會相互關係，進行耐心和徹底研究的一門學科，才能讓我們獲有這樣的了解。這種經濟相互關係無時無刻不受到外來的擾亂 —— 今天這種擾亂比以往任何時候都要多（這一點我們稍後會再回來討論）。但是，有多少人會願意為這樣的研究付出努力呢？這個人數如此之少，其本身就是令人擔憂的一個問題，因為絕大多數對我們的經濟制度進行隨機判斷的人，都試圖把那些真正理解該制度的少數人，貶低為無知和有偏見的人 —— 這是在其他學科都不會遇到的一種奇觀。我們這個時代對自己的經濟制度知道得如此之少，這一事實也許就是為何這個世界處於目前如此可悲的狀況最重要

的理由。

我們的經濟制度之所以被大多數人誤解，也許是因為他們把該制度的某些較令人費解的現象看做是「資本主義」（capitalism）的不良產物。事實是這樣的，我們所討論的現象可能都隱藏著每個經濟制度必須實現的某種有用的功能，或者這些現象可能被證明是任何經濟制度或多或少不可避免的因子。①某些事情被認為是獨特的歷史事件，但其實，我們發現這些歷史事件在每個時代和每個經濟發展的階段都不斷地重複出現。我們在探索的過程當中，是如此經常地遇到這種邏輯上的謬誤，以致於只要幾句話就足以把它講清楚了。在前一章中，我們詳細討論了由極端分工所引起的所有危險和擾亂。既然我們的經濟制度是歷史上第一個以十分差異化的分工為特徵的經

---

① 「資本主義」（Capitalism）：讀者將會注意到，這種指稱我們經濟制度的通俗名詞，在本書的正文中很少使用，若用到的話，通常都是用引號將之括起來。對於這個做法，是有充分的理由的。正如馬克思主義所創造和傳播的那樣，該用語至今仍保留了充滿仇恨的意義和階級鬥爭的色彩，以致於其在科學討論中已變得極為不適用了。此外，它對我們經濟制度的真正本質，只提供了一個非常模糊的概念。它沒有增進理解，而只是激起了人們的情緒，混淆了事實。沃爾特·歐肯（Walter Eucken）在明確定義經濟制度以及資本主義一詞所做的努力，值得特別的讚揚；請參見他的《經濟學的基礎》（倫敦，1951）。另見 Alexander Rüstow, *Ortsbestimmung der Gegenwart*，卷3〔埃倫巴赫（Erlenbach-Zurich），1957〕，頁159及其後相關的部分；W. Röpke, *Civitas Humana*（倫敦，1948）。

濟制度，現在有許多人很容易把由此而產生的不利因素都歸咎於我們這個經濟制度，並向集體主義（社會主義）尋求解決的方案，而沒有意識到這樣做是混淆了兩個不同的東西。他們混淆了高度差異化的分工原則（與前資本主義經濟制度相比，我們的經濟制度和集體主義經濟制度都具有這種特點）和那種把集體主義經濟制度與我們的經濟制度區分開來的單純的協調方法。他們對我們的經濟制度感到反感，認為該制度是集中化的、矯揉造作的、複雜的和難以理解的。由於集體主義看似與這種經濟制度相反，他們就認為集體主義會讓我們擺脫這些弊端，這是可以預料得到的必然的結論。他們未曾意識到，與我們的經濟制度相比，集體主義的經濟制度更難以避免這些過分差異所帶來的弊害，因為兩者都是同一個經濟史時代的產物。他們更未意識到，集體主義制度更有可能使我們遠離經濟史的理想階段，而這個階段是當世界過渡到資本主義時將其留下的。因此，當那些不知厭倦地攻擊我們這個經濟制度的工業化、無產階級化和城市化、唯理主義、機械化和矯揉造作等特徵的同一批人，卻尋求以比我們現有的結構還要唯理主義、還要機械化、還要矯揉造作的計畫經濟和集中組織來拯救我們時，就非常令人不解了。這難道不是說明了受崩雪所害的人，不掙扎著從雪中挖掘出一條路來，反而因為他們已經喪失辨識哪條路是向上和哪條是向下的能力，而把自己埋得更深嗎？今天有很大一部分的人，似乎都陷於這種不幸的境地當中了。

正如這些思考所顯示的那樣，在沒有清楚地認識到集體主義制度取代我們的經濟制度只會改變許多現象的形式，而不會改變其實質的情況下，總會有誤判我們的經濟制度的傾向。

這一事實使得我們更懷疑這樣的改變是否會較好。因此，那些在廣告費和分銷成本費上大肆批判的人，卻沒有考慮到集體主義經濟制度也必須要建立一個機制，以分配貨物（包括宣傳）這些相應的成本。那麼，唯一的問題就是，集體主義經濟制度中的這些成本是否會低於現有制度下的成本？我們有足夠的理由，相信它們會較高。此外，在大產業當中，我們更發現了另一個例子，其中最讓人不愉快的就是抱怨工作的喪失人性和工人的依賴性。這種抱怨也是錯的。然而很明顯的是，大產業中的生產技術肯定會被集體主義國家所接受，結果工人的依賴性實際上會更大，因為他再也不能夠在不同雇主之間進行選擇。正如蘇聯農業集體化所顯示的那樣，我們預料到大規模生產技術一定會擴展到在我們的經濟制度中那些迄今為止成功保留下來的小企業形式的那些領域當中。這種預期得到了以下事實的支持：每個極權主義國家出於政治原因，對把依賴、容易狂熱和控制的群眾聚集在一起，總是都有著濃厚的興趣。

最後，從前面的章節中，我們知道諸如成本、價格、利潤率、利息和地租之類的現象，絕不能被解釋為「資本主義」（capitalism）邪惡的發明物。相反地，這些東西構成了一種巧妙而易懂的機制，幫助任何經濟制度完成了所面臨的那些工作。這些東西共同構成了實現總體經濟均衡所需要的那套機制，集體主義國家也必須要找到一個等同的機制，儘管正如我們已經看到的那樣，集體主義國家極不可能做到這一點。

看來，雖然有很多人對我們經濟制度的調節機制有清楚的認識，但在正確認識到利潤原理於生產方面所發揮的主導作用時，卻特別的困難。他們十分憤慨於一切都以犧牲社會為代

價，來強調個人利益的事情，在對於貪婪和高利貸的憤怒中，他們感到在利潤原理主導的背後隱約存在著不道德的東西。實際上，事情遠比看起來錯綜複雜許多。的確，一如既往那樣，今天的人還是努力於追求滿足他們最大的慾望，但這些慾望也一如既往那樣彼此截然不同。有的人追求榮譽和權力，有的人追求適度的幸福，還有的人則滿足於爲公益服務，而其他人則只純粹地追求滿足他們最大的物質慾望。但是，所有的人都害怕貧窮和社會的墮落。因此，利潤因素在生產中所發揮的主導作用，並不能證明今天經濟活動的動機較其他時代差異少。這種情況只是顯示，在利潤原理中，我們有一個確定的、不可或缺的標準，來判斷任何特定的企業是否適合國民經濟的條件。利潤原理的主導作用，只是告訴我們一個適應於這種環境的企業家，能夠得到市場的獎勵；不能適應於這種環境，他就會受到市場的懲罰。報酬之高與懲罰之重是一樣的，但正是這樣，我們才能確保選出那些有資格指導生產過程的人。而且由於對損失的恐懼，似乎比對利得的渴望更重要，因此可以說我們的經濟制度（歸根究柢）是由破產所控制的。集體主義國家也必須找到一個同等的控制原理：它必須建立另一個成功的標準，並建立另一個選擇生產經理人的制度，以取代利潤制度。能否找到這樣一個同等的制度是非常值得懷疑的。無論如何，那些指導生產的人（企業家）親自享受個人成功的果實，並親自承受失敗帶來的所有損失，這是我們這個經濟制度中最重要的原則之一。我們很難證明這是不自然的或毫無用處的。

　　但所有這一切都只在一個條件下才成立，如果我們要了解我們的經濟制度，以及其在最近所遭受「扭曲」（distortion）

之真實程度，我們就必須盡一切努力來掌握此條件的重要性。唯有在提供同等經濟勞務作為報酬的條件下，才能邁向有利潤的道路。同時，必須保證經營績效不好的，會以虧損的方式，受到無情的懲罰，最後會在破產程序中把那些不稱職的人，從生產負責人的行列中剔除。同樣地，也必須要防止使用不正當手段謀取所得（沒有相應的勞務）和逃避來自於績效不好的懲罰，而把損失轉移到他人身上的事情。為了滿足這個條件，我們的經濟制度安排了兩種方法。第一是責任和風險（利得和損失的機會）緊密結合在一起。在這裡，我們碰到了現代經濟制度中最令人不安的缺陷之一。公司的發展所出現的一些濫用行為，雖然經常被討論到，但遺憾的是卻很少得到補救的這個事實，已經讓其風險愈加由社會來承擔了〔「損失社會化」（socialization of losses）〕。這種情況和許多其他的發展，已經顯著地弱化了責任與風險「結合的原理」（coupling principle）。這種情況在任何一種真正有效的經濟改革計畫中，顯然必須得到主要的關注。第二種方法就是「競爭」（competition）這個讀者已經熟悉的方法。這方面也同樣出現了一些令人不安的問題。儘管競爭暗示了所有的困難，儘管競爭包含了所有公認的嚴重問題，但是我們的經濟制度是與競爭成敗與共的，因為只有競爭才能截斷巨大的私利，而把該些利益轉變為有利於公益的力量。競爭確保只有提供同等勞務，才能踏上盈利的那條道路（從商之道）。那麼，限制競爭就是危害經濟的互惠原則。如果弄清楚這一點的話，那麼就必須要正視這樣的結論，亦即獨占的成長表示我們經濟制度的外形，有其嚴重的毀壞。政府可以透過大力反限制競爭和謹慎避免有利

於形成獨占的經濟政策，有效地打擊獨占。[2]然而，為此，就必

---

② 競爭，作為經濟政策的一個問題：在最近的文獻中，競爭的問題，
包括其功能、條件、制度架構和發展趨勢，受到愈來愈多的關注，
這是正確的，因為我們制度當前危機的所有其他症狀，正是這個中
心問題所引起的。我們這個經濟制度的這個關鍵問題的混淆，是
一些頭腦不清楚的人和一些獨占利益所造成的，這些混淆現在正
在逐漸的消除。令人振奮的是，現在人們已經認識到 —— 與所謂的
不可避免的進化過程相反 —— 我們的經濟制度歸根究柢只能在競爭
制度中繼續存在。請參見 F. Böhm, *Wettbewerb und Monopolkampf*
（柏林，1933）；奈特，《競爭的倫理》（倫敦，1935）；瑞茲
拉夫（C. J. Ratzlaff），《自由競爭的理論》（*The Theory of Free
Competition*）（費城，1936）；赫特（W. H. Hutt），《經濟學家和
大眾，一個競爭與輿論的研究》（*Economists and the Public, a Study
of Competition and Opinion*）（倫敦，1936）；L. Einaudi, Economia
di concorrenza e capitalismo storico. La terza via fra i secoli XVIII e
XIX, *Revista di Storia Economica*〔杜林（Turin），1942 年 6 月〕；
W. Eucken, *Wettbewerb als Grundprinzip der Wirtschaftsverfassung*
（慕尼黑，1942）；〈臨時國家經濟委員會專著〉（Monographs
of the Temporary National Economic Committee）（華盛頓特區，
1940/1941）；克拉克，《農奴制的替代制度》（*Alternative to
Serfdom*）（紐約，1948）；阿諾德（T. W. Arnold），《企業的瓶
頸》（*The Bottlenecks of Business*）（紐約，1940）；C. v. Dietze,
Landwirtschaft und Wettbewerbsordnung, *Schmollers Jahrbuch*, 1942,
No. 2；洛卜克，《我們這個時代的社會危機》（1950，芝加哥）；
W. Röpke, *Civitas Humana*，同前面資本主義那個註。華爾特・利普

須要有一個強大的政府——公正且強大——站在各種經濟利益的衝突之上，這與人們普遍認為的「資本主義」（capitalism）唯有在政府很弱的情況下才能興盛的觀點完全相反。政府不僅要強大，更要強大到不為任何意識型態所動，必須要清楚地認識到自己的任務，是要捍衛「資本主義」（capitalism），以對抗以下這樣的一些「資本家」（capitalists）。這些資本家們試圖走一條較安逸的盈利之路，而不是走一條「服務原則」（principle of service）所指示的路，且把他們的損失轉移到社會身上，讓社會承擔。

政府在某些方面確實應該要強大，才能促成市場機能的順暢運作。臺灣在清治時代及日治時代政府在治臺政策上的態度積極與否，產生了經濟發展程度的截然不同，可以做為洛卜克這一點的進一步詮釋。清治時代臺灣雖然整體 GDP 有成長，但平均每年每人 GDP 大體上可以說是維持不變的。而日治時代在 1911～1940 年間，平均每人每年實質 GDP 成長率為

曼，《良善的社會》（波士頓，1937）；L. Miksch, *Wettbewerb als Aufgabe*（第二版；Godesberg, 1947）；愛德華茲（C. D. Edwards），《保持競爭》（*Maintaining Competition*）（紐約，1949）；格里芬，《解決反托拉斯問題的經濟方法》（*An Economic Approach to Antitrust Problems*）（紐約，1951）；*ORDO, Jahrbuch für die Ordnung von Wirtschaft und Gesellschaft*〔自 1948 年以來每年都出版，杜塞道夫（Düsseldorf）〕，其中有 F. Böhm, W. Eucken 等人所發表的重要文章；另請參見 W. Röpke, Wettbewerb-Konkurrenzsystem, *Handwörterbuch der Sozialwissenschaften*。

1.91%。這與兩個時代政府治臺政策上的不同有相當的關係，我們將在下一節對這兩個時代政府治理臺灣態度的不同再進一步說明。

　　這些想法應該有助於我們釐清另一個普遍存在的誤解。這個誤解認為我們的經濟制度是一個基於「為利潤而生產」（production for profit）的制度，在其中，純粹的盈利能力決定了應該生產什麼；而集體主義經濟制度則保證「為使用而生產」（production for use），即以人類的需要為導向而生產的。然而，到目前為止，我們的一些研究卻顯示，只要服務原則受到競爭的保護，我們目前的經濟秩序就可以保證「為使用而生產」，因為市場的微妙和不腐敗的天秤會決定什麼才是有利可圖，什麼是無利可圖的。簡單地說，這意味著服務原則與消費者主權是同義詞。當消費者的慾望經由該原則的簡單運作，而激勵生產者去生產最大量的產出時，不就可以描述我們的經濟制度是為使用而生產的嗎？即使我們沒有更大的權利，把我們的經濟制度描述為是為使用而生產的，但是否一個集體主義的經濟，即使承認其領導人擁有最好的意圖，能否以人群的「需要」（needs）為導向，從成熟的推理和經驗來看，這也是值得懷疑的。如果我們檢視集體主義國家的實際情況，無論是已經崩潰的國家，還是那些目前仍在的國家，把集體主義描述為「為使用而生產」（production for use），這難道不是一大諷刺嗎？

　　在過去的十年中，對於這個陳舊問題的回答，其觀點已經發生決定性的轉變了。本書剛面世時，在一些已開發的國家還存在著一種以拙劣方式運作的市場經濟。那麼問題在於，一

方面，如何改善這種經濟秩序，以證明市場經濟儘管有許多缺陷，但仍有可能改革到令人滿意的程度；另一方面，是要去揭露那些誘惑人們寄希望於集體主義的謊言。在此期間，集體主義已經從曾經裝飾著幻想的理想，變成了二十世紀中葉所看到的那種嚴酷的真實情況。讚美它的人不再將之說成是一個烏托邦，也不再把它說成是某個遙遠的天堂，而是把它說成是一個以最徹底的方式，並在各種不同的條件下，反覆進行的試驗，而也已經證明它只不過是戰後時期的「大幻滅」（grand illusion）而已。因此，必須進行辯護的人，不再是市場經濟的發言人，而是集體主義者的發言人了。集體主義者發現自己不得不為集體主義澄清下列五項指控：(1) 集體主義無法令人滿意地解決經濟秩序和生產力的問題；(2) 集體主義與我們自由和正義的基本思想相互衝突；(3) 集體主義沒有指出解決獨占之道，而是必定會把我們帶入一個比私人獨占更糟糕的，且包羅萬象的超級國家獨占；(4) 集體主義與維持國際社會的一些先決條件不相容；(5) 集體主義不可避免地會導致長期的通貨膨脹。一方面，到目前為止，極體主義者還未認真駁斥這五重的指控。另一方面，我們還沒有任何例子可以顯示出集體主義，最終會形成一種真正的秩序，這種秩序可以與自由法治原則為基礎的政府相容，同時也與自由的國際社會秩序相容。③

---

③ 集體主義的危機和經濟秩序的問題：在正文中所概述的觀念，本書作者在他的短文 Die Krise des Kollektivismus (1947) 和《經濟秩序的問題》（開羅，1951）和其著作 Mass und Mitte 一書（蘇黎世，1950）中，已詳細論述過了。關於秩序問題，另請參見羅賓斯，《和平與戰

第2節　臺灣清治時代與日治時代政府治臺態度之不同

上一節倒數第三段說過，臺灣清治時代及日治時代政府治臺政策及態度之不同，產生了截然不同的經濟表現，本節要進一步說明這兩個時代政府治臺政策有何不同。

臺灣在清治時代及日治時代，政府治臺的態度完全不同，產生了截然不同的成果，這呼應了洛卜克上一節所主張的，在某些地方政府的力量要強大。以下敘述這一點。

臺灣在清治時代政府幾乎完全不干預人民的經濟活動，可以說是自由放任的時代。當時人民享有經濟自由權，經濟決策由個人自由決定；資源配置由市場價格決定；享有私有財產權，但這個權利卻沒有得到政府的保護，因此當時的財產權不是現代意義的私有財產權。

那時人民為了保護私有財產，自動自發形成了一些制度來保護自己的財產。例如：當時的墾佃制度、神明會以及郊等制度或組織，都有保護並執行財產權的功能[4]。但是，卻仍然時常為了爭奪財產，而發生械鬥。

此外，當時沒有便利的南北交通網絡，運費高昂。臺灣一

爭中的經濟問題》（*The Economic Problem in Peace and War*）（倫敦，1947）；克拉克，《農奴制的替代制度》，同競爭，作為經濟政策的一個問題那個註。約翰・朱克斯（John Jewkes），《計畫的嚴峻考驗》（*Ordeal by Planning*）（倫敦，1948）；亨利・西蒙斯，《一個自由社會的經濟政策》（芝加哥，1948）。

[4] 編譯者註：關於這些，詳細情況請參考葉淑貞，在臺灣大學經濟系所開授的「臺灣經濟史」一課第二篇的講義。

直到十九世紀末葉，仍無方便的南北陸路交通。當時，若天氣好時，從淡水到臺南大約需要十多天；若天氣不好時，根本就無法到達。⑤

　　沒有統一的貨幣制度。臺灣當時有一、兩百種貨幣，每一種都可作為計價的單位，因此有人說當時根本沒有本位制度。那時雖有銀幣，但卻是粗銀，銀元的元是抽象單位，需輔以秤量制度⑥。度量衡也不統一，因為當時臺灣移民來自中國大陸不同地區，而中國歷史上的度量衡極為複雜，移民來臺後就把各自家鄉這種複雜不統一的制度引入臺灣。例如：所使用的量米容器，就有公平斗、乙未斗、四角斗、米斗、市斗、九三斗、滿斗、道斗、字號斗、正小北斗、正米斗等多種，一斗等於日本的 5.27 升到 6.74 升之間。不只是不同種類斗的容量不一，即使是同一種用斗，其容量也不盡相同，例如：同樣稱為米斗的斗有等於 5.70、5.85、6.06、6.10 日升者。在這種情況之下，度量時容易引起糾紛。⑦

---

⑤ 編譯者註：關於這些，詳細情況請參考葉淑貞，在臺灣大學經濟系所開授的「臺灣經濟史」一課第三篇第一部分的講義。

⑥ 編譯者註：關於這一點，可參考北山富久二郎（1959），〈日據時代臺灣之幣制改革：自雜色貨幣進入金本位制度過渡期之諸問題〉，《臺灣經濟史七集》，臺北：臺灣銀行經濟研究室。

⑦ 編譯者註：關於這一點，詳細情況請參考葉淑貞，在臺灣大學經濟系所開授的「臺灣經濟史」一課第三篇第二部分第二章的講義，或葉淑貞（2009），〈日治時代臺灣經濟的發展〉，《臺灣銀行季刊》，60(4)，頁 238。

　　當時也缺乏完整的民、商法及專業的糾紛仲裁機構。清治時代規範土地的關係及解決社會的糾紛，多依賴移民自身的力量，例如：村落中極有名望的長者。因為當時的交易大多僅於同家鄉的移民之間，所以裁斷乃是根據移民家鄉固有的習慣。而且，當時的財產權歸屬不明確，有許多土地都未在官府登記，因此有許多隱田。隱田不只影響政府的稅收，也導致極高的交易成本。

　　財產權的範圍也不明確。傳統中國並無全套的民法及商法，只有一些律令，所實施的法律絕大多數都是基於「為防臺而治臺」的帝國統治政策。當時政府的執行力量很薄弱，清代在臺官吏大多腐敗無能，官府禁令幾成具文，結果人民蔑視官府之法律。且縣官集司法及行政於一身，無專業的執法人員，判案時沒有律師或法律顧問，也沒有陪審團，一切都由負責判案的官員決定。[8]

　　在這種情況下，交易成本過高，專業化的程度不可能很高，經濟難以發展起來。一直要到日治時代，政府才積極參與經濟的建設。政府於1895年趕築南北縱貫公路[9]，並於1908年

---

[8] 編譯者註：關於這一點，詳細情況請參考葉淑貞，在臺灣大學經濟系所開授的「臺灣經濟史」一課第二篇第一章的講義。

[9] 編譯者註：日治時代開始建設大規模的現代化公路。1895年日軍入臺之後，便開始利用兵工，趕築從基隆到屏東之縱貫南北的道路，於1897年完成，共長425公里。迄1945年8月全臺完成之幹線、支線及鄉村道路等合計總長度為17,170.53公里。關於這一點，詳細情況請參考葉淑貞，在臺灣大學經濟系所開授的「臺灣經濟史」一課第三

完成了南北縱貫鐵路⑩，也建立現代化的海運⑪、空運⑫等交通系
統，凡此種種建設皆大大地降低了運輸成本。使不同地區的

———————

篇第二部分第一章的講義。

⑩ 編譯者註：1908 年完成了縱貫南北的鐵路，全線長度 408.5 公里。
此外，政府還陸續興築淡水線（臺北到淡水）、宜蘭線（基隆到蘇
澳）、屏東線（高雄到枋寮）、臺東線（花蓮到臺東）、阿里山線（嘉
義市北門到阿里山）、阿里山支線（阿里山到新高口）、臺中線（竹
南到彰化）、八仙山線（臺中的土牛到加保台）等線路。此時代政府
完成的鐵路總長度有 1,242.5 公里。可見，日治時代臺灣只有蘇澳到
花蓮以及屏東到臺東之間沒有鐵路，這兩段是戰後才開築的。除了官
營之外，還有長達 3,010 公里的私營的鐵路。關於這一點，詳細情況
請參考葉淑貞，在臺灣大學經濟系所開授的「臺灣經濟史」一課第三
篇第二部分第一章的講義。

⑪ 編譯者註：現代化的海運設施包括汽電力推動的船舶及現代化的碼頭
設備。清治時代臺灣的海運就已經開始有輪船運輸，而日治時代之
後，更開發許多航線，除臺灣與日本之間的運輸外，自臺灣各大港出
海，可達香港、上海、南洋等地，班次頻繁且使用相當便利。關於這
一點，詳細情況請參考葉淑貞，在臺灣大學經濟系所開授的「臺灣經
濟史」一課第三篇第二部分第一章的講義。

⑫ 編譯者註：空運包括航線之開闢及機場之建設，日治時代臺灣也開始
了空運。航線可分為日臺航線、環島航線、國際航線等三大類。而機
場則有臺北機場（松山機場）、宜蘭機場、臺中機場、臺南機場、臺
東機場、淡水水上機場等六處以及多處軍用機場。關於這一點，詳細
情況請參考葉淑貞，在臺灣大學經濟系所開授的「臺灣經濟史」一課
第三篇第二部分第一章的講義。

物品價格接近，促成了經濟的整合。例如：在 1898～1902 年鐵路通車以前的平均每石米價，臺北到苗栗爲 7.73 圓，臺中以南爲 6.30 圓；而在通車之後的 1909～1912 年間，北部下降爲 6.97 圓，而中南部則上升爲 6.60 圓。其間的差距大幅縮小了。⑬

同時，還建立了郵政⑭、電報⑮、電話⑯、廣播等設施，降低

---

⑬ 編譯者註：請參考吳聰敏、盧佳慧（2008），〈日治初期交通建設與經濟效益〉，《經濟論文叢刊》，36：3，頁 293～325。

⑭ 編譯者註：日治時代在 1895 年就建立了郵便局，1935 年收寄的郵件總共有 8,900 多萬件，當時臺灣的人口有 4,990,131 人。關於這一點，詳細情況請參考葉淑貞，在臺灣大學經濟系所開授的「臺灣經濟史」一課第三篇第二部分第一章的講義。

⑮ 編譯者註：臺灣日治時代電報有島內及島外兩大類，1897 年收發之電報共有 824,947 通，1943 年增加爲 5,940,182 通。關於這一點，詳細情況請參考葉淑貞，在臺灣大學經濟系所開授的「臺灣經濟史」一課第三篇第二部分第一章的講義。

⑯ 編譯者註：1897 年就在澎湖設立了電話交換局，1900 年更在臺北、臺中、臺南以及基隆等地設立電話交換局或分局，1900 年用戶只有 433 戶，但是到 1943 年已達 25,999 戶。關於這一點，詳細情況請參考葉淑貞，在臺灣大學經濟系所開授的「臺灣經濟史」一課第三篇第二部分第一章的講義。

了收集信息的成本；統一了貨幣制度⑰及度量衡制度⑱，降低了度量成本；還進行了土地調查，並建立土地登記制度⑲，以保護

---

⑰ 編譯者註：如前所述，清治時代臺灣的貨幣可以說沒有本位制度，日治時代把貨幣制度逐步改爲紙幣本位。這個改革過程分爲兩大階段：1895～1910 年改爲金本位，1910 年以後流通的貨幣就是金元；接著更於 1931 年進一步改爲紙幣本位。關於這一點，詳細情況請參考葉淑貞，在臺灣大學經濟系所開授的「臺灣經濟史」一課第三篇第二部分第二章的的講義。

⑱ 編譯者註：如前所述，清治時代臺灣的度量衡相當複雜，日治時代，臺灣總督府在 1895 年 10 月開始輸入與販賣日本式度量衡器，爲日後的改革作準備。在 1900 年發布：1901 年實施「臺灣度量衡條例」，改正統一使用日本式。迄 1903 年底止，禁止舊式度量衡之使用。1906 年 4 月起，度量衡器之製作、修理、批賣都歸官營〔請參見張漢裕（1984），〈日據時代臺灣經濟之演變〉，《經濟發展與農村經濟》，臺北：張漢裕博士論文集，頁 404〕。從這一改革可以看到度量衡統一了，而且統一爲日本式的制度。

⑲ 編譯者註：如前所述，清治時代臺灣土地的所有權不明確，因此不動產權移轉方式不明確。對於土地制定單一而明瞭的所有權，確定納稅與交易，是現代化國家的基礎設施之一，因此第四任臺灣總督兒玉源太郎（1898～1906）與後藤新平民政長官就任之初，最初著手的事業之一就是土地調查。臺灣總督府在 1898～1904 年進行土地調查時，總共製作了 9,610 冊土地台帳，並繪製 27,891 幅庄圖。1905 年土地調查完成後，又制定土地登記規則，以登記爲土地權利移轉效力發生之要件。從此以後，臺灣才有精確的土地所有權的資料，財產權保障才明顯提高。關於這一點，詳細情況請參考葉淑貞，在臺灣大學經濟

私有財產；又制定了民、刑法，並且建立各級的法院以審理人民的糾紛，以降低執行成本[20]。

以上臺灣清治時代及日治時代政府治臺態度截然不同的介紹，說明了要讓市場順暢運作，政府必須要扮演輔助市場機能順暢運作的角色，而不是完全放任不管。

第3節　集體主義的特點

集體主義之所以吸引人去選擇它，很大一部分原因在於缺乏對競爭制度及其所包含的可能性的理解，因此我們不必花很多篇幅在這個主題上。正如「為使用而生產」（production for use）這句口號的例子一樣，許多貼在集體主義上的標籤，雖然看似充滿希望，但卻都是誤導人的。同樣的道理也適用於「集體主義中計畫經濟」和「無政府的資本主義」，這個時髦的比較。

由於今天每個人都以最不精確的方式使用計畫經濟這個詞，因此我們首要的工作應該是確切地定義該用語。這個名詞經常以一種籠統的方式被使用，包括政府的每一項政治經濟活動，因為在每一項這樣的活動當中，都涉及到某種計畫。因此，徵收關稅是政府增進一國生產潛力計畫的一部分。街道和鐵路總是根據整個經濟的需要，而制定計畫所建造的，因此，

系所開授的「臺灣經濟史」一課第三篇第二部分第三章的講義。
[20] 編譯者註：關於這一點，詳細情況請參考葉淑貞，在臺灣大學經濟系所開授的「臺灣經濟史」一課第三篇第二部分第三章的講義。

把許多國家作為對抗蕭條的緊急措施，而啟動的公共工程項目指為是計畫經濟的例子是不正確的。都市通常也是按照某一計畫而建造的，但也不必用計畫經濟這個詞來指涉它。最後，許多國家的貨幣和信用政策，幾十年來目標都是以調節經濟為原則而制定的，也與「計畫經濟」（planned economy）這個概念無關。如果所有這一切都是計畫經濟的話，則計畫經濟這個概念就失去一切的意義了。若是這樣的話下，則早在人類經濟初期就有計畫經濟了，因為經濟生活一直受制於某些規範和影響，而規範和影響的底部，總是有某種目標的構想。從這個意義上來說，今天的市場經濟當然也就是「計畫經濟」（planned economy）；因為這個經濟制度的法制框架，也是建立在整個國民經濟有系統的深思熟慮的基礎上。

但是，即使我們從狹義上來理解計畫經濟的概念，從而把中央管理經濟從自動調節（self-regulating）經濟區別開來，我們也不能否認當今的經濟制度具有若干計畫經濟的屬性。因為儘管我們的經濟制度，正如本書前面部分所講述的那樣，可能缺乏集體主義經濟那樣有意識的中央管制，但在某種方式上，它仍然是受到市場和價格所主導的。在一個未受扭曲的競爭制度中，生產計畫是由那些我們無法質疑其資格的人（亦即消費者）來決定的。另一方面，集體主義國家則處於兩難的境地，要麼或多或少地模仿競爭制度，以消費者的意願（無論如何弄清楚）作為其生產計畫的基礎，要麼根據其他的考慮來制定計畫，逼迫消費者服從該些計畫。在後一種情況下，對於要生產什麼或不生產什麼這個問題，完全根據集體主義國家領導人主觀的觀念來決定；完全缺乏消費者的自由，而在要如何使

用生產要素這個問題上，人民必須同意由政府中的主導群體來決定，且人民必須認同這些領導人認為好的用途。很容易就能證明，這實際上就是每個計畫經濟的結局。結果是如果沒有同時擁有政治專政這個必要的強制手段，不可能達到一個徹底的經濟專政。集體主義計畫經濟與個人自由和人格發展是如此不相容，以致於可以把自由和人格發展這個陳述列到集體主義國家刑事法中所包括的一長串應處以死刑的罪行當中。因此，若要為自由而奮鬥，又要推行計畫經濟，這就證明其精神嚴重的錯亂。

集體主義計畫經濟之不同於市場經濟的「計畫」（plan），不僅是因為它迫使人民服從一項長期制定的計畫，還因為它執行其計畫的特殊方法。市場經濟是建立在所有進入市場的群體，自由做出那些相互之間關係複雜的決定之上，而集體主義計畫經濟的目的，是以上級的命令來代替市場經濟這種自發的過程，並把決定如何使用生產資源這個責任移交給一群政府官員。集體主義計畫經濟因此是用政府法令，取代了市場自發的反應機制，所以為了明確起見，我們把它稱為「官僚經濟」（economy of the bureaucrats）或「統制經濟」（command economy），可能更好。沒有必要在這裡再次舉出這樣一個制度必須要對抗巨大的、甚至是無法克服的困難。我們可以用一句話來總結我們迄今為止所說的一切：不腐敗的市場經濟是那些事關己者所形成的一種功能性的計畫經濟（functioning planned economy）；集體主義經濟是那些事不關己者所掌管的一種非功能性的計畫經濟（non-functioning planned economy）。

集體主義的經濟的確是由那些事不關己的人所掌管的，結果造就了低劣的經濟表現與農奴制度，這一點從蘇聯政府不斷失敗的宣傳已經得到證明了。爲了避免被這種宣傳和被那些自覺或不自覺地支持蘇聯者的議論所誤導，我們必須要強調以下幾個事實。

鐵幕、帶刺的鐵絲網、布滿地雷的邊界、機關槍、圍牆，以及對每次越獄逃跑者的嚴厲懲罰，都證明了共產黨人（Communists）想盡一切辦法掩蓋兩件事：一方面，他們努力阻止他們自己的人民了解非共產主義世界的眞實情況；另一方面，他們允許非共產主義世界只了解共產主義國家生活中被認爲是有用的部分。這兩種情況都盡可能地阻止眞相被探究。

但是，那些急於隱瞞眞相的人，也承認自己這樣做有一些弱點。如果共產主義國家可以像美國、法國、義大利、瑞士或德國那樣自豪地指出經濟的成就，那麼它就沒有理由像夜貓子一樣避開陽光，而不大肆宣傳其成就。僅憑這種情況，就可以讓我們預期到共產主義世界的經濟狀況正如經濟理論所示的那樣，現在和過去一樣的糟糕。共產主義帝國無法完全封鎖眞相——讓各地的共產主義者懊惱——這一點在蘇聯表現得最爲明顯。

只有共產主義世界這種對外的孤立，加上西方世界的輕率，才能解釋何以最近共產黨的宣傳，能夠成功地傳播共產主義的經濟成就已處於可以與自由國家和自由經濟相比擬的程度了。甚至有時還有人相信這種說法，認爲共產主義亞述人（Communist Assyrians）有朝一日眞能超越我們。自由世界這種智識的混亂，在共產主義對於像人造衛星及其後這方面的

技術奇蹟的鼓吹之下，使得即使是許多受過經濟學訓練，本應該更了解這種說法是謬誤的人也相信，使這種宣傳更加成功了。但是，像這樣如此昂貴的個別成就不就清楚地證明了一些事情，例如：這不就證明了某些領域的特殊能力以及稀少資源過度集中於這些領域，不就正好證明了不存在一個有效的經濟制度了嗎？在一個連最基本的消費品都缺乏的國家，像這樣的「成就」（accomplishments）不就表示了極度的浪費嗎？就人民的福祉而言，這樣的成就難道不是很清楚的說明了，它不比埃及金字塔更有用（埃及的金字塔也是技術天才和不人道的經濟力這兩者結合的結果），而是比之更醜陋和更短暫得多嗎？

　　鑑於對共產主義經濟制度評估如此混亂，因此急待我們提請大家注意以下幾個基本要點。第一很顯然的就是，這樣一個政權將盡一切努力為其經濟成就製造盡可能有利的形象，並且在其掩蓋事實的過程當中，它可以做得超過許多自由世界的統計學家所能想像的還要多很多（這既歸功於它與外界的隔絕，也歸功於它不容許內部有與官方路線不同的意見）。來自共產主義世界的每一條訊息，即使不被視為是明明白白的騙局，也都必須被視為帶有宣傳色彩的東西（除非有相反的證據）。在解釋這些數據時，需要專家的偵測技術，即使那樣，也不能保證能夠從這些靠不住的證據中取得真相。

　　第二點是還需要有足夠的證據，以顯示共產主義經濟極為不好的一面。不可否認的，共產主義的暴君們或多或少都公開承認過共產主義在農業方面的失敗，也就是在提供人民賴以生存最基本和最重要物品的生產部門的失敗。這種無異於災難性的失敗真正意味著什麼，可以從最近一期美國《勞工評論月

刊》（*Monthly Labor Review*）上所刊登的，來自於蘇聯官方
公布的數據中看出來。這個資料顯示，蘇俄人口構成了一個工
資階層的金字塔——其底層是由 4,000 萬個最低工資（每月不
到 600 盧布）的人所組成，這相當於所有工資階層的三分之
二——即使在 1960 年，他們除了維生的最基本食品之外，幾
乎買不到其他的東西。此外，為了要取得這些食品，相關的
工資階層必須要比 1928 年工作還要長的時間（為取得以下物
品，需要加長的工作時間分別為，麵包 18%、牛奶 153%、雞
蛋 190%）。所有這些經驗都表示了，由於共產黨把集體主義
原則應用到農業部門（集體農場），導致生產意願低弱，使
得其農業生產完全不足。狄托（Tito）㉑在決定放棄共產主義原
則，恢復個人農場經濟這方面，證明了自己是較聰明的。

　　但是，就工業方面來說——這是第三點——同樣不可否
認的是，在共產主義的經濟社會中，即使撇開統計數字上的美

㉑ 編譯者註：狄托〔全名為約瑟普‧布羅茲‧狄托（Josip Broz Tito）〕，
是南斯拉夫共產主義的革命家及政治家。他從 1953 年 1 月 14 日擔任
南斯拉夫社會主義聯邦共和國總統，一直到 1980 年 5 月 4 日去世為
止，總共執政了三十六年。儘管執政時期被人批評為威權統治，但他
的個人形象通常被視為南斯拉夫聯邦內各民族統一的象徵。由狄托領
導的南斯拉夫共產黨拒絕服從莫斯科的命令，由此蘇聯和南斯拉夫之
間產生了重大分歧，並不時反對蘇聯的行為。他提出的政治思想被稱
作狄托主義，狄托主義的特點有：實行工人自治，強調南斯拉夫人身
分認同，政治上不依附蘇聯，倡導不結盟運動。以上摘自網站「維基
百科，自由的百科全書」中「約瑟普‧布羅茲‧狄托」的條目。

化不說，在鋼鐵、煤炭、水泥、石油和電力的產量，都出現了非常大幅度的增長。這些增長在各個工業部門中的分布非常不均，但這些改變與今天所說的經濟成長這一事實是不相關的。而且由於蘇俄的成長是從非常低的水準開始的，因此看到這種成長顯示出異常高的成長率也就不足為奇了。但只有那些沒有注意到所涉及的統計數字上的錯覺的人，才會對這些數字感到驚奇。例如：當我們得知蘇俄的電力生產預計在 1957 年至 1965 年間成長 123%，而在美國卻只增長了 68% 時，一個被忽視的重要事實是，在美國是從一個遠較高的起始點測量的。事實上，美國電力的絕對成長率高出蘇聯成長率的一半以上，1965 年預期的總能源產出是蘇聯當年預期總產出的 2.5 倍。[22]在這方面，我們也不能忽視自由世界（以最高品質的設備和機械

㉒ 蘇聯經濟：研究蘇聯經濟的主張和現實的開創性著作有：沃倫・納特（G. Warren Nutter），《蘇聯工業生產的成長》（*The Growth of Industrial Production in the Soviet Union*）（普林斯頓，1962）；柯林・克拉克，《蘇維埃俄羅斯的真實生產力》（*The Real Productivity of Soviet Russia*）〔為供美國參議院司法委員會內部安全小組委員會（Internal Security Subcommittee, Committee on the Judiciary）使用而印刷的，華盛頓，1961〕；納烏姆・賈斯尼（Naum Jasny），《蘇維埃的工業化，1928-52》（*Soviet Industrialization 1928-52*）（芝加哥，1962）；和艾布拉姆・伯格森（Abram Bergson），《1928 年以來蘇維埃俄羅斯的真實國民所得》（*The Real National Income of Soviet Russia Since 1928*）（麻薩諸塞州，劍橋，1962）。

的形式）提供給致力於毀滅它的共產主義帝國的非凡幫助。[23]西方企業家如此無良，以致於以這種方式強化要置我們於死地的敵人，而西方政府如此軟弱，以致於允許他們這樣做，這是我們在知識上和道德上的軟弱當中最丟臉和最不可思議的證據之一。

即使不考慮統計數據的一些錯覺，但就是作為所有這些比較基礎的經濟成長這個概念，本身也是令人感到非常懷疑的。許多人——其中，美國教授羅斯托（W. W. Rostow）必須算作是促成這些特別令人混淆觀念的人——把經濟成長的問題設想為是盡可能多和盡可能快地增加工業的投資，以使經濟能夠像飛機「起飛」（take off）一樣，甚至飛得更高。這是一個純粹的技術概念，其間完全忽略了經濟秩序這個問題。認為一個運行良好的經濟制度，是單純地得自於增加個人生產統計數據，這種信念不自覺地透露出對經濟學基礎的不加思考和少有真正的訓練。除了沒有告訴我們相關物品的品質（在共產主義經濟中，物品的品質通常是出了名的差）這一事實之外，這些統計數據也只是與純粹的物質生產力有關。但這對於經濟秩序是否已得到圓滿解決這個問題的回答是毫無幫助的：生產要素是否適當地配置，是否按正確的比例生產出正確的東西，各生產部門是否彼此相互協調，以避免產生眾所周知的「瓶頸」（bottlenecks）；或者相反的說法，是否存在持續的浪費和錯

---

[23] 西方對蘇聯的援助：沃納·凱勒（Werner Keller）在他的書（紐約，1961）中針對西方對蘇聯工、農業基礎建設的貢獻，進行了有趣的研究，該書是最近從德文 *East Minus West Equal Zero* 一書翻譯而來的。

誤，結果是付出了巨大的代價，並經過了長時間的延遲，才把產出的增長轉化為生活水準普遍的改善。

在這裡，我們就可以發現為什麼在共產主義國家，一些重要原料的產量都有特別大幅的增長，但它們人民的一般生活水準卻只有非常小的改善，這就是第四點所要探討的。在共產主義經濟中，每一種可以想像到的物品都嚴重的短缺和各種瓶頸都存在，這是理所當然的。外國觀光客通常對這些情況知之甚少，因為他不斷地被樣板式的發展所蒙蔽，並且從不知道在共產主義國家不得不買一個桶子或更換一塊破玻璃到底是什麼感覺。他從不知道在這樣一個國家，必須要找食物、住所和衣服，日復一日地被各種不足所困擾，這到底意味著什麼。他對於共產主義經濟在某些地方之所以運作良好，只是由於對市場經濟做出的一些讓步（有些合法的自由市場、自由移動的工人等）和嚴重的腐敗和賄賂等這些事情，甚至知之更少。如果沒有這些違背「計畫經濟」（planned economy）的事情，該制度會比現在運作得更糟糕。

第五點，觀光客和其他許多人一樣，傾向於用錯誤的標準來衡量共產主義國家的發展。對於注定要居住在這些國家，且不幸地要與外界隔絕的人來說，把其國家目前所提供的物品與之前的某個時期相比，覺得看起來似乎有一個明顯的改進，而留下深刻的印象，這並沒有什麼不自然的。如果幾十年來改進生產設備的努力和犧牲，沒有產生某種結果，那確實是令人非常驚訝的。最終，總是有某些東西會從這樣的機器中產生出來。但是，如果我們想知道是否共產主義的經濟制度所有的奮鬥和所有的犧牲都是正當的，我們必須要用一個完全不同的標

準來衡量它。我們不應該用當前的情況來與以前的情況相比，而應該是要問的是，一個自由經濟在這樣的努力和犧牲之下，會取得什麼樣的成就，或者要問的是，在自由經濟之下，少多少努力與犧牲，就可以達到目前共產主義經濟這樣的生活水準。另也可以表述如下：不可否認地，共產主義的經濟已經有所改善了，但這種改善不僅少的不足以滿足需要，而且這種改善是以在自由經濟的人民，本來就沒有必要付出的代價獲得的。或再換一種說法：共產主義經濟由於支出與收益之間存在巨大的不平衡，因此承受著巨大的虧損、不經濟和浪費。

因此，我們接著要講最後也是最重要的一點。沒有一個理性的人會認為共產主義經濟是不可能的，但是有壓倒性的證據顯示，作為一種旨在服務人民需要的制度來說，共產主義經濟是一個悲劇性的失敗。然而，反過來說，正是共產主義那種不顧人民福祉而運作的能力，使它得以利用奴隸制的技術，從受制於唯一雇主（國家）的法令約束的工人和消費者身上榨取最大的利益。消費者被各種狡猾的手段，剝奪了他們的勞動成果，到最後政府的投資才得以增加。

共產主義的真正成就在於它可以把經濟資源集中在任何看起來有政治目的的地方，無論是用於壯觀的建築和工業項目，或用在國際宣傳，以破壞國際上其他地方，還是用在軍備上，以威脅世界上其他的國家。

如果共產主義經濟制度對人類福祉和幸福的服務方面有其負面影響的話，那麼就它集中所有的經濟力量，以征服世界這項公開宣稱的政策目標來看，則無疑問地是有其成就的。正如倫敦《時報》（*Times*）最近在模仿傑里米·邊沁（Jeremy

Bentham）的著名格言時，把共產主義說成是「最大多數人中，最有組織的痛苦」那樣，在這些相同的基礎上，確實代表著它對整個世界是個巨大且仍在增長的危險。

我們所有人都有這樣的感覺，對共產主義的公正判斷必須避免低估和高估它。一方面，許多人傾向於「低估」（underestimation）它，因為他們希望避免支持共產主義者的宣傳，因為他們得意地相信自由世界的優越性，或者因為他們欣然接受那些讓我們無需對共產主義保持警惕，無需持續不斷的努力，以便在軍事和經濟上與共產主義對手並駕齊驅的理由。另一方面，也有許多人傾向於「高估」（overestimation）它，因為他們急於避免自己陷於自欺欺人，或者因為他們不是共產主義者，而是集體主義者，以致於對被說成是共產主義經濟表現的證據有某種滿足感，並找到了一些可以宣傳自己支持的集體主義思想的理由。還有一些人之所以傾向於高估這一方面，是因為他們是知識界的一些勢利小人，還有一些人是因為他們正在尋找一個新的理由，以放鬆對自由世界的警惕和努力，亦即，永遠無法與共產主義巨人匹敵的絕望想法。

這種極其混亂和危險的局面，是我們必須要結束的。我們必須避免高估共產主義，把它說成是一種為人類服務的經濟制度。但我們同樣也有責任不要低估它，把它說成是一個為政治服務的經濟權力最集中的制度——為政治服務，其最終目標是摧毀和奴役自由世界，只有在完全失明時，我們才會忽視這個目標。遺憾的是，在自由世界中，這種人大多數都屬於左派的，他們密謀反其道而行，極度地高估了作為一種經濟制度的共產主義經濟，但同時又可悲地低估了它作為世界帝國主義的

工具。結果是，他們拒絕得出堅實的結論，以加強我們自己
經濟反擊的武器。如果我們想知道如何對付布爾什維克主義
（Bolshevism）㉔這個目標，我們必須要既不被嚇唬，也不被愚
弄。

第 4 節　德國在非通貨膨脹市場經濟的試驗

　　世界上最重要的工業國家之一，曾經先後經歷了兩次的
試驗，以證明 (1) 集體主義不僅需要政治上的不自由，而且還
會引起混亂、浪費和低生活水準；(2) 相反地，市場經濟的經
濟制度不僅是政治和思想自由的先決條件，而且是通往經濟秩
序和所有人都幸福之路。這裡所指的國家是德國。在國社黨的
統治下，它給世界提供了一個集體主義經濟的先例——它必然
會變得通貨膨脹愈來愈嚴重，其主要標誌是計畫經濟、價格管
制、工資管制、資本管制和外匯管制。整個世界都曾經熱烈地
效仿這個先例。的確，直到最近，幾乎普遍遇到的經濟政策，
本質上都還是國家社會主義的變種；且在不少國家——所謂的
不發達的國家——這還是一項非常盛行的政策。在本書前面

㉔ 編譯者註：布爾什維克主義（Bolshevism），布爾什維克在俄語中是
　「多數派」的意思，是俄國社會民主工黨中的一個派別。布爾什維克
　派的領袖人物列寧認為，社會民主工黨應該建立一個以少數「職業革
　命家」為核心，多數黨員對其絕對服從的組織模式，即民主集中制。
　這遭到了黨內另一派孟什維克的質疑和反對，1903 年這兩派因意見不
　合，最終分道揚鑣。以上摘自網站「維基百科，自由的百科全書」中
　「布爾什維克」的條目。

的部分（第四章第 4 節）中，討論抑制性通貨膨脹（repressed inflation）這種現象時，已經描述過德國主導的這種制度了。

正是這種通貨膨脹集體主義的徹底崩潰（如前所述），使德國非共產主義的那一半，後來才可能出現傳奇般的經濟振興。這次改革的成功是如此非凡，如此快速（字面上說是快得從一天到另一天）地從貧困和絕望轉到繁盛和欣榮，以致於「德國經濟奇蹟」（German economic miracle）這個詞在全世界傳開了。

但是，如果能清楚地了解 1948 年經濟改革的本質，德國的成就 —— 從經濟理論上來看 —— 根本就不是奇蹟。相反地，它的成功正是建構它的人所預期的。真正的奇蹟在於，在這個特殊的國家，且在一個仍處於通貨膨脹主義和集體主義的魔咒之下的世界裡，它證明了在政治和社會上回歸市場經濟和貨幣紀律是可能的。就在那時，從無數的選舉當中，這場改革取得了驚人的成功，擴大了市場經濟最初狹窄的政治基礎，最終甚至迫使社會主義者或多或少被說服，拋棄了他們經濟政綱中大部分的基礎。

要使各種通貨膨脹主義者和集體主義者屈服於種種無可辯駁的事實，並讓他們放棄蔑視或甚至否定 1948 年德國的經濟改革，所取得的史無前例之獨特成功，的確需要一段很長的時間，儘管他們多數在科學上站不住腳。在德國以外，似乎仍有一些頑固分子 —— 他們要麼出於對事實和相互關係的無知，要麼出於這違反了他們自認為較好的判斷 —— 拒絕承認這是有史以來反集體主義和通貨膨脹主義，而支持市場經濟和貨幣紀律最具說服力的案例。

　　德國的改革到底包括了什麼呢？在這裡，無法給出這個
問題的完整答案，因爲這需要分析許多複雜的問題。㉕然而，就
目的來說，把我們的觀察限定在一個簡單的範圍之內就足夠
了。德國經濟改革的本質與其所要解決的問題是相關的。如果
要解決的是集體主義與我們所謂的抑制性通貨膨脹相結合的問
題，那麼解決的方法一方面在於消除通貨膨脹的壓力，另一方
面在於消除這個用以抑制通貨膨脹的措施（最高限價、配給、
對自由價格的管制和其他的干預），以恢復市場的自由、自由

㉕ 西德經濟復興的範例：德國在貨幣紀律和經濟自由方面的實驗，詳見
以下的研究：路德維希·艾爾哈德（Ludwig Erhard），《通過競爭達
到繁榮》（*Prosperity through Competition*）（紐約，1958）；《德國
復興的主要動力》（*The Mainsprings of the German Revival*）（紐哈
芬，1955）；戴維·麥考德·萊特（David McCord Wright），《戰
後西德和英國的復興》（*Post-War West German and United Kingdom
Recovery*）（華盛頓特區：美國企業協會，1957）；埃貢·瑟赫曼
（Egon Sohmen），〈競爭與成長：西德〉（Competition and Growth:
West Germany），《美國經濟評論》，1959 年 12 月；以及其後的討
論，請見《美國經濟評論》，1960 年 12 月。W. Röpke, Das deutsche
Wirtschaftsexperiment—Beispiel und Lehre，見 *Vollbeschäftigung,
Inflation und Planwirtschaft* 論文集〔埃倫巴赫（Erlenbach-Zurich），
1951〕；W. Röpke, *Ein Jahrzehnt sozialer Marktwirtschaft in
Deutschland und seine Lehren*（科隆，1958）；W. Röpke, *Ist die
deutsche Wirtschaftspolitik richtig?*（司徒加特，1950）。關於貨幣改
革的技巧，請參見盧茲，〈德國貨幣的改革與德國經濟的復甦〉，
《經濟學刊》，1949 年 5 月。

價格、競爭和對企業的激勵。財貨方面的自由及貨幣方面的
紀律——這是自 1948 年以來，德國經濟復甦所依據的兩項原
則，儘管後來在干預主義和福利國家政策方面有些讓步，但這
兩個原則依然是德國繁榮的基礎。

　　因此，1948 年德國的改革由兩部分組成：克服通貨膨脹
和拆除那個抑制通貨膨脹的措施。第一部分是經由貨幣改革來
完成，第二部分則是經由恢復市場經濟這個經濟改革來完成。
因此，這就是從通貨膨脹的計畫經濟那種混亂和癱瘓中，重建
出真正經濟秩序的兩大支柱：自由價格的推動力和貨幣價值
的穩定性。這兩者都使一個飽受戰爭蹂躪、到處都充斥著難
民、城市被摧毀超過 50% 的國家，在幾年之內就發展出一套
「強勢的」（hard）、可十足兌換的貨幣，成為歐洲的主要債
權國，最後，甚至被認為以其提供的某種信用，幫助美國這個
自由世界的主要大國擺脫其國際收支的赤字。德國在二次大戰
期間和戰後，對外貿易降至零之後，在十年之內增長到世界貿
易第二位（僅次於美國）。後來，日本及臺灣也採用相同的辦
法，而取得了類似的效果。

　　實際上，正如我們上面所說的那樣，情況比我們在這裡所
介紹的要複雜得多。要繼續維持這樣一個非通貨膨脹的市場經
濟的路線，並非總是容易的。由於來自東德的難民源源不斷，
人們很容易被過時的凱因斯主義所誘惑，而採取通貨膨脹的投
資計畫，來對付持續高水準的失業率。美國占領當局在相當長
的一段時間內，向德國政府和德國中央銀行施加了強大的壓
力，使其往這個方向走。所幸的是，德國人經受住了那種壓力
和誘惑，使德國免於再度陷入抑制性通貨膨脹的國家社會主義

政策。但是，利用耐心的適應和調整政策，來解決這種結構性的失業問題，需要很長的時間。這項政策以及投資的巨大增長（這是德國經濟復甦的眞正動力）一個基本的前提是，德國工會所採行的克制工資的政策，這些工會有良知地等待著眞正繁榮的到來，同時也提供了企業家一個獎勵投資的租稅制度。

就這樣，繼其先前在國社黨領導之下所施行的那種令人反感的經濟破壞和國際分裂的經濟政策之後，德國以其獨特的市場經濟〔稱爲「社會市場經濟」（social market economy）〕，爲這個世界樹立了一個建設性和負起國際責任的經濟政策的典範。這是它設法彌補前一個錯誤政策，所造成損害的一個並非是不光彩的方法。但是以下的事情，在我們這個時代確實是一點也無法讓人恭維的事情，那就是這個世界如此迅速、如此熱心和頑固地決定效仿德國以前的集體主義通貨膨脹政策的壞榜樣，以致於德國的占領當局，在戰後不久就堅持在占領的國家繼續實施這樣的政策，而且這個世界盡可能拖延效仿德國的新且好的範例，然後只能帶著不信任、不理解和帶有敵意地去仿效。但證據的力量和情勢的必然，最終贏得了勝利。德國的事例說得太明白了，不得不讓人信服，也不容有任何誤解，以致於一國又一國接踵效仿德國，仿效的程度或大或小，成功的程度就或多或少，但毫無疑問地都朝著更加市場經濟和更大的貨幣紀律的方向邁進。這種普遍發展的一個令人印象特別深刻的例子是法國，它最終（1958 年底）採用了德國的貨幣紀律和市場經濟方案，成功地把其長期的國際收支赤字轉變爲可觀的盈餘。

第 5 節　臺灣的經驗

臺灣在 1960 年代，也採用了相同的辦法，因而得以在往後的年代取得了類似的成效。以下我們略述臺灣的經驗。

臺灣在戰後初期的 1946～1950 年也發生過惡性通貨膨脹，平均每月物價上漲率從 1946 年的 14～18% 持續上升，且愈演愈烈；到 1949 年上半年漲幅達到空前最大，平均每月爲 145.8～163.2%，而該年增加率爲 1,450～1,958%；要進入到 1952 年以後，才算完全脫離惡性通貨膨脹的威脅。

臺灣的惡性通貨膨脹，是因爲臺銀發行貨幣，借錢給臺糖這類的公營企業，並借錢給政府，以解決巨額的財政赤字所致。在戰後初期，臺灣的經濟活動急劇萎縮[26]，使得政府的稅收嚴重不足，政府的支出卻有增無減。[27] 當時政府發行的公債銷售

---

[26] 編譯者註：根據吳聰敏（1991），〈1910 年至 1950 年臺灣國內生產毛額之估計〉，（《經濟論文叢刊》，19：2，頁 127～175）所估計的臺灣平均每人實質 GDP，可以得出戰前在 1939 年達到最高，爲 225.18 圓，最低發生在 1945 年，只有 45.33 圓；而次低發生在 1913 年，爲 119.20 圓，因爲 1945 年是戰爭末期，屬於異常的年分。因此，我們可以說日治時代從 1910 年以後，平均每人 GDP 最低發生在 1913 年；但是戰後在 1946～1952 年之間，只有在 1949 年高於 1913 年的水準，其他年代都低於 1913 年的水準。以上請參見葉淑貞（2021），《臺灣農家經濟史的重新詮釋（增訂版）》，臺北：臺大出版中心，頁 279～280。

[27] 編譯者註：關於當時臺灣的經濟狀況，請參考吳聰敏（1997），

情況不佳，於是乃向臺灣銀行借款。而臺銀吸收的存款不足以
應付這些借款的需要，乃以印發鈔票來支應。[28]臺銀之所以能在
存款不足的情況下，借錢給公營企業或政府，是因為當時它同
時扮演兩個角色，一為可以發鈔的中央銀行[29]，另一為參與民間
借貸的商業銀行。

　　臺灣惡性通貨膨脹始初的原因，是臺銀印發大量鈔票，造
成貨幣發行量的急速擴張。接著，在貨幣無法保值，購買力難
以維持之際，民眾預期物價還會持續膨脹，乃大量拋掉貨幣，
使貨幣流通速度更加加速，從而促成物價更大幅度的上揚。

　　根據貨幣數量學說（MV=PY），解決惡性通貨膨脹的方
法，有下列三項：

　　1. 控制貨幣發行量，亦即上式中的 M。

　　2. 大幅降低貨幣流通速度，亦即上式中的 V。

　　3. 大幅增加產出，亦即上式中的 Y。

　　為了要控制臺灣的惡性通貨膨脹，於是政府進行了一連串
貨幣方面的改革，以收回流通的貨幣，並於 1949 年 6 月廢除
舊臺幣，改以 40,000 元舊臺幣換 1 元新臺幣等措施。這些措
施的目的除了縮減貨幣流通量之外，也在於恢復民眾對臺幣的

〈1945～1949 年國民政府對臺灣的經濟政策〉，《經濟論文叢刊》，
　　25(4)，頁 127～175。

[28] 編譯者註：關於臺銀借錢給這些單位的規模，請參見李怡庭
　　（1989），〈臺灣惡性物價膨脹之始末（1945～1951）〉，《台灣社
　　會研究季刊》，2(2)。

[29] 編譯者註：中央銀行直到 1961 年才在臺灣復業。

信心，以緩和貨幣的流通速度。不過，這些措施只能暫時遏制物價的飛漲，更重要的是要使政府的財政赤字降下來，或直接增加物資的供應。

就在臺灣命在旦夕之際，美援到來了。1950 年 6 月 25 日韓戰爆發，美國主動撥來大批民生必需品；隨後更於 1950 年 8 月 8 日聲明恢復對臺軍事及經濟援助。[30]美援除了減少政府財政的赤字，[31]還直接提供物資，增加了前述交易方程式中的 Y。除了幫助臺灣遏制惡性通貨膨脹外，同時還派第七艦隊協防臺灣，讓臺灣免受中共的侵襲。這就是為何 1950 年 7 月英國駐淡水領事報告說明，韓戰爆發對臺灣而言，無異於是天外飛來的一顆救星。[32]

此外，更重要的是，美援還促成臺灣廢除當時的管制經濟體系，奠下了 1960 年代以來臺灣經濟快速成長的基礎。在這一點上，臺灣戰後的經濟奇蹟與戰後德國的情況很相似，以下接著說明這一點。

上一節提到德國戰後的經濟奇蹟是奠基在實行貨幣方面的紀律以及管制措施的解除。如上所述，臺灣貨幣紀律的建立，與政府所實施的一些貨幣方面的措施以及美援的到來有關。可

---

[30] 編譯者註：關於美援的項目，請參考趙既昌（1985），《美援的運用》，臺北：聯經；Jacoby, Neil (1966), *U.S. Aid to Taiwan*, New York: Fredric A. Prager Publishers。

[31] 編譯者註：吳聰敏（2023），《台灣經濟四百年》第 19 章，算出 1950 年的美援使臺灣的財政赤字減少了 10%。

[32] 編譯者註：請參考吳聰敏（2023），《台灣經濟四百年》，頁 339。

是，臺灣當時是一個管制經濟，僅憑這個管制經濟，難以創造出後來的經濟奇蹟。

臺灣在 1950 年代末期以前實施進口替代政策，爲了要減少進口，政府實施外匯管制及複式匯率制度，也高估新臺幣的幣值。[33]此外，當時臺灣的製造業幾乎都是公營企業。日治時代公營企業產值占製造業產值的比率一直都不到 6.5% 左右，但是在 1946 年卻高達 80%，一直到 1970 年仍有 20%。[34]戰後公營企業的資本形成占國內資本形成總額的比率在 1951 年高達 43.1%，到 1990 年仍有 23.7%。可是，這些資本投入所生產出來的產值占 GDP 的比率，在 1951 年卻只有 17.3%，而在 1990 年也只有 12.7%。[35]

奠定臺灣 1960 年代以來經濟奇蹟的基礎，就在於解除這些妨礙市場機能的管制措施。這些管制措施在 1960 年代，除了金融業的限制之外，其他大多在 1960 年代都解除了。那麼這是如何達成的呢？根據吳聰敏教授整理相關的文獻，發現若無當時的安全分署[36]的努力，臺灣的經濟政策不會轉變，高成

---

[33] 編譯者註：關於這一點，有許多文獻可以參考，吳聰敏（2023），《台灣經濟四百年》，第 21 章就有詳盡的討論。

[34] 編譯者註：吳聰敏（1997），〈1945～1949 年國民政府對臺灣的經濟政策〉，《經濟論文叢刊》，25(4)，頁 521～554。

[35] 編譯者註：陳師孟、林忠正、朱敬一、張清溪、施俊吉及劉錦添（1991），《解構黨國資本主義：論臺灣官營事業之民營化》，臺北：翰海源。

[36] 編譯者註：全名爲美國國外業務總署駐華共同安全分署。

長也不會出現。

　　既然，安全分署對戰後臺灣經濟奇蹟的出現如此重要，以下就略微介紹這個機構及其所做的貢獻。美援期間接洽並制定相關事宜的工作，在臺灣是美援會，而美方的機構則是安全分署。在美援期間，安全分署與美國駐華大使館合作推動臺灣經濟政策的轉變，不過，安全分署的影響較直接。而在安全分署中，對臺灣政策轉變貢獻最大的人是卜蘭德（Mr. Joseph Brent）與郝樂遜（Wesley C. Haraldson）這兩位。[37]

　　郝樂遜在 1959 年 12 月提出以下的八點財經措施[38]：

　　1. 確實控制每年的軍事預算。

　　2. 非膨脹性的財政與貨幣政策。

　　3. 稅制改革。

　　4. 單一而且符合現實的匯率。

　　5. 解除貿易管制。

　　6. 成立公用事業管理委員會。

　　7. 建立資本市場。

　　8. 公營事業民營化。

　　不僅如此，美方還進一步要求國民政府提出改革的時間表，明確說明未來幾年內要推動的項目。[39]緊接著，美援會以上述的八點財經措施為基礎，加上歷年來美方所提的一些建議，

---

[37] 編譯者註：請參考吳聰敏（2023），《台灣經濟四百年》，第 22 章的討論。

[38] 編譯者註：請參考吳聰敏（2023），《台灣經濟四百年》，頁 391。

[39] 編譯者註：請參考吳聰敏（2023），《台灣經濟四百年》，頁 392。

制定出十九點財經措施。

　　1960 年代政府就根據這些建議陸續推動改革，雖然其中有些項目沒完成⑩，但是最關鍵的改革是建立了單一匯率制度及放寬貿易管制。僅這些改革就足以啟動促成後來經濟高速成長的出口擴張了。

第 6 節　第三條路

　　回顧了集體主義的一些特徵所將給未來帶來的不幸之後，現在回到我們自己的經濟制度上。我們發現，這個制度是由一個複雜的契約關係網絡所組成的，然而，由於市場的機制，使這些契約關係結合在一起，形成了一個有序的整體。這個結合體是自由與秩序的結合，代表了這兩種理想可以同時達到的最高水準。此外，它是一種使人類的生活水準得到了空前提高的組合。很顯然地，這種自由、秩序和進步的結合遠不完美。經常發現這三個原則相互衝突，因此在選擇它們時必須要經常做出妥協，有時犧牲一點這個，有時犧牲一點另一個。

　　除了承認我們的經濟制度具有不穩定均衡的特點之外，我們還必須要補充一個事實，即影響有限經濟部門的小擾亂，通常可以輕鬆並幾乎難以察覺地透過市場的指導機制來克服。

---

⑩ 編譯者註：未完成的項目有軍費支出未控制在 1960 年的水準（十九點財經措施的第九點）以及公營企業民營化（十九點財經措施的第四點），其中後一項的例子有政府並未讓銀行業民營化這一點。〔以上請參考吳聰敏（2023），《台灣經濟四百年》，頁 394〕

市場經濟還能夠以驚人的速度和彈性來適應經濟「數據」
（data）（生產方式、人口規模、消費習慣等）的大多數變動
而調整。然而，時時也會發生嚴重且全面的均衡擾亂：我們在
前一章中已經談到了這些擾亂，並且我們已經知道要如何最有
效地克服這些擾亂。

　　我們的經濟制度本身無疑地包含了不少危機的種子，承
認這一點沒什麼關係。因為這種承認必須要符合兩種情況，而
這兩種情況我們都不能忽視。首先是個不可否認的事實，那就
是數十年來影響大多數國家的經濟生活，並最終釀成大蕭條
（1929～1933 年）的那個擾亂的嚴重性和程度，主要歸因於
自 1914 年以來已經使世界受苦的那些外部衝擊。我們的經濟
制度並未因此而完全崩潰，這確實是一個奇蹟，我們有必要
問，是否有另一種經濟制度會表現出類似的抵抗力。關鍵是，
我們的經濟制度不應該成為我們這一代政治過錯的替罪羔羊。
此外，事實上，在同一時期，我們的經濟制度因各種可以想像
的干預，而日益變形，以致於幾乎無法辨認其本來面目了。結
果是該制度變得愈來愈難以達成其功能，彈性愈來愈小，機動
性愈來愈差。因為現在經濟狀況的變化比以往任何時候都要
快、都要徹底，值此最迫切需要這個制度發揮這種適應性和
靈活性的時候，它卻失去了這些特質。但在一連串致命的反應
中，適應的需要與適應的能力之間的不平衡，導致了各種政策
措施和干預措施的推出，最終結果更是擴大了這種不平衡。

　　在這種惡性循環中找到一條出路，是我們這一代人必須承
擔的眾多重大責任中最重要的一項。這是如此地困難，以致於
有不少人在絕望中放棄了他們的責任。然而，它仍然是懸著我

們西方文明的命運，亟待圓滿解決的問題之一。

　　無疑地，如果我們希望在這個經濟制度終結於無法容忍的生產力的低落和——更糟糕的是——腐敗和不公正之前，阻止這個惡化的過程，就需要對這個制度做一個徹底的「檢查」（overhaul）。要做到這一點，所需要的不僅僅是把這個制度從政府干預中掙脫出來。僅僅採取消極的方法和無所作為，也就是回歸到單純的「自由放任」（laissez-faire），那是無濟於事的。有大量的證據顯示了市場經濟的結構並不像它的朋友和敵人所堅持的那樣簡單，這一點在制定一個建設性的政策方面是很重要的。我們現在已經知道，市場經濟的運作，取決於一系列的經濟、法律、道德、心理和政治條件，這些條件都不只是「給定的」（given），而且無論如何都必須在很大程度上進行重組，以適應已變化的現在的需要。最重要的是，有必要在訓練有素的經濟學家的幫助下，徹底地檢查我們經濟制度的法律架構（破產法、公司法、專利法、貨幣和銀行法以及反托拉斯條例）。

　　正如我們不應該讓自己在執行這項任務時，被意識型態上的謾罵所誤導，我們也應該注意不要讓自己被意志薄弱的宿命論所麻痺，這個宿命論是那些要讓我們相信我們的經濟制度的解體是必然的問題，與之抗爭只是愚蠢的俠義行為。這種認為經濟學受制於必然發生的進化法則的信念——這是馬克思思想仍然留存在我們這個時代的大量殘渣的一部分——現在比以前更沒道理，這種信念對於以擁有比前輩更多的勇氣和精力為榮的一代人來說更不合適。

　　在我們這個時代，最緊迫的任務莫過於找到一條出路，擺

脫以前眾所周知的「自由」（free）經濟的擁護者與社會主義
經濟秩序的倡導者之間的無謂鬥爭。

正是經濟學家，他才會特別警告大家，不要過分強調歷史
上的經濟因素；但是，儘管如此，他仍然會觀察到，我們的整
個文明到處都糾纏在一些看似無法解決的問題當中，這是因為
這個文明並未成功地建構有效和人道經濟秩序的基本工作。我
們還可以補充說，我們這個世界之所以未完成這項工作，正是
因為還未清楚地了解到真正的問題是什麼。

那麼，我們首要的職責就是準確地確定必須解決的問題
是哪些。事實是，我們很難解決今天在這一點上普遍存在的混
淆；混淆的根源在於兩個基本的謬誤。首先是，未考慮到有許
多不同的問題需要解決，而其中大部分必須要彼此分開。直接
從這個謬誤而來的是第二個謬誤，即無論是主張自由經濟或為
社會主義經濟搖旗吶喊者，都相信所有這些不同的問題都可以
用一個現成的方法一勞永逸地解決。這兩種謬誤，我們都必須
要避免。

現在，如果我們檢視西方世界的現狀，並問自己在經濟
和社會制度改革中必須從哪裡開始，我們發現只有四個基本問
題，其中每個問題都與其他問題不同，每個問題都需要自己的
解決方法：(1) 秩序問題；(2) 社會問題；(3) 權力分配的政治
問題；(4) 道德至上的問題（正如我們將會扼要描述的那樣）。

若就秩序這個問題而論，本書的讀者現在已經充分認識到
了問題的所在。正如個別農民必須思考他將如何使用他的每一
單位土地、資本和可用勞動力——以便以正確的比例生產正確
的物品——整個國民經濟也必須如此思考要如何利用其資源。

不只個人，整個社會也都面臨這樣一個問題：給定的生產資源應該用到什麼用途？我們應該生產這個或那個，要生產多少的這個或那個？這項工作的巨大難度和複雜性無需再次說明。可以這麼說，一個有序的經濟社會將會以正確的比例，在正確的時間和正確的地點、以正確的生產方法，生產出正確的東西。同時，這個有序的經濟社會會確保所有參與生產過程的人都會盡最大努力，從而生產出正確的物品，並確保這些產品都具有最好的質量和最大的數量。這個有序的經濟社會還會確保人們會關注未來，因此他們會進行儲蓄和投資。

我們可以用一個例子來說明上面所說的內容。正如手錶不僅需要一個平衡輪來調節才能走，還需要一個發條來讓它走一樣，如果沒有一個有效的「調節和推進力」（regulatory and propulsive forces）系統，就不可能有令人滿意的經濟制度。許多國家的現狀就是嚴重缺乏這些調節和推動力量。由於前人所熟悉的那些經濟秩序的問題已不再被人所理解，我們當代的人已經破壞了現有的調節和推動力系統，而又無法找到替代物。的確，他們沒有意識到所有的東西都被摧毀了。不熟練的手指會一直在亂弄手錶的精密機械：他們會把彈簧和平衡輪都弄彎了。不管搖晃手錶多久都沒有什麼差別；只要發條和平衡輪不修，它就不能正常地走了。

經濟社會中的秩序和激勵 —— 這就是一切都圍繞著的兩個基本問題，而且每時每刻都必須安然無聲地解決。然而，我們發現，如果我們把研究擴展到基本原理，那麼對於這些問題只有兩種可能的解決方法（如果我們排除自給自足的小農經濟這種特殊的情況）。正如我們已經知道的那樣，這兩種可能的

解決方法是自由和統制。自由意味著嚴格遵守經由自由市場價格的自由波動，而以驚人的規律運作的秩序。然而，統制意指那種把秩序與誘因都置於政府手中的方法，政府包辦定序、計畫、提供誘因、統制並執行命令。其中之一，我們稱為市場經濟，另一個稱做統制經濟、計畫經濟、中央管理經濟、集體主義（社會主義）經濟。無論如何我們必須要強調，就安排經濟生活的秩序這個任務而言，我們只有在市場經濟和統制經濟之間兩者選一。我們無法在合作制度、工會組織、（被大量提到，但被誤解的）田納西河谷管理局（Tennessee Valley Authority）、社團主義（corporatism）、工業委員會計畫（industry council plans）、職業組織（vocational orders）或任何其他形式的社會主義的替代物中，找到第三種選擇。我們必須在價格或政府統制、市場或政府當局、經濟自由或官僚制度兩者擇一。然而，在嘗試了這兩個制度之後，我們十分清楚，事實上，我們在這件事上別無選擇。事實已經顯示了，西方人不會自由地選擇集體主義制度，因為它無法提供一個能保證與自由和國際社會的存在相容的有效秩序和激勵制度。然而，選擇市場經濟的人也必須要選擇：價格的自由形成、競爭、虧損的風險和獲利的機會、個人的責任、自由企業、私有財產。

因此，我們在此回到我們論證的核心——這種選擇與以前在「自由經濟」（free economy）或「資本主義」（capitalism）這些用語下所理解的東西之間毫無關係。經濟政策的這個新方向——作者將之稱為「第三條路」（third road）——恰恰在於：我們看到社會主義道路之走不通，但我

們並不覺得有必要因此而回到「資本主義」（capitalism）陳
舊道路的原點。在這個新的制度中，必須包括兩個重要的基
礎，其目的在於確保自然秩序的存在。第一、正如已經觀察到
的那樣，我們需要有一個對有序的良好市場經濟必不可少之穩
定架構。這本身就意味著政府有許多重要的工作要做：建立穩
健的貨幣制度和審慎的信用政策，這兩者合起來將是共同消除
經濟擾動的一個重要來源。這樣的架構還需要精心建構的法律
制度，以盡可能防止濫用市場自由，並確保只能通過互惠服務
的這個狹小門，才能進入通往成功的道路。總之，這個架構應
該被設計成把市場經濟的諸多不完善減少到最低限度。

　　這是這個方向的第一部分，在這個部分，政府將有很多工
作要去做。除了要解決秩序問題之外，還有更多的工作要做，
所以第二個部分就是必要的。市場經濟本身只能解決秩序問
題。要確定它是否可以為其他問題提供答案，即使只是部分的
答案，也需要有較縝密的研究。我們不僅希望按照經濟秩序所
示生產最大數量的正確商品，而且一旦這個問題得到令人滿意
的解決之後，希望其他理想也得以實現。

　　因此，我們來到開始討論我們的主題時，所提到的其他三
個關鍵問題。再說一遍，這就要進入社會問題了。這意味著我
們並不滿足於現有整體上的秩序，而是還要關心透過對市場經
濟下的所得分配進行一定的修正，來為弱者提供安全和保護。
但是，不必為了社會政策而犧牲秩序，也不必為了秩序而犧牲
社會政策。此外，還有權力分配的政治問題。這也應該要與秩
序這個問題小心區分開來的，儘管有必要補充一點，那就是與
權力分配有關的一些問題，在很大程度上是由市場經濟的整個

過程來解決的，在市場經濟當中，沒有任何經濟權力的集團，因此也沒有任何政治權力集團能夠長期欣榮。

　　還有一個問題就是我們所說的道德至上的問題。這個表述應該要理解為雖然我們有一個井然有序、有生產力和公平的經濟，這是非常重要的，但至少同樣重要的問題是，這樣一個制度對人身心狀況——關於那些構成他存在的真正意義和他幸福基礎的無形資產，其影響究竟是什麼。作為一個人，他有各種身分和地位。在宗教上，他是敬畏上帝的人，在社會生活上，他是某些人的鄰居和社會的公民，同時他也是一個家庭的成員，一個單位的工人。這個制度如何影響他的這些身分呢？在提供我們的物質財貨時，一個有序和高生產力的經濟，是必不可少的，但它們只是一些手段。另一方面，目的是要達到一種完整而有意義、適應於人性的人生。在我們這個時代，這樣的人生受到機械化、人性喪失、無產階級化、家庭分散、大眾社會的發展以及其他項目對我們城市技術文明的嚴重威脅。許多人在這些方面反對市場經濟，似乎都源自於最可貴的動機。然而，這些人必須要牢記，市場經濟並不為上述問題提供解決的方案。而只是提供了一個架構，讓我們在其中，找到這些最後和最基本問題的答案。在沒有市場經濟的情況下，這些問題實際上是無法解決的；只有市場經濟才能保證我們有自由的秩序，若沒有自由的秩序，則其他的一切都是徒勞的。這裡不是詳細描述這類經濟政策的地方；無論如何，它不是那種「令人印象深刻的口號型的盲目崇拜」（idolatry of impressive-sounding slogans）。[41]它的輪廓首先可以經由這樣一個事實表述出來，即不是對市場經濟的法則進行強力的規範和統制，而是經由與這些市場法則合作來達成其目標：重建一個真正有競爭力的經濟社會，從而抵銷一個已開發經濟那些固有的摩擦、苦難和困難。這樣的政策將明確區分適合我們經濟制度的措施（符合）和與之相衝突的措施（不符合），並將以我們選擇喝乙醇[42]，而選擇不喝甲醇[43]的那種決心來支持前者。這意味著它將盡可能地採用間接的、有機的方法，而不是採用頒布法令的

---

[41] 經濟政策的科學性方針：在正文中，作者一直忠於他在該主題的早期想法，這一點在他刊登於 *Handwörterbuch der Staatswissenschaften*，第四版，增刊（1929）的 Staatsinterventionismus 一文中有詳盡的闡述。在那裡，也可以找到關於經濟政策理論的概述。另請見庇古，《福利經濟學》（第四版；倫敦，1932）；M. St. Braun, *Theorie der staatlichen Wirtschaftspolitik* (Leipzig-Vienna, 1929)；米塞斯，《計畫的混亂》（*Planned Chaos*）（紐約，哈德遜歐文頓，1947）；摩根斯頓（O. Morgenstern），《經濟學的極限》（*The Limits of Economics*）（倫敦，1937）；H. Laufenburger, *L' intervention de l'État en matière économique*（巴黎，1939）；布雷夏尼—圖羅尼，《有思想者的經濟政策》（倫敦，1950）；Th. Pütz, *Theorie der allgemeinen Wirtschaftspolitik und Wirtschaftslenkung* (1948)；威廉·奧頓（William A. Orton），《政府的經濟角色》（*The Economic Role of the State*）（倫敦，1950）；W. Eucken, *Grundsätze der Wirtschaftspolitik* (1952)。

[42] 編譯者註：乙醇對人體一般無害。

[43] 編譯者註：甲醇有劇毒。

直接方法，來影響經濟生活。這進一步意味著，像這樣的經濟政策的設計，是為了盡可能避免對價格形成過程的干擾，並且它們可用於此過程之前或之後。

　　經濟政策的「第三條路」（third road）是一條穩定且適中的路。我們有責任利用一切可用的手段，使我們的社會擺脫對大數字的迷戀、擺脫對龐大的追求、擺脫集中化、擺脫過度的組織化和標準化、擺脫「愈大愈好」（bigger and better）這種偽理想，擺脫對於大人物的崇拜，以及擺脫迷信巨人。我們必須把我們的社會帶回到自然的、合乎人性的、自發的、平衡的和多樣化的生活方式。我們有責任結束這樣一個時代，在這個時代，人類在技術和組織成就的勝利當中，在未來無限成長和無限制進步的願景中，忘記了人自己：忘記了他的靈魂，他的本能，他的神經和器官。忽視了蒙田（Montaigne）[44]幾個世紀以來的古老智慧之言〔《隨筆集》（*Essays*），第三冊，第 13 章〕：即使踩在最高的高蹺上，我們仍然要用腿來走路，即使在世界最高的寶座上，我們仍然是坐在我們的臀部上。[45]

---

[44] 編譯者註：米歇爾・德・蒙田（Michel de Montaigne，1533 年 2 月 28 日～1592 年 9 月 13 日），是法國哲學家，他以《隨筆集》三卷留名後世。

[45] 第三條路：有關作者「第三條路」（third road）內容的完整陳述，其範圍遠遠超出了純粹的經濟因素，請參見洛卜克，《我們這個時代的社會危機》（芝加哥，1950）；W. Röpke, *Civitas Humana*，同本章「資本主義」那個註。洛卜克，《國際秩序與經濟整合》（多德雷赫

這樣的一條「路」（road）首先意味著支持：中、小型財產的所有權、自耕農制度、工業區的分散、恢復工作的尊嚴和意義、重振職業自豪和職業道德，提升社會共同責任感。如果人口增長的放緩，沒能成為消除無產階級增加的主要原因；如果大家還不明白，迄今為止，大企業的優勢已被嚴重誇大，則這種政策成功的願景就不會太好。我們面臨著大型企業這個趨勢是不可抗拒的這個概念，已被證明完全不適用於最廣大和最重要的經濟部門，尤其是農業、手工業和小企業。即使在工業方面，我們也可以說，近幾十年來企業的平均規模之所以顯著地增大，與其從獲得的技術 —— 經濟優勢這個角度來解釋，還不如從對世界會輕易屈服這種狂妄自大的心態來解釋。到處都可明顯地見到，我們的生活在許多領域 —— 經濟的和非經濟的 —— 已經擴大到遠遠超出最適的範圍了，必須把它們縮小到較合理的比例，這個過程會是痛苦的，但在長期看來，卻是有益的。在這方面，我們必須承認與普遍持有的觀點相反的一個事實，那就是技術發展的本身，往往有增強小企業，而不是增強大型企業活力的效果。

但是，無論未來的經濟政策採取何種具體的形式，如果不是由完全熟悉我們經濟制度的結構和機制的專家們來制定，如果不能獲得那些知道利害關係的廣大民眾的了解、支持和合作的情況下來執行，它就沒有成功的機會。實現這一點，是我

特，荷蘭，1959）；W. Röpke, *Mass und Mitte*，同集體主義的危機和經濟秩序的問題那個註；洛卜克，《人道的經濟社會》（芝加哥，1960）。

們稱之爲經濟學這門人類行爲學科的重大任務。經濟學只有在不被捲入當代文明危機的漩渦中，並且只有在它最終不會成爲目前所受到的一些無理攻擊的犧牲品，它才能成功地完成這項任務。據報導，拿破崙曾經對他的一名官員的固執行爲感到不滿，並因此而斥責他。這名忠實的官員回答他說：陛下，一個人只有依賴提供給他所抗拒的東西，才能支持他自己。經濟學可以說也是如此。⑯

---

⑯ 經濟學的本質和方法：在本書中，作者並未爲經濟學不斷遭受攻擊做詳盡的辯護，而是讓經濟學爲自己說話，從而讓讀者有機會作出自己的判斷，以決定該學科是否如其鄙視者所不厭其煩宣稱的那樣，是不切實際的、不合時宜的、反動的、對社會有害的或唯理主義的。經濟學家必須學會不要因這種攻擊而放棄實際任務，並體認到他不是特殊利益集團和政治投機者所喜歡的那一類人。關於方法論上的問題，請參見歐肯，《經濟學的基礎》，同本章「資本主義」那個註；羅賓斯，《經濟學的性質和意義論文集》（*An Essay on the Nature and Significance of Economic Science*）（第二版；倫敦，1935）；摩根斯頓，同經濟政策的科學性方針那個註；馮・米塞斯，《人的行爲》（紐哈芬，1949）；A. Rüstow, Zu den Grundlagen der Wirtschaftswissenschaft, *Revue de la Faculté des Sciences Économiques de l'Université d'Istanbul*, 1941；L. v. Mises, *Grundprobleme der Nationalökonomie* (1933)；洛卜克，《人道的經濟社會》，同本章第三條路那個註。

年　表

威廉・洛卜克

（Wilhelm Röpke，
1899年10月10日～1966年2月12日）

年　分	生平記事
1899年	10月10日出生於德意志帝國施瓦施泰特。
1922年	馬爾堡大學博士，任教耶拿大學，是德國最年輕教授。
1928年	任教格拉茨大學。
1929年	擔任菲利普斯大學教授。
1933年	移居土耳其伊斯坦堡任教。
1937年	德文原版《自由社會的經濟學》出版。
1940年	法文版《自由社會的經濟學》出版。
1945年	出版《德國問題》，這是特地為英美人士寫的。
1946年	瑞典文版《自由社會的經濟學》出版。
1947年	任職德國二戰後的貨幣改革委員會。
1949年	義大利文版《自由社會的經濟學》出版。
1950年代後期	擔任（二戰後）西德總理康拉德・阿登納和經濟部長艾爾哈德的諮詢。
1951年	葡萄牙文版《自由社會的經濟學》出版。
1961～1962年	擔任蒙貝勒蘭學會（MPS）主席。
1962年	英文版《自由社會的經濟學》出版。
1964年	出版《南非：積極評價的嘗試》，認同種族隔離。
1966年	2月12日在瑞士日內瓦去世，享年66歲。
1979年	中文版《自由社會的經濟學》出版。
1991年	中文版《自由社會的經濟學》修訂本出版。
2024年	中文版《自由社會的經濟學》新編譯本出版。

名詞索引

道德情感論(第四版) 1D23

作　　者:亞當·史密斯
譯　　者:謝宗林
出版日期:2024/01/01
定　　價:650元
ISBN 9786263667891

內容簡介

　　不讀《國富論》不知何謂「利己」。讀了《道德情感論》,才知道「利他」才是問心無愧的「利己」。十七世紀蘇格蘭貴族子弟的上課教材,儼然成為當今社會最需要的一本好書!全球金融危機後,最發人深省的歷久彌新之作。

經理人員的職能 1D2E

作　　者:切斯特·巴納德
譯　　者:杜建芳
審　　定:陳敦基
出版日期:2018/12/1
定　　價:520元
ISBN 9789571197913

內容簡介

● 系統組織理論創始人、現代行為科學之父及現代管理理論之父——巴納德最著名代表作。
● 巴納德在書中充分展現對組織系統的真知灼見,建構了經理職能的理論框架與實踐理念,在管理領域中成為傳頌不朽的經典鉅著。

資本論綱要 1DAD

作　　者:馬克思
日文編譯:高畠素之
中文譯者:施存統
審　　定:蔡中民
出版日期:2021/02/01
定　　價:520元
ISBN 9789865223861

內容簡介

　　馬克思主義「聖經」的《資本論》精簡本。提供讓想了解資本論,卻無法一生研究的讀者,能有個概略了解馬克思學說。

論降低利息和提高貨幣價值的後果 1D4A

作　　者:約翰·洛克
譯　　者:李華夏
出版日期:2022/03/01
定　　價:220元
ISBN 9786263175365

內容簡介

　　書中提出貨幣流通速度、劣幣驅逐良幣、貨幣幻覺、貨幣政策時滯、貿易經常帳的順逆決定資本帳(貨幣)流入及流出等現代所耳熟能詳的概念。洛克為與封建社會相對立的資產階級社會法權觀念的經典表達者,其哲學論述也成為現今英國政治經濟體一切觀念的基礎。

資本主義與自由(第五版) 1D2H

作　　者:密爾頓·弗利曼
譯　　者:謝宗林
出版日期:2023/01/01
定　　價:450元
ISBN 9786263435681

內容簡介

● 英文版銷售超過50萬本,已發行18種語言。
● 《倫敦泰晤士報文學評論增刊》評選為「戰後最有影響力的一百部著作」之一。
● 臺灣人最關心,臺灣政府最需要知道的12道課題!

制度經濟學(上)、(下) 1D3V、1D3W

作　　者:約翰·羅傑斯·康芒斯
譯　　者:趙秋巖
審　　定:李華夏
出版日期:2021/10/01
定　　價:(上)620元、(下)750元
ISBN (上)9786263171534、
　　　 (下)9786263171541

內容簡介

　　康芒斯是早期制度經濟學派的代表人之一,透過這位經濟學家的著作,可以一窺制度經濟學派的改良式經濟理論與論述。

政治經濟體要素（經濟學綱要） 1D3N

作　者：詹姆斯・彌爾
譯　者：周憲文
審　定：李華夏
出版日期：2020/04/01
定　價：320元
ISBN 9789577639103

內容簡介

經濟學的不朽之作！

　　若說這是一本經濟學通論，不如說是一本政策建議書，針對當時英國政府量身打造。貢獻在於為後世採用，對19世紀整體世界局勢造成彌久影響，至今日，仍深具歷史意義。

原富（國富論）（上）、（下） 1D2V、1D2W

作　者：亞當・史密斯
譯　者：郭大力、王亞南
審　定：吳惠林
出版日期：2022/07/21
定　價：(上)520元、(下)650元
ISBN (上)9789865220211
　　　 (下)9789865220228

內容簡介

經濟學聖經。改變人類歷史，影響至今的不朽名著。
費時兩年嚴謹審定，重返「財富」及「利己」的真實原貌。
《原富》共分五篇，上冊收錄前三篇，下冊收錄末二篇。

經濟學原理（上）、（下） 1D3D、1D3F

作　者：阿弗瑞德・馬夏爾
譯　者：葉淑貞
出版日期：2021/03/01
定　價：(上)750元、(下)600元
ISBN (上)9789865223878
　　　 (下)9789865223885

內容簡介

學習古典經濟學的教材之一，經濟學家鼎力推薦的入門必讀書。
現代經濟學之父馬夏爾的代表作，奠定現代經濟學的基礎。
《經濟學原理》共分六篇及附錄，上冊收錄前五篇，下冊收錄第六篇及附錄。

效益主義（第二版） 1D4C

作　者：約翰・斯圖爾特・彌爾
譯　者：李華夏
出版日期：2024/01/01
定　價：220元
ISBN 9786263667907

內容簡介

● 什麼是真正的效益主義？效益主義如何運用？「道德基礎」的判定基準是甚麼？
● 哲學史有名著作之一，在倫理學領域中廣為人知。
● 效益主義以提倡「最大幸福」為原則，在約翰・斯圖爾特・彌爾手上得到修正和擴張。

組織與管理 1D2D

作　者：切斯特・巴納德
譯　者：杜建芳
審　定：陳敦基
出版日期：2018/05/01
定　價：400元
ISBN 9789571196565

內容簡介

● 「可能是美國任何企業的管理者中最具有大智慧的人」－美國《財星》雜誌，巴納德為行為科學的代表性人物，在組織理論創新有極大貢獻，有「現代管理理論之父」的美譽。
● 書中提出的觀點啓蒙當代若干管理名師，至今仍是管理領域樂於反覆討論及詮釋的管理議題。

就業、利息和貨幣的一般理論 1D2M

作　者：約翰・梅納德・凱因斯
譯　者：謝德宗
出版日期：2023/04/01
定　價：520元
ISBN 9789571197920

內容簡介

● 剖析實際經濟脈動、批駁古典學派的謬之處，進而援用同期間的古典異端說法，率先建立符合實際經濟脈絡的完整總體理論體系。
● 影響現今人們對於經濟學，以及政府在經濟活動中應該扮演角色的看法。

經典名著文庫 181

自由社會的經濟學
Die Lehre von der Wirtschaft

叢 書 策 劃 —— 楊榮川
作　　　者 —— 威廉‧洛卜克（Wilhelm Röpke）
編 譯 者 —— 葉淑貞
企 劃 主 編 —— 侯家嵐
責 任 編 輯 —— 吳瑀芳
文 字 校 對 —— 陳俐君
封 面 設 計 —— 姚孝慈
著 者 繪 像 —— 莊河源
出 版 者 —— 五南圖書出版股份有限公司
發 行 人 —— 楊榮川
總 經 理 —— 楊士清
總 編 輯 —— 楊秀麗
　　　　地　　　址 —— 臺北市大安區 106 和平東路二段 339 號 4 樓
　　　　電　　　話 —— 02-27055066（代表號）
　　　　傳　　　眞 —— 02-27066100
　　　　劃撥帳號 —— 01068953
　　　　戶　　　名 —— 五南圖書出版股份有限公司
　　　　網　　　址 —— https://www.wunan.com.tw
　　　　電子郵件 —— wunan@wunan.com.tw
法 律 顧 問 —— 林勝安律師
出 版 日 期 —— 2024 年 8 月初版一刷
定　　　價 —— 560 元

國家圖書館出版品預行編目(CIP)資料

自由社會的經濟學 / 威廉‧洛卜克 (Wilhelm Röpke) 著；葉
淑貞中譯 . -- 初版 -- 臺北市：五南圖書出版股份有限公司，
2024.08
　　面；公分
　　譯自：Die Lehre von der Wirtschaft
　　ISBN 978-626-343-946-7(平裝)

　　1.CST: 經濟學

550　　　　　　　　　　　　　　　　　　　　112003926